公办初中高质量发展的上海经验

上海市公办初中
强校工程政策
设计与实践探索

李金钊 著

华东师范大学出版社
·上海·

图书在版编目(CIP)数据

公办初中高质量发展的上海经验:上海市公办初中强校工程政策设计与实践探索/李金钊著.—上海:华东师范大学出版社,2024.—ISBN 978-7-5760-5244-2

Ⅰ.G639.285.1

中国国家版本馆 CIP 数据核字第 2024Q89Q99 号

公办初中高质量发展的上海经验
——上海市公办初中强校工程政策设计与实践探索

著　　者	李金钊
责任编辑	王丹丹
责任校对	樊　慧
装帧设计	卢晓红

出版发行	华东师范大学出版社
社　　址	上海市中山北路 3663 号　邮编 200062
网　　址	www.ecnupress.com.cn
电　　话	021-60821666　行政传真 021-62572105
客服电话	021-62865537　门市(邮购)电话 021-62869887
地　　址	上海市中山北路 3663 号华东师范大学校内先锋路口
网　　店	http://hdsdcbs.tmall.com

印 刷 者	上海锦佳印刷有限公司
开　　本	787 毫米×1092 毫米　1/16
印　　张	15
字　　数	266 千字
版　　次	2024 年 9 月第 1 版
印　　次	2024 年 9 月第 1 次
书　　号	ISBN 978-7-5760-5244-2
定　　价	68.00 元

出 版 人　王　焰

(如发现本版图书有印订质量问题,请寄回本社客服中心调换或电话 021-62865537 联系)

目 录

前言 ... 1

第一章　人民中心：提升公办初中教育质量乃大局所定
  第一节　人民中心：高质量发展时代的教育立场 ... 1
  第二节　上海实施公办初中强校工程的教育政策背景 ... 3
  第三节　上海公办初中强校工程的重要意义 ... 6

第二章　洞幽察微：上海初中教育均衡发展的过去与当下 ... 9
  第一节　近四十年上海加强初中建设的主要举措 ... 9
  第二节　近四十年上海加强初中建设的政策演进与实践创新 ... 13
  第三节　上海初中教育发展状况初态分析 ... 17

第三章　经验借鉴：国内外加强初中建设的文献回顾 ... 28
  第一节　国外学校改进的典型经验 ... 28
  第二节　国内加强初中建设的实践案例 ... 31
  第三节　国内外经验的启示 ... 36

第四章　政策框架：公办初中强校工程的战略选择 ... 39
  第一节　教育政策集成创新的理论基础 ... 39
  第二节　公办初中强校工程政策集成创新的生成机制分析 ... 49
  第三节　公办初中强校工程的总体思路与目标设计 ... 58

第四节　公办初中强校工程的主要任务设计　　　　　　　　　　67
　　　第五节　公办初中强校工程的保障设计　　　　　　　　　　　　72

第五章　实践历程：公办初中强校工程的五年回顾　　　　　　　　　75
　　　第一节　实验校的发展基础　　　　　　　　　　　　　　　　　75
　　　第二节　强校工程推进策略　　　　　　　　　　　　　　　　　80
　　　第三节　强校工程实践历程　　　　　　　　　　　　　　　　　85

第六章　增值评估：着眼学校可持续发展能力建设　　　　　　　　　91
　　　第一节　学校评估的研究进展　　　　　　　　　　　　　　　　91
　　　第二节　公办初中强校工程绩效评估指导思想与指标框架设计　112
　　　第三节　强校工程绩效评估模式设计　　　　　　　　　　　　116
　　　第四节　强校工程绩效评估的主要结果　　　　　　　　　　　122

第七章　亮点特色：公办初中强校工程的典型经验　　　　　　　　124
　　　第一节　区域推进的典型经验　　　　　　　　　　　　　　　124
　　　第二节　实验校发展的典型经验　　　　　　　　　　　　　　133
　　　第三节　支援校帮扶的典型经验　　　　　　　　　　　　　　141

第八章　五位一体：实践共同体视角下公办初中强校工程实验校改进模式分析　150
　　　第一节　政府主导型学校改进的主要模式　　　　　　　　　　150
　　　第二节　从伙伴协作到实践共同体：学校改进的典型模式　　154
　　　第三节　实践共同体视域下公办初中强校工程"五位一体"学校改进
　　　　　　　模式分析　　　　　　　　　　　　　　　　　　　　164

第九章　迈向高质量：上海初中教育优质均衡发展的未来思考　　　174
　　　第一节　加强政策创新研究，在"精准施策"上下功夫　　　　174
　　　第二节　加强学校发展研究，探索多元学校改进模式　　　　　176
　　　第三节　加强内涵发展研究，整体提升初中教育质量　　　　　180

附录 187

附录1：上海市教育委员会关于实施百所公办初中强校工程的意见
（沪教委基〔2018〕45号） 187

附录2：上海市教育委员会关于公布上海市百所公办初中强校工程实验校名单的通知（沪教委基〔2018〕46号） 192

附录3：上海市教育委员会关于新增上海市航华中学等12所学校为上海市百所公办初中强校工程实验校的通知（沪教委基〔2018〕84号） 195

附录4：上海市教育委员会关于公布公办初中强校工程专家工作组名单的通知（沪教委基〔2018〕77号） 197

附录5：第四期"上海市普教系统名校长名师培养工程"实施意见
（沪教委人〔2018〕24号） 198

附录6：上海市教育委员会关于推进本市紧密型学区和集团建设的实施意见
（沪教委基〔2019〕7号） 210

附录7：上海市进一步推进高中阶段学校考试招生制度改革实施意见
（沪教委规〔2018〕3号） 215

附录8：上海市示范性学区和集团建设三年行动计划（2023—2025年）
（沪教委基〔2023〕15号） 221

后记 226

前　言

1. 带着希望出发

2023年8月底,上海市启动第二轮公办初中强校工程(简称"强校工程"),79所学校被确立为实验校,翻开了学校发展的新篇章。与此同时,我不禁想到第一轮强校工程启动之初,市级专家组[①]走访强校工程实验校[②],部分实验校校长在汇报学校发展情况时,既对强校工程各项支持政策表现出很高的期待,也对未来几年能否达到理想的发展效果心存疑虑。我想至少有三个方面的理由可以解释当时校长们的顾虑:第一,大多数学校长期发展滞后,问题比较多,虽然很多学校经历了上海市教委开展的农村义务教育委托管理项目,或其他优质学校帮扶项目,但是教学质量仍然难以从根本上有显著提升。第二,强校工程作为政府项目,其各项支持政策看起来力度很大,但能否配套到位?能否真正起作用?这种采取强有力的政策"组合拳"方式来大面积提升学校质量的改进行动尚无先例。第三,强校工程提出,将学校改进与"双名工程"结合,名校长后备人选要在实验校做满三年,如果效果不显著,可能还会持续任职下去,在这种绩效考核的压力下,强校工程实验校校长面对的是更多不确定的未来,其矛盾心态可见一斑。

然而,第二轮公办初中强校工程实验校的校长们应该有更多的信心。首先,第一轮强校工程已经有很多成功的例子,很多学校的学业质量、教师发展状态、办学特色与内涵品质都得到了较大提升,学校的社会影响力逐渐扩大,家长满意度处于较高水平。

[①] 市级专家组指的是2018年11月由上海市教委正式发文命名的、由22名上海市基础教育领域资深领导和专家构成的强校工程专家指导团队。详见本书附录4。
[②] 强校工程实验校是指强校工程的实施对象,包括128所由上海市教委正式确定的参与强校工程的学校。详见本书附录2和附录3。

有了第一轮强校工程的推进经验,第二轮强校工程实验校应该可以得到更大力度且更精准的支持。其次,第二轮强校工程实验校的发展基础总体上要好于第一轮实验校,很多学校可能只是在某些方面发展相对滞后,近五年来办学质量有起伏。因此,第二轮强校工程实验校的改进难度应该低于第一轮实验校。更为重要的是,现在上海正处于优质均衡发展时代,各区教育局都在积极努力,补短板、提质量,为第二轮强校工程的实施创造了更加有利的条件。

2. 强校工程感悟

上海市松江区第六中学教学质量曾经长期位居全区公办初中底部区域,在强校工程启动之前的十多年中,学校没有一名教师评上高级职称。丁玉校长到任后,聚焦教师队伍建设和课堂教学改进,践行九字箴言"不计较、不抱怨、敢担当",加强精气神引领和校本研修,在强校工程的各项政策支持下,在学校生源没有很大变化的前提下,经过五年发展历程,学校的教育质量近年来已经稳居全区前列。近五年来,该校10人评上高级职称,7人提拔为校级干部。2024年1月中旬,我到松江六中开展了一天的实地调研,访谈了校长、副校长、教导主任、教研组长、班主任、年轻教师等7位同志,大家对学校近年来的变化深有感触,教师的自信心明显增强。

上海市颛桥中学在强校工程实施之前,教学质量持续下滑,社会满意度低,生源流失严重,校园虽大,但是破旧。李卫军校长到任后,重塑教师文化,坚持开放办学,打开校门、室门、心门,抓行规教育、教学与教研、特色建设,经过强校工程五年努力,学校整体办学质量提升明显,中考成绩攀升到闵行区公办学校前列。

上海市长桥中学位于徐汇区与闵行区交界之处,长期以来办学质量薄弱,家长口碑较差,学校里教师矛盾突出、人际关系紧张、教师文化消极。强校工程实施两年之后,张勇书记兼常务副校长到任后,提出"为每一个孩子的人生铺设发展之桥,把孩子放在办学正中央"的主张。张校长积极为教师解决问题,加强教师队伍建设,大力推进教学案改革,尽量满足学生课程学习需求,开展校园创意设计。目前,长桥中学教学质量提升明显,本地生源回流显著,已经成为家长满意的家门口的热门学校。

上海市金陵中学是位于外滩的一所普通完全中学。在参加强校工程绩效评估市级复核活动时,曾强校长给我们讲述了一名优秀学生的发展故事。这名学生小学时是学校的优秀学生(大队长),小升初时由于各种原因,没有进入理想的民办初中,然后就按照对口入学政策进入了金陵中学。刚入学时,学生家长非常担心学校的教育质量会影响孩子的发展。学校领导对此非常重视,多次邀请家长参与学校活动,通过一个学期的入校观察与家校沟通,家长对学校教育越来越信任。中考时,这名学生的考试成绩总分达到723分,以名额分配录取分数的第一名进入复旦附中。这个故事告诉我们,强校工程实验校是可以培养出优秀学生的。

作为项目负责人,我全程参与强校工程。2023年,上海市教委开展强校工程绩效评估工作。我负责组织市级专家到各区开展入校复核指导工作,16个区全部到场,我听到了无数感人的故事。以上仅仅罗列了几个典型学校的发展故事,我越来越感到,强校工程作为一项民生工程,充分体现了以人民为中心发展教育的指导思想,受到了广大学校的欢迎,也确实为学校的跨越式发展带来了积极的促进作用。

3. 上海经验

本书的书名为"公办初中高质量发展的上海经验——上海市公办初中强校工程的政策设计与实践探索",从写作角度看,一方面是想凸显本书的独特价值,另一方面也必须思考:我们是否有自己的独特经验?上海的经验是什么?这些经验是否符合科学原理?这些经验是否能在其他地区加以推广?

首先,强校工程是不是上海创造的独特经验?对这个问题的回答,我以为答案是肯定的。"人无我有、人有我优、人优我特",这是判断独特经验的几个标准,上海市公办初中强校工程符合以上判断标准。理由有三:一是强校工程的政策"组合拳"的设计思路是具有创新性的,上海将义务教育发展的有效经验都融合进强校工程的政策设计之中,以这种"组合拳"的方式施加到一个学校的改进项目之中,前所未有。不论是学区化/集团化办学、委托管理、"双名工程",还是校舍条件的硬件改善等,以往都是以单个项目推进为主。而强校工程提出的三个结合、七项任务、七项保障,都是以整体形式作用于实验校,是一种政策集成创新。二是强校工程的学校改进模式具有一定的创新性。强校工程探索的"五位一体"学校改进实践共同体模式,是对原有的伙伴协作理论与实践共同体理论的进一步丰富。三是强校工程的绩效评估方式是首次实施,采取学校自评、区级评估认定、市级复核指导的方式,是上海市教育评价改革的一种创新,符合当今主流评价改革趋势。

其次,上海的强校工程经验是什么?经验的分类有多种。从实施主体来看,有实验校突破困境、实现跨越式发展的经验;有支援校赋能实验校改进的经验;有区教育局政策创新实施和全力保障的经验。从学校改进内涵来看,有教师队伍建设的经验,有课堂教学改进的经验,有国家课程校本化实施的经验,有学校治理方式优化的经验,有特色品牌建设的经验。从政策设计角度来看,以人民为中心发展教育、政策"组合拳"

的设计思路、绩效评估的思路与方法、"五位一体"的学校改进模式等都具有一定的创新价值。

再次，这些经验是否符合科学原理？对这个问题的回答可以从两个方面进行：第一，强校工程是否有效果？"实践是检验真理的唯一标准"，第一轮强校工程经过五年历程，取得了较为显著的成效，这充分说明了强校工程是一项成功的学校改进项目，也在某种程度上提示，强校工程是符合一定教育规律的。第二，强校工程的做法到底符合哪些科学原理呢？这也是本书要回答的一个问题，本书将从政策设计、实施、效果评估等多个方面阐述强校工程的原理。比如，强校工程的时间是三至五年，在强校工程第三年进行中期评估时，效果初现，专家判断近四分之一的实验校进步明显，到2023年绩效评估时，超过八成的实验校进步明显。五年的时间，正是国际上关于学校改进项目起效的建议时间。又如，强校工程的绩效评估方式，完全符合国际上学校评估研究的发展趋势。再如，强校工程的学校改进范式符合实践共同体的基本特征，"五位一体"学校改进实践共同体是前所未有的实践样态，具有社会主义国际大都市特点，这是一种新的创举。

最后，上海的强校工程经验是否能在其他地区加以推广？对这个问题的回答是肯定的。在2018年上海启动第一轮强校工程之后，陆续有杭州市、成都市、广州市、柳州市等多个地方借鉴上海经验，开展了当地的加强初中建设工程，其他地方的政策文本大多数参照了上海的强校工程政策框架。因此，可以说，在我国义务教育优质均衡发展阶段，上海加强初中建设的经验为全国其他地方提供了一个很好的借鉴。在优质均衡发展新时代，我国教育经济发展水平日益提升，人民群众对教育质量的要求日益提高，办家门口的好初中已经成为迫在眉睫的任务，通过教育公平推动社会公平是社会公众的期待。强校工程的举措体现了政府的责任担当。

4. 强校工程实验校的出路在哪里

任何一项学校改进工程都是在限定时间完成限定任务的活动。第一轮强校工程已经结束，政府对第一轮强校工程实验校的强力支持政策也大多数停止了。为此，这批实验校又将面临一个常态化条件下的办学阶段。虽然经过五年的发展，一批学校获得了跨越式发展，进步明显，但是失去了强有力的政策支持，这批学校还能够持续改进吗？持续发展的动力和路径在哪里？这是第一轮强校工程实验校面临的最突出的问题。第一轮强校工程实验校校长们呼吁市（区）教育行政部门继续给予支持，带着他们一起"玩"，这也体现了实验校校长们对不确定的未来发展前途的担忧。

第二轮公办初中强校工程政策设计中已经明确指出，对第一轮实验校要继续关注，给予支持。支持的方法主要还是将这批学校继续纳入市（区）有关教改项目之中，比如教学数字化转型样板校建设项目、绿色指标助力学校精准改进项目、课程领导力建设项目、高质量作业基地校项目、新优质学校建设项目等。让这些学校在参与项目中学习新经验，搭建新平台，获得新发展，展示新成果。

强校工程的突出特点是强力政策支持，期望的是较短时期内使学校发生较大改变。但是，政府的政策支持是有时间限制的，支持政策不可能一直持续下去，为此，在强校工程实施中，要特别重视学校的可持续发展能力的建构，激发学校内生发展动力。上海已经有了新优质学校建设的成功经验。在新的常态化办学情境下，强校工程实验校需要坚持新优质教育的价值与理念，"不靠生源靠师资，不靠政策靠创新，不靠负担靠科学"，探索常态化条件下解决学校常见问题的办学路径，不断优化办学条件，更新教育理念，提升教育质量，增强师生幸福感。借用上海市教育学会会长、上海市教委原巡视员尹后庆的一句话："均衡发展是一个永远没有终点的过程，是一个'均衡基础上的新优质，优质基础上的新均衡'的动态过程。均衡是相对的，发展才是永恒的。"[①]愿所有学校都能够走上高质量发展道路，成为老百姓信得过的家门口的好学校。

5. 本书定位

第一，本书的首要定位是纪实性。公办初中强校工程作为一项政策实践，是上海改革开放之后加强初中建设的第四项专项工程，是上海推动优质均衡的重要举措，有必要在上海初中教育历史上留下一些印记。我全程参与了政策制定与实践推进过程，有便利条件积累过程资料。本书将呈现强校工程实践过程，记录我们走过的这一段历程，以此为上海基础教育发展留下一些文献资料。

第二，理论性是本书追求的第二目标。强校工程是政策实践，政策的决策过程与实践推进历程都需要有坚实的理论支撑。能否从理论上说得清强校工程的科学性、政策的价值及取得成效的背后原理，能否探索出公办初中提质强校的新路径，为后续同类学校改进项目提供借鉴，这是科研工作者的责任与追求。

第三，本书呈现的是政策视角下的强校工程方案设计与实施过程，重点放在强校工程项目本身的意义与价值、理论内涵与实践操作上，不去深入探索一所所学校的转变机制及影响因素，这项任务将在后续完成。公办初中强校工程是个"富矿"，有丰富

[①] 胡兴宏.走向新优质——"新优质学校推进"项目指导手册[M].上海：上海教育出版社，2014：2.

的实践情境与研究内涵。围绕学校发展主题可以有多项研究，如随迁子女占比较高的学校的发展、小规模学校的发展、不同类型学校的改进路径、学校改进中的校长领导力与教师主动性等。后续，项目组将更多采取案例研究方式，开展专项研究、典型案例研究，以提炼更多学校发展的经验和规律。

本书共计九章，第一章介绍了上海公办初中强校工程的时代背景与实践意义，让我们重温上海实施公办初中强校工程的初心与使命。第二章主要回顾了近四十年上海加强初中建设的政策演变与实践历程，并分析了强校工程启动之时的上海初中教育发展的成就与问题。第三章梳理了国内外加强初中建设的研究进展与实践状况，为公办初中强校工程寻找学术脉络与实践坐标。第四章从政策集成创新的理论视角，分析了上海公办初中强校工程的政策设计思路。第五章简要回顾上海公办初中强校工程的五年实践历程，为这项工作留下历史印记。第六章介绍了强校工程绩效评估的理论基础与实践创新，基于证据说明强校工程的实践效果。第七章列举了区域、实验校和支援校实施强校工程的典型经验，为第二轮强校工程实施提供策略借鉴。第八章重点分析了强校工程学校改进模式的理论基础与实践创新，提出了"五位一体"学校改进实践共同体模式。第九章对未来上海初中教育高质量发展前景进行展望。书末附录了与公办初中强校工程相关的政策文件。

6. 一家之言

必须说明一点，本书对强校工程的理解和政策解读仅代表我个人观点，不代表官方政策意图。笔者作为一名普通科研人员，简要记录了强校工程的实施过程，对政策理论与实践效果进行了初步探索，呈现的仅仅是个人的体会与感悟。

当然，笔者对强校工程的理解也是一个逐步深化的过程。在参与强校工程推进过程中，笔者有幸多次聆听了上海市教委领导、市级专家组成员、各区教育局领导、强校工程实验校校长及其他相关人员的高见，提升了对强校工程的认识水平。所以，必须承认，本书的很多观点是笔者建立在以上人士意见的基础上的理解和思考。限于能力和水平，如果理解有误，甚至造成对强校工程的不当偏见，笔者将承担所有责任，欢迎各位读者批评指正。

第一章　人民中心：提升公办初中教育质量乃大局所定

党的十八大以来,我国教育事业取得了全面发展,教育质量不断提升,教育公平持续推进,人民的教育幸福感不断增强。但教育仍然面临着不平衡不充分的发展难题。其中,初中教育受到社会最广泛的关注,上海初中"公弱民强"的问题日益凸显,老百姓的择校焦虑重点也在小升初,初中教育成为教育高质量发展的"短板"。全面提升公办初中教育质量,办好家门口的每一所初中,已经成为紧迫的时代命题。本章主要介绍上海公办初中强校工程的时代背景与实践意义,让我们重温上海实施公办初中强校工程的初心与使命。

第一节　人民中心：高质量发展时代的教育立场

党的十九大报告指出:"我国经济已由高速增长阶段转向高质量发展阶段。"高质量发展阶段人民对高质量教育的需求日益增长,进一步凸显了以人民为中心发展教育的重要意义,上海加强初中建设顺应了新时代教育发展要求,回应了人民群众对美好教育的追求。

一、中国社会发展矛盾转向：满足人民日益增长的高质量教育需求

党的十八大以来,我国深入推进教育改革,各级各类教育取得重要进展。在学前教育方面,"入园难""入园贵"等问题逐步缓解,2021年普惠性幼儿园覆盖率达到87.78%,"幼有所育",公益普惠性学前教育取得跨越式发展,其体系基本形成。在义务教育方面,均衡发展九年义务教育,着力推进城乡义务教育一体化发展,重点加强乡村小规模学校和乡镇寄宿制学校建设,建立校长、教师轮岗交流制度与"县管校聘"制

度,引导优秀校长和骨干教师向乡村薄弱学校流动,全面推进义务教育免试就近入学和"公民同招"改革,多举措健全公平入学长效机制。截至2022年,31个省(区、市)和新疆生产建设兵团的2895个县都实现了县域义务教育基本均衡发展。在高中教育方面,明确指出"普及高中阶段教育""促进普通高中多样化发展",高中阶段教育驶入快车道,2021年高中阶段毛入学率达91.4%,明显高于中高收入国家83.8%的平均水平。[①]

党的十九大报告指出:"我国经济已由高速增长阶段转向高质量发展阶段。"这是根据国际、国内环境变化,特别是我国发展条件和发展阶段变化作出的重大判断。中国特色社会主义进入新时代,我国社会主要矛盾已经转化为人民日益增长的美好生活需要和不平衡不充分的发展之间的矛盾。转向高质量发展阶段,是我国直面新时代主要矛盾的必然选择,核心要求就是要把提高供给体系质量作为主攻方向。人民群众期盼有更好的教育、更稳定的工作、更满意的收入、更高水平的医疗卫生服务、更舒适的居住条件、更优美的环境、更丰富的精神文化生活,但我国社会仍然存在很多发展不平衡不充分的问题,还不能满足人民群众对美好生活的需要。我国教育也存在一些明显的短板,育人理念与育人方式有待进一步优化,教育品质与内涵仍有很大提升空间,还不能充分满足人民日益增长的高质量教育需求。

二、坚持以人民为中心发展教育:价值立场与时代意涵

习近平总书记在十八届中央委员会政治局常委同中外记者见面时指出:"人民对美好生活的向往,就是我们的奋斗目标。"在全国教育大会上,习近平总书记强调"坚持以人民为中心发展教育",深刻阐明了中国共产党执政的价值立场,突出从人民日益增长的教育需求出发,办好人民满意的教育。坚持以人民为中心发展教育,不仅是中国特色社会主义教育的根本立场,也是我国教育改革与事业发展的价值基础和行动指南,指引着我国教育改革发展的方向。以人民为中心发展教育就是坚持人民的主体地位,制定相应的教育方针政策,推进教育综合改革,坚定不移地做到教育发展为了人民、依靠人民,教育发展成果由人民共享。人民满意既是教育改革发展的评价标准之一,也是新时代教育改革的目标追求。

---

① 教育部召开新闻发布会介绍中共中央办公厅、国务院办公厅印发的《关于构建优质均衡的基本公共教育服务体系的意见》,教育部、国家发展改革委、财政部印发的《关于实施新时代基础教育扩优提质行动计划的意见》等有关情况[EB/OL].(2023-08-30)[2024-03-01]. http://www.moe.gov.cn/fbh/live/2023/55484/.

党的十八大以来,我国教育事业取得了全面发展,教育质量不断提升,教育公平持续推进,人民的教育幸福感不断增强,但教育仍然面临着不平衡不充分的发展难题。其中,初中教育受到社会最广泛的关注。学区房、课外补课,都给老百姓带来了沉重的经济负担,老百姓的教育焦虑重点在初中升学问题上。面对这些问题,党中央以促进人的全面发展为目标,落实立德树人根本任务,发展素质教育;始终将人民利益与人民满意贯穿教育改革之中,高度重视教育公平和均衡发展,充分发挥党的领导与我国社会主义制度优势,保障党对教育事业全面领导的基础性、系统性与整体性作用,推动我国教育事业实现从"普及"到"提高"的飞跃;以更加公平更高质量的教育为手段,扩大优质教育资源供给、优化教育资源布局、深入推进教育教学改革,积极探寻办好人民满意的教育的实践路径,回应以人民为中心发展教育的时代要求,不断满足人民对美好教育的追求。

第二节 上海实施公办初中强校工程的教育政策背景

上海实施公办初中强校工程除了上述我国新时代高质量发展的社会背景之外,还有五个主要的教育背景。

一、上海高中教育改革对初中教育的影响

2014年9月4日,国务院颁发《关于深化考试招生制度改革的实施意见》,确定了我国考试和招生制度改革的总体要求、任务和举措,揭开了新一轮高考改革的序幕;9月20日,上海市和浙江省率先公布了高考综合改革方案,正式启动新高考改革。2017年上海市第一批新高考学生毕业。

新高考改革体现了国家层面的教育关怀与人才培养需求,树立"以人为本"的理念,着眼于学生成长,突出学科性向和兴趣导向,增加选择性,在考试科目设置、高考内容和形式、高校招录方式等方面都有较大变化。新高考改革开展外语听说测试与理化生实验操作考试,实施综合素质评价,加强学生生涯教育,实施全员导师制等,这些高中教育的新要求、新趋势为初中育人方式变革提出了新方向和新挑战。

二、新中考改革和高中阶段招生方案对初中教育产生重要影响

2018年3月,上海市教委发布《上海市进一步推进高中阶段学校考试招生制度改

革实施意见》，明确"完善初中学业水平考试制度""完善初中学生综合素质评价制度"和"深化高中阶段学校招生录取改革"三方面的改革措施。此次中考改革以坚持公平性、提高科学性为价值导向，强调深化课程改革与考试评价改革互动推进，力求促进学生全面发展，注重能力导向，提高学生实际问题解决能力和实践创新素养。着力健全高中阶段学校招生机制，推动义务教育阶段学校优质均衡发展和高中阶段学校特色多样发展；进一步加强考试招生管理，健全程序规范、结果公正、保障有力的考试招生管理机制。

上海新中考改革中，扩大优质高中招生名额分配比例，科目全学全考，开展英语听说测试、理化实验操作考试，实施综合素质评价等举措，既给初中学校教育带来了新的机遇，更提出了全新的挑战。初中教育如何应对新中考改革成为迫在眉睫的紧要事宜。

三、培养学生发展核心素养对初中教育提出了新的要求

2016年9月，《中国学生发展核心素养》正式发布，成为引领我国教育改革与发展的重要指导性文件。中国学生发展核心素养，以科学性、时代性和民族性为基本原则，以培养"全面发展的人"为核心，分为文化基础、自主发展、社会参与三个方面，包括人文底蕴、科学精神、学会学习、健康生活、责任担当、实践创新等六大素养，具体细化为国家认同等十八个基本要点。在此背景下，我们需要重新思考初中教育在培养学生发展核心素养中的地位与作用，初中学校的育人方式与课程教学质量有待进一步优化和提升。

四、国家县域义务教育优质均衡发展督导评估对初中教育提出了更高要求

2014年上海在全国率先整体通过县域内义务教育基本均衡督导验收，正式进入优质均衡发展时代。2017年教育部印发《县域义务教育优质均衡发展督导评估办法》，对教育资源配置和教育质量提出了更高要求。优质均衡认定重硬件，更重软件；重指标合格，更重群众满意；重数量，更重质量。初中教育在新时代必须有新的作为。

优质均衡发展督导评估的资源配置7项指标要求

《县域义务教育优质均衡发展督导评估办法》第六条：资源配置评估通过以下7项指标，重点评估县域义务教育学校在教师、校舍、仪器设备等方面的配置水平，同时评估这些指标的校际均衡情况。具体包括：

（一）每百名学生拥有高于规定学历教师数：小学、初中分别达到4.2人以上、5.3人以上。

（二）每百名学生拥有县级以上骨干教师数：小学、初中均达到1人以上。

（三）每百名学生拥有体育、艺术（美术、音乐）专任教师数：小学、初中均达到0.9人以上。

（四）生均教学及辅助用房面积：小学、初中分别达到4.5平方米以上、5.8平方米以上。

（五）生均体育运动场馆面积：小学、初中分别达到7.5平方米以上、10.2平方米以上。

（六）生均教学仪器设备值：小学、初中分别达到2000元以上、2500元以上。

（七）每百名学生拥有网络多媒体教室数：小学、初中分别达到2.3间以上、2.4间以上。

每所学校至少6项指标达到上述要求，余项不能低于要求的85%；所有指标校际差异系数，小学均小于或等于0.50，初中均小于或等于0.45。

五、新时代背景下上海初中教育面临的挑战与机遇

站在新时代背景下，社会主要矛盾已经转变为人民日益增长的美好生活需要和不平衡不充分的发展之间的矛盾。人民群众对高质量教育的需求越来越大，初中教育作为基础教育的中间环节，起到承上启下的重要作用。义务教育学校"公弱民强"是国内许多地方乃至发达国家面临的教育境况，如何提升公办初中办学水平、增强公办初中对学生和家长的吸引力，成为一个具有紧迫性的教育命题。上海初中教育改革在迈向优质均衡发展的道路上面临着新的挑战与机遇。

从进口看：初中招生改革，采取公办初中对口入学、民办初中摇号录取的方式，给优化公办初中生源带来了机遇。

从出口看：优质高中招生名额分配＋学生综合素质评价录取的方式，对整体提升初中教育质量提出了挑战。

从学校教育看：国家陆续印发提高义务教育质量的文件、激发学校办学活力的文件、教育评价改革的文件，对初中教育发展提出了新的挑战。

从优质均衡看：教师县管校聘、城乡携手共进、委托管理、学区化集团化办学、新优

质学校建设等举措,为推动初中教育优质均衡发展提供了路径选择。

总之,公办初中教育相对薄弱,优质初中教育资源不足,初中学生课业负担长期偏重,社会上对加强初中教育的呼声日益强烈,新时代对初中教育发展提出了新的要求,加强初中建设成为迫在眉睫的重要任务。

第三节 上海公办初中强校工程的重要意义

我国义务教育改革和发展大体经历了三步走的历程。[①] 第一阶段为1986—2006年,以普及优先、兼顾提高质量为政策导向。第二阶段为2006—2022年,以公平质量兼顾为政策导向,推进义务教育基本均衡发展。第三阶段为2022年之后,以优质均衡为政策导向,在基本均衡基础上追求教育全过程的公平,尤其是教育过程和教育结果的公平。义务教育是基本公共教育服务体系建设的核心组成部分,具有公共性、普惠性、基础性、发展性等基本特征。进入新时代,上海启动公办初中强校工程,乃是从高质量教育体系的大局出发,是义务教育优质均衡发展的内在要求,具有重要的时代意义。

一、更加公平:补齐教育短板,缓解社会教育焦虑

2016年,习近平总书记在看望北京市八一学校师生时强调,教育公平是社会公平的重要基础,要不断促进教育发展成果更多更公平惠及全体人民,以教育公平促进社会公平正义。我国已建成了世界上最大规模的教育体系,解决了孩子"有学上"的问题,新时代教育改革发展的根本目标,就是加快建设高质量教育体系,满足人民群众"上好学"的愿望,让每个孩子享受优质教育,这是我国基础教育强国建设的根本目标。为此,建立优质均衡的基本公共教育服务体系,大力推进基本公共服务均等化,是新时代发展的内在要求。

第一,优质均衡的前提是优质,"上好学"意味着"上好的学校",需要有高标准的经费、条件、师资、校长等公共服务资源的均等配置。高水平的"均等化"需要学校办学条件均等化、师资队伍均等化、经费投入均等化、治理水平均等化。同时,要重点关注小规模学校、农村偏远地区学校、随迁子女学生占比较高的学校的发展需求。为此,需要

[①] 全面推进义务教育优质均衡发展[EB/OL].(2023-6-16)[2024-03-01]. http://www.moe.gov.cn/jyb_xwfb/moe_2082/2023/2023_zl07/202306/t20230616_1064677.html.

健全相关政策保障体系,推进基本公共教育服务全域优质发展,着力缩小义务教育的区域、城乡、校际、群体差距,改造底部学校,使其尽快成为人民群众身边的好学校,激发每一所学校的内生动力。

第二,"上好学"意味着优质公共教育服务要实现人人可以便捷获得,每个孩子都能享受到优质的教育资源。为此,办好老百姓家门口的"好学校",让更多的学校成为新优质学校,成为教师、学生、家长、社会满意和放心的教育场所,以满足人民普遍的高质量教育期待,不让择校成为社会热点话题,这才能真正缓解社会焦虑,进而促进教育公平的实现。

第三,补齐初中教育短板,兜住办学质量底线,是建设高质量教育体系的重要一环。初中教育具有承上启下的作用,义务教育对口入学政策与高中优质学校名额分配政策都对初中教育质量提出更高的要求。办好每一所初中学校,不仅涉及对口小学的家长期望,也关系到优质高中的教育质量。

第四,提升初中教育公平水平,也意味着关注不同群体学生的高质量发展,建立健全教育关爱制度,为处境不利学生发展提供更多照顾和可能性。其中,随迁子女教育、农村留守儿童教育、困境儿童与有特殊需要的儿童教育等都是教育公平的重要体现。如何转变教育观念,优化教育政策,拓展教育机会,这也是加强初中建设的重要内容。

二、更高质量:转变育人方式,提升学生综合素质

初中教育是国家基础教育的重要组成部分,是培养未来社会发展所需的各类人才的基础。推进初中教育优质均衡发展的意义在于保障每个学生接受公平、优质的教育,同时提高全国人才素质水平,促进社会经济的可持续发展。《中国教育现代化2035》中明确提出,到2035年实现优质均衡的义务教育。优质均衡是"重硬件更重软件、重指标合格更重群众满意、重数量更重质量"的均衡,是更加注重内涵、造峰抬谷,而非整齐划一、削峰填谷的均衡,指向的是促进学生多元全面发展,回应的是广大人民群众从"有学上"到"上好学"的期待。

推进初中教育优质均衡发展能够提高全国人才素质水平。教育是国家未来发展的重要基石,优质的教育可以培养具备全面素质、创新能力和国际竞争力的人才。2014年,国务院印发了《关于深化考试招生制度改革的实施意见》,随后上海启动新高考改革,通过教育评价改革引领育人方式变革。2016年,我国提出了加强培育学生发展核心素养的要求,并充分体现在新一轮课程教学改革之中。2017年,国家颁布普通高中新课程方案和课程标准,启动新一轮课程改革。2018年,上海启动新中考改革,对考试科目、考试方式、升学方式都有新的设计,初中教育面临着重要的改革任务,需要以新的质量观、评价观推动初中课程教学改革,优化初中育人方式,提升人才培养水平。上海启动公办初中强校工程是应对新中考改革要求,落实立德树人根本任务,提升初中教育质量的重要举措。习近平总书记指出,高质量发展就是要解决"好不好"的问题。初中教育的高质量发展,关键是要提升初中育人质量。

三、更具活力:遵循办学规律,提升学校可持续发展能力

学校发展有其自身规律,一所学校的变迁受到多种因素影响,既有时代与社会因素的外部影响,比如城市功能转型、经济社会发展、信息化推进等都对学校发展带来重大挑战与机遇,又有教育内部因素的影响,比如教育配置水平的均等化、考试与评价等教育综合改革的力度、校长的教育情怀与领导力、学校治理现代化水平等,都会对学校发展带来重要影响。不论是长期处于办学质量底部的学校,还是从曾经的优质学校滑落到底部的学校,都一定存在规律可循。一所学校到底如何才能从底部强势崛起,不同类型的学校如何实现高质量发展,并始终保持一种良好的发展态势,呈现出生机勃勃的发展活力,这需要我们加强教育规律探索。与此同时,也要形成一定的办学机制,探索更多有效经验,赋能学校可持续发展,激发学校持久的办学活力。

上海在2014年整体通过义务教育均衡督导认定的基础上,大力推进优质均衡发展,坚持办学条件保障和内涵建设提升并重,创新学校联动发展机制,激发学校变革内生动力,不断缩小城乡、校际办学差距,努力办好每一所家门口的学校。主要举措包括:坚持城乡一体,促进乡村教育振兴,如实施统一的城乡学校"五项标准",改善办学条件;加强特级校长、教师流动,带动乡村教师专业提升;实施城乡学校携手共进计划,构建融合发展新格局;坚持激发活力,促进校际均衡发展,包括建设紧密型、示范性学区集团;实施新优质学校集群式发展;等等。在新中考改革背景下,通过启动公办初中强校工程,优化初中教育办学生态,着力探索一条公办初中高质量发展的新路径,形成上海经验,这是"坚持以人民为中心发展教育"的时代使命。

第二章 洞幽察微：上海初中教育均衡发展的过去与当下

近四十年来，上海义务教育发展取得了巨大成就。1985年上海率先提出普及义务教育，1993年上海成为率先实现普及义务教育的省市之一。2014年上海成为全国第一个整体通过县域义务教育均衡发展督导认定的省份，上海的基础教育开启了从"基本均衡"走向"优质均衡"的新征程。2020年上海义务教育各项普及指标均达到或超过国家标准，全市符合条件的适龄儿童义务教育入学率保持在99.9%以上。上海学生从2009年首次参加经济合作与发展组织（OECD）开展的国际学生评估项目（PISA）以来，在数学、阅读和科学素养三方面连续三次获得第一。2018年上海初中校长和教师参加教师教学国际调查（TALIS），在多个指标上位居全球前列。本章回顾了近四十年上海加强初中建设的政策演变与实践历程，并分析了上海启动强校工程之时初中教育发展的成就与问题。

第一节 近四十年上海加强初中建设的主要举措

回顾近四十年上海义务教育发展历程，上海加强初中建设主要有四项重大工程，分别为薄弱学校更新工程（共开展三轮）、中小学标准化建设工程、加强初中建设工程以及百所公办初中强校工程。另外，围绕初中教育内涵与质量建设方面，上海勇于开拓创新，积极探索新政策、新实践，引领上海初中教育逐步迈向优质均衡发展之路。

一、薄弱学校更新工程

20世纪80年代中期，上海开展第一轮薄弱初中和小学更新工程，主要解决初中教育质量不平衡、不稳定和不全面的问题。[①] 80年代中期农村地区开始实行小学升初中免试就近对口入学、重点中学初高中分离办学。[②]

20世纪90年代初期,上海实施第二轮薄弱学校更新工程。1990年上海市时任市长朱镕基同志提出"一流城市办一流教育",1993年上海市时任市委书记黄菊同志提出"与建设现代化国际大城市相适应,一流城市要有一流教育"。1992年,上海开始举办民办中小学校。仅1988年到1994年,市区共改造、加层、扩建中小学1255所,建筑面积达159万平方米;郊区共改造学校1742所,翻建面积达137万平方米,为缩小校际基本设施的差距打下了基础。[③]

20世纪90年代中期,上海实施第三轮薄弱学校更新工程,被列入这个范围的薄弱学校一共有230所,要在三年的时间里通过以下措施消除这些薄弱学校:调整学校布局,以适应城市功能定位和城建规划等;拓宽经费筹集渠道,加大对薄弱学校的经费投入;资源共享,提高教育投资使用效益。[④] 从1996年起,市区逐步推进小学升初中免试就近对口入学。在此基础上,重点中学实行初高中分离办学。[⑤]

二、中小学标准化建设工程

1999—2002年,上海实施跨世纪的"中小学标准化建设工程"。上海通过撤并村小、调整合并、改建翻新等措施,改造三类校以下的初中和小学,确保全市3000所左右小学5年内全部达到一、二类学校标准。此项工程被列入市政府每年实事项目和市关键的基础设施建设项目。[⑥] 其间,撤点村校853所,迁建、扩建学校455所,合并、调整用途学校261所,全市中小学总数四分之三的学校得到了彻底改造。[⑦] 该工程按照标准改造学校,不符合标准的学校必须全部改造,是一个全面覆盖的工程。这项工作对

---

① 中国民主同盟上海市委员会.上海初中教育质量中的问题分析[J].上海教育科研,1987(01):28+14.
② 张民生.向"一流教育"进军的奠基工程——上海实施新一轮"薄弱学校更新工程"[J].上海高教研究,1997(03):9—12.
③ 张民生.向"一流教育"进军的奠基工程——上海实施新一轮"薄弱学校更新工程"[J].上海高教研究,1997(03):9—12.
④ 张民生,唐璐.一流城市 一流教育——上海基础教育改革的设计与实践[J].上海教育科研,2019(01):5—9.
⑤ 张民生.向"一流教育"进军的奠基工程——上海实施新一轮"薄弱学校更新工程"[J].上海高教研究,1997(03):9—12.
⑥ 焦小峰,倪闽景.论如何推进上海义务教育高位均衡发展[J].教育发展研究,2012,32(22):25—30.
⑦ 季国强.上海基础教育改革发展的思路与措施[C]//上海市陶行知研究协会.第六期陶研骨干培训班文集.上海市教育党委研究室,2001:139—142.

图 2.1　上海市时任副市长谢丽娟在《人民教育》发文介绍"薄弱学校更新工程"[1]

于推动全市义务教育均衡来说非常重要,是一个具有里程碑意义的项目,也是全国先例。[2]

三、加强初中建设工程

2002—2005 年上海实施"加强初中建设工程",以占全市三分之一左右的 193 所相对薄弱的初中为重点(其中郊区 119 所),软硬并举,共投入 85.65 亿元,显著改善初中办学条件。[3] 在全市被列为"初中工程"督导验收的 547 所公办学校中,除城中区 6 所初中学校占地面积尚未达标外,其他初中学校全部达到二类以上学校,其中一类学校占全市初中学校总数的 64.24%。[4] 市政府教育督导室在对全市参与调研的 170 余所初中学校的调研报告中指出,过去全市小学升入初中的择校生比例近 50%,少数优

---

[1] 谢丽娟.实施"薄弱学校更新工程"提高基础教育整体水平[J].人民教育,1996(04):12—20.
[2] 张民生,唐璐.一流城市 一流教育——上海基础教育改革的设计与实践[J].上海教育科研,2019(01):5—9.
[3] 沈燕.上海基础教育均衡发展对策研究[D].上海:上海交通大学,2008:11.
[4] 焦小峰,倪闽景.论如何推进上海义务教育高位均衡发展[J].教育发展研究,2012,32(22):25—30.

图 2.2 "上海人大"官网报道"中小学标准化建设工程"

质初中学校的择校生比例占 75%,在工程实施以后,全市初中择校生超过 10% 的有 51 所学校,占全市公办初中学校总数的 9.3%。① 与此同时,"加强初中建设工程"也对提升学校教育质量和教学内涵起到了积极的推动作用。从初中学校骨干教师状况来看,全市 50.6% 的初中学校高级教师比例超过了 5%。其中,初中学校高级教师比例超过 10% 的已达 29.76%,初中学校区级骨干教师比例超过 10% 以上的达到 43%,涌现出了一批原来相对薄弱、现在已经得到社会公认的实施素质教育的学校。据对上海 19 个区县"加强初中建设工程"督导问卷的调查显示,95.8% 的学生、家长对"加强初中建设工程"表示满意或较满意,99.5% 的社区对"加强初中建设工程"满意或较满意。②

四、百所公办初中强校工程

2018 年,在高考改革、中考改革背景下,为满足人民群众对高质量教育的需求,有

---

① 张民生,唐璐. 一流城市 一流教育——上海基础教育改革的设计与实践[J]. 上海教育科研,2019(01):5—9.
② 计琳,王辛. 上海 85 亿做强五百公办初中[N]. 中国教育报,2006-01-14(001).

效缓解家长的教育焦虑,上海市教委实施了百所公办初中强校工程,128所公办初中被选为强校工程实验校,计划通过三至五年的建设周期,聚焦问题补短板,促进公办初中提质增效。强校工程实施四年来,市、区两级紧密携手,实验校正在发生令人振奋的变化,不少学校出现生源回流。[①] 2021年完成公办初中强校工程中期评估,128所强校工程实验校中已有5所以资源整合方式成为优质学校,其余123所实验校均基本达成中期建设目标。[②] 2023年完成公办初中强校工程终期绩效评估,近八成实验校被评为优秀,120所实验校[③]的学生学业质量、教师队伍建设、课程教学改革、特色品牌建设、内部治理能力、家长满意度等方面都得到了明显提升。

第二节 近四十年上海加强初中建设的政策演进与实践创新

上海近四十年义务教育均衡发展取得的成就,一方面得益于上海经济与社会的飞速发展,为上海基础教育发展提供了强大的物质保障;另一方面得益于上海基础教育的创新实践,从理念、机制和举措等方面进行突破,为初中学校优质均衡发展提供了坚强的政策保障。具体来说,可以归纳为以下三个方面。

一、加强教育投入,优化资源配置

薄弱学校的办学条件相对较差,这是一个基本事实。为此,加强教育投入,优化资源配置,改善办学条件,为提高学校办学质量奠定良好的物质基础和人力基础,这是政府的重要职责。主要举措有:

一是建立市级编制基本统一的义务教育建设和管理标准,区县落实实施主体责任,市和区县投入相结合的义务教育投入保障机制。[④]

二是不断提高经费保障水平,落实市级财政"三个统筹",即统筹下达教育支出占财政支出的比重、统筹下达区县财政教育转移支付资金、统筹少数经济发达的中心城

[①] 2021年上海义务教育优质均衡发展情况[EB/OL].(2021-11-16)[2024-03-01]. https://edu.sh.gov.cn/xxgk2_zdgz_jcjy_06/20211116/2cb041ddce454323843e11ef8a16496f.html.
[②] 2021年上海义务教育优质均衡发展情况[EB/OL].(2021-11-16)[2024-03-01]. https://edu.sh.gov.cn/xxgk2_zdgz_jcjy_06/20211116/2cb041ddce454323843e11ef8a16496f.html.
[③] 注:原128所实验校中,有8所实验校已经与优质初中合并。
[④] 上海市改薄工程2014年工作总结和2015年工作计划[EB/OL].(2015-04-21)[2024-03-01]. http://www.moe.gov.cn/jyb_xwfb/xw_zt/moe_357/s7865/s8513/s8517/201504/t20150421_187409.html.

区部分财政教育资金,重点用于支持郊区县和农村地区教育发展。① 在义务教育学校实施绩效工资制度,教师工资全市统一标准,不同区县、城乡间,教师收入基本均衡。

三是2015年上海市出台《促进城乡义务教育一体化的实施意见(暂行)》,加强基本公共服务市级统筹力度,探索建立全市基本统一的义务教育学校功能用房配置、教育装备配备、教师队伍配置、教师收入和生均经费5项标准,指导区县开展改薄工程。② 2021年,在全面完成第一轮"五项标准"(2015—2020年)建设任务的基础上,加快研制新一轮义务教育学校"五项标准",进一步改善义务教育办学条件。

四是加强优质教育资源辐射共享力度,加大中心城区支援郊区学校发展力度,选派向明中学等多所中心城区品牌学校赴郊区新城、大型居住社区捆绑办学。

五是加强乡村教师队伍建设,2016年印发《上海市〈乡村教师支持计划(2015—2020年)〉实施办法》,启动本市应届各高校毕业生到乡村学校的学费代偿制度和外省市优秀应届高校毕业生到乡村学校的落实加分与各项政策。2016年市级层面指导各区县制定义务教育学校教师均衡配置推进计划。建立优秀教师柔性流动制度,2013年全市首次统一选派中心城区新晋特级校长进行区域柔性流动,2014年全市首次选派中心城区20名新晋特级教师流动到郊区开展为期3年的支教工作,2019年全市实施正高级教师流动工作。

二、创新管理机制,激发办学活力

薄弱学校的资源一般较为稀缺。仅靠自身努力是很难在短期内翻身的。在教育实践中,上海通过试点先行、全面推广的办法,从管理机制上进行创新,探索了多个增加薄弱学校优质教育资源供给的举措,有效激发学校办学活力。主要举措有以下几个方面。

一是实施郊区农村义务教育委托管理工作。2007年起,上海市教委选择中心城区优质学校和优质教育中介机构,根据郊区教育部门的委托,采取缔结契约转移办学责任、团队进驻提升办学水平的方式,对郊区农村义务教育阶段相对薄弱学校开展全

---

① 国家教育督导检查组对上海市17个区县义务教育均衡发展督导检查反馈意见[EB/OL].(2014-03-24)[2024-03-01].http://www.moe.gov.cn/jyb_xwfb/gzdt_gzdt/s5987/201403/t20140324_166009.html.
② 上海市改薄工程2014年工作总结和2015年工作计划[EB/OL].(2015-04-21)[2024-03-01].http://www.moe.gov.cn/jyb_xwfb/xw_zt/moe_357/s7865/s8513/s8517/201504/t20150421_187409.html.

方位的管理。到2017年已实施五轮,10年来累计托管农村学校208所(次),覆盖班级4400个(次),惠及学生约16万人(次)。

二是实施城乡学校携手共进计划。上海市教委在总结五轮郊区义务教育学校委托管理经验的基础上,启动了义务教育"城乡学校携手共进计划",从2017年起每三年实施一轮,首轮涉及郊区义务教育学校76所,其中精准委托管理42所、互助成长项目34所,覆盖本市所有郊区。2021年,启动实施覆盖郊区66所学校的第二轮城乡学校携手共进计划,其中精准委托管理38所、互助成长项目28所。

三是实施学区化和集团化办学。2015年,上海市教委印发《上海市教育委员会关于促进优质均衡发展、推进学区化集团化办学的实施意见》,创新办学体制机制,通过集群式办学,加强校际合作,加大优质教育资源的辐射力度。2019年,上海市教委发布《关于推进本市紧密型学区和集团建设的实施意见》,计划通过两轮创建,加强紧密型学区、集团建设,提高义务教育优质均衡发展水平。2021年,全市建有学区和集团238个,覆盖约80%的义务教育学校,年内将建设紧密型学区、集团57个,覆盖18%的义务教育学校。[1]

四是实施公办初中强校工程。2018年,上海选取128所公办初中作为强校工程实验校。在政策的高强度引导下,众多优质资源、专业力量成为强校工程实验校的支撑。市、区两级紧密携手,实验校正在发生令人振奋的变化,不少学校出现生源回流。[2] 2021年完成公办初中强校工程中期评估,128所强校工程实验校中已有5所以资源整合方式成为优质教育资源,其余123所实验校均基本达成中期建设目标。[3]

三、开展招生评价改革,重新定义好学校

教育评价对教育发展方向具有重要引导作用。有什么样的评价指挥棒,就有什么样的办学导向。教育评价在优化区域教育生态、推动义务教育均衡发展方面具有特殊作用。上海基础教育以坚持公平性、提高科学性为价值导向,积极开展初中教育评价与考试招生制度改革,推动初中学校优质均衡发展。主要举措有以下几个方面。

---

[1] 2021年上海义务教育优质均衡发展情况[EB/OL].(2021-11-16)[2024-03-01]. https://edu.sh.gov.cn/xxgk2_zdgz_jcjy_06/20211116/2cb041ddce454323843e11ef8a16496f.html.
[2] 2021年上海义务教育优质均衡发展情况[EB/OL].(2021-11-16)[2024-03-01]. https://edu.sh.gov.cn/xxgk2_zdgz_jcjy_06/20211116/2cb041ddce454323843e11ef8a16496f.html.
[3] 2021年上海义务教育优质均衡发展情况[EB/OL].(2021-11-16)[2024-03-01]. https://edu.sh.gov.cn/xxgk2_zdgz_jcjy_06/20211116/2cb041ddce454323843e11ef8a16496f.html.

一是开展中小学生学业质量绿色指标评价研究,引导学校正确办学方向。2011年,上海市教委印发《上海市中小学生学业质量绿色指标(试行)》,构建了基于课程标准,全面评价教师教学、校长课程领导,以及学生学业水平、品德行为、身心健康等十个方面情况的中小学学业质量绿色指标测评体系,教育内部形成"标准—检测—分析—改进"的良性循环,并形成了"检测依靠技术、结论源自证据、分析产生转变"的实践行动模式。[1] 2018年市教研室推出了上海市中小学校绿色评价2.0版,把评价的注意力转向对学生关键能力的培养上。

二是开展高中阶段学校考试招生制度改革,名额分配政策为公办初中学校发展带来机遇。2018年上海市教委出台《上海市进一步推进高中阶段学校考试招生制度改革实施意见》,明确市实验性、示范性高中50%—65%的招生计划由市和区教育局分别分配到有关区和初中学校,其中的70%分配到不选择生源的各所初中学校,并逐步扩大该比例,进一步促进学生全面发展、义务教育阶段学校优质均衡。随后2019年出台了《上海市初中学业水平考试实施办法》和《上海市初中学生综合素质评价实施办法》两个中考配套文件。

三是落实国家统一要求,2020年全面实施义务教育公民办学校同步招生、民办学校超额摇号录取政策。

四是2021年上海市教委印发《上海市高中阶段学校招生录取改革实施办法》,对自主招生、名额分配、综合评价录取等方面进行了细化要求。同年,《市实验性示范性高中名额分配综合评价录取学校综合考查的指导意见(试行)》出台。

五是推进新优质学校建设项目,重新定义好学校标准。2011年初,上海成立"新优质学校推进"项目,重点研究一批不挑生源、不争排名、不集聚特殊资源的普通学校走向优质学校的轨迹,树立新时期好学校的标杆。2014年上海市将"新优质学校集群发展"纳入上海市教育综合改革重点项目。2021年,市、区两级新优质学校集群覆盖义务教育阶段学校382所,约占全市义务教育学校总数的25%。在普陀区开展新优质学校认证试点的基础上,形成了新优质学校认证工作方案和认证标准(试行),组织召开专家培训会,首次对10所学校开展新优质认证。[2] 新优质学校建设是在均衡发展

---

[1] 关于印发《上海市基础教育改革和发展"十三五"规划》的通知[EB/OL]. (2017-02-04)[2024-03-01]. http://edu.sh.gov.cn/xxgk2_zhzw_ghjh_01/20201015/v2-0015-gw_301132017003.html.
[2] 2021年上海义务教育优质均衡发展情况[EB/OL]. (2021-11-16)[2024-03-01]. https://edu.sh.gov.cn/xxgk2_zdgz_jcjy_06/20211116/2cb041ddce454323843e11ef8a16496f.html.

的新境界下,重新定义好学校,面向全体学生,通过不断深化的课程与教学改革,关照学生的学习需求和精神成长,提高每一所学校的办学质量,这是上海内涵发展新阶段显现的均衡特征。①

第三节 上海初中教育发展状况初态分析

2017年11月,上海市教委基教处委托上海市教育科学研究院普通教育研究所开展上海初中教育发展状况调查工作。本次调查主要有三个目的,一是了解上海市初中学生课业负担等学习现状,为满足学生发展需求提供政策建议。二是了解近年来上海市初中教育的发展状况,为加强初中建设提供实证依据。三是了解上海市初中学校应对新一轮中考改革的准备情况,为上海市中考改革政策出台提供一定参考。调研采用网络问卷调研、座谈会及政策文本调研等多种形式进行,调研对象涉及全市部分初中学生及其家长、初中校长及教师、区教育局局长和中教科长。其中,问卷调查总计学生样本约13万人,家长样本约12万人,教师样本33 000多人,校长样本近1 900人。座谈会包括教育局局长与中教科长座谈会、校长座谈会、教师座谈会等。还抽取了最近十年国家及上海市关于初中教育的政策文本及教育事业统计数据进行分析。总体上对当时的上海初中教育有了较全面的把握。

以下呈现的是上海市百所公办初中强校工程启动之前的上海初中教育状况。

一、上海初中教育概况

根据2016年上海教育统计手册,全市共有含初中学段的学校(完全中学、初级中学、九年一贯制学校、十二年一贯制学校)663所,共有班级数12 703个,共有初中学生413 298人。其中,含有初中学段的民办学校108所,班级数1 752个,学生61 452人。民办学校占比为16.29%,民办学生数占比为14.87%。上海初中专任教师38 088人。其中,中学高级教师占11.64%,中学一级教师占51.90%;研究生学历教师占10.07%,本科学历教师占88.57%;29岁及以下教师占20.51%,50岁以上教师占11.67%。

---

① 胡兴宏.走向新优质——"新优质学校推进"项目指导手册[M].上海:上海教育出版社,2014:3.

表 2.1　2016 年上海初中教育规模及民办占比

	学校数(所)	班级数(个)	学生数(人)
全市	663	12 703	413 298
民办	108	1 752	61 452
民办占比	16.29%	13.79%	14.87%

从各年级学生数量来看,近年来初中学生数量持续增加,这对初中教育资源配置带来了较大的挑战。

表 2.2　2016 年上海初中分年级学生数

年级	全市学生数(人)	百分比(%)
预初	125 454	30.35
初一	103 807	25.12
初二	92 546	22.39
初三	91 491	22.14
合计	413 298	100.00

根据参加初态调查且数据齐全的 620 所学校来看,办学时间在 1—5 年(含)的学校占 7.6%,说明随着学生数量的增加,近年来持续有新开办的初中学校,以满足初中学生就学需求。

表 2.3　参加调查的上海初中学校办学时间分布情况

办学时间	学校数量(所)	百分比(%)
1—5 年(含)	47	7.6
6—10 年(含)	40	6.4
11 年以上	533	86.0
合计	620	100.0

二、初中教育发展的主要成效

(一)初中教育资源的总量与结构逐步优化

1. 上海市初中教育经费投入处于较高水平

根据《2018 年全国教育经费执行情况统计表》,2018 年全国初中生均一般公共预算教育事业费支出为 15 199.11 元,上海为 33 284.99 元,位居全国第二位,仅次于北京。

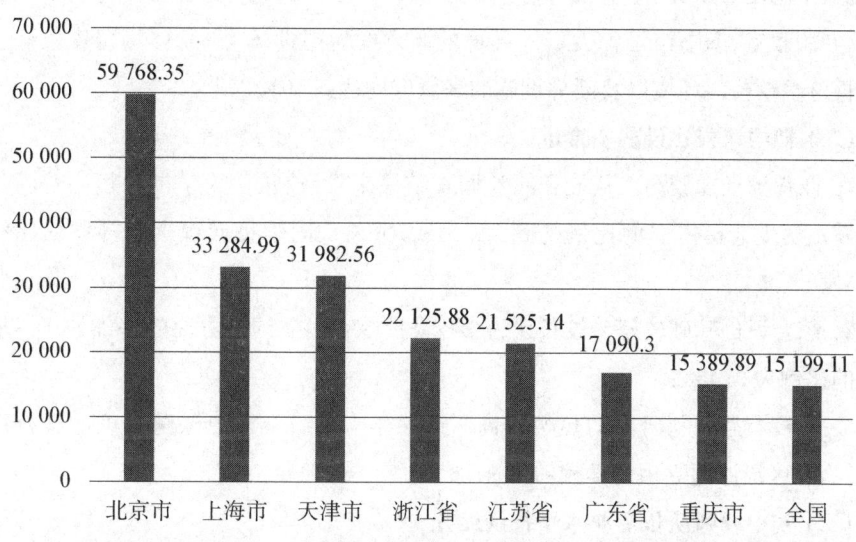

图 2.3　2018 年部分省(市)初中生均一般公共预算教育事业费支出情况(单位:元)

2018 年全国初中生均一般公共预算公用经费支出为 3 907.82 元,上海为 11 329.81 元,位居全国第二位,仅次于北京。

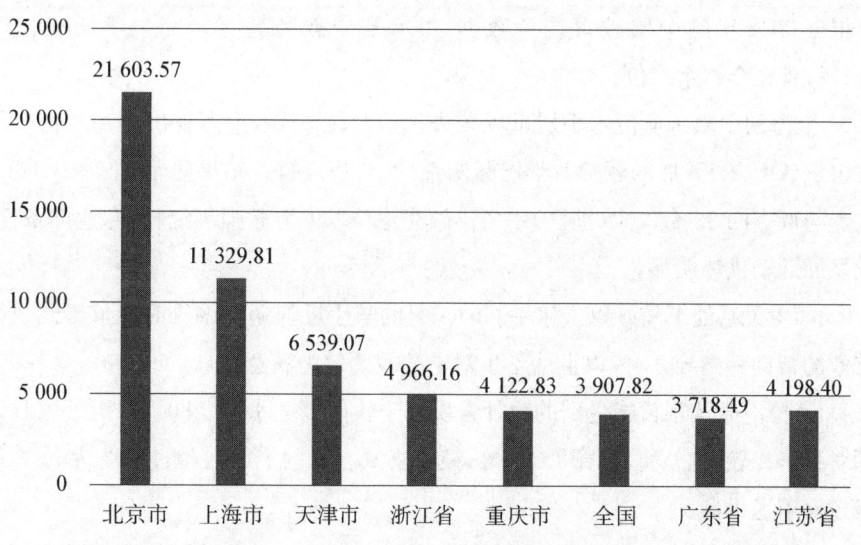

图 2.4　2018 年部分省(市)初中生均一般公共预算公用经费支出情况(单位:元)

2. 上海市初中学校办学条件处于较好水平

2018年,上海初中生均教学及辅助用房面积、生均体育运动场馆面积、生均仪器设备值、生均图书册数、师生比均处于较好水平。初中学生对于学校体育场馆及设施设备、专用教室、图书馆等各类资源环境的满意度均超过70%,总体满意度较好。初中家长对学校校园环境以及硬件设施的满意度均达到80%以上。

(二) 初中课程建设稳步推进

1. 课程满意度较高。从校长问卷调查结果来看,校长认为学校课程比较满足和完全满足学生选择需要的比例达到75.1%。家长认同学校课程丰富多样的比例为71.1%。

2. 综合评价基础较好。校长认为学校开展综合素质评价方面的基础处于一般及以上的比例为97.5%。

3. 学校参与课题研究的热情较高。近三年有市级及以上课题立项的学校占比61.6%,有区级课题立项的学校占比94.3%。

(三) 初中教师队伍专业水平持续提升

1. 上海教师学历与职称配置达标率高。2016年底,上海初中教师学历达标率除崇明区为99.89%之外,其余15个区均为100%。教师高一层次学历达标率均达到95%以上水平。除了普陀区教师配置达标率为97.14%之外,其余15个区的教师配置达标率均为100%,其中,高级教师配置达标率均值在九成以上。

根据2018年的中国教育统计数据,上海初中教师拥有研究生学历的比例为13.82%,排在全国第二位。

2. 上海初中教师队伍水平居世界领先地位。2015年,上海首次参加经济合作与发展组织(OECD)开展的教师教学国际调查(TALIS)项目,结果显示,上海有11个项目在参与调查的38个国家(地区)中居于领先地位。上海教师年纪轻,专业准备充分,专业发展活动优势明显。

3. 师生关系处于较好以上水平。93.6%的学生反映遇到困难时能够得到老师及时有效的帮助和指导,90%以上的学生对学校教师较为满意。

4. 家校沟通及家长感受到的教师素质处于较好以上水平。80%以上的家长认同老师对孩子比较关心、宽容、耐心、平等,孩子喜欢自己的老师。超过90%的家长反映班级建立了通讯群。

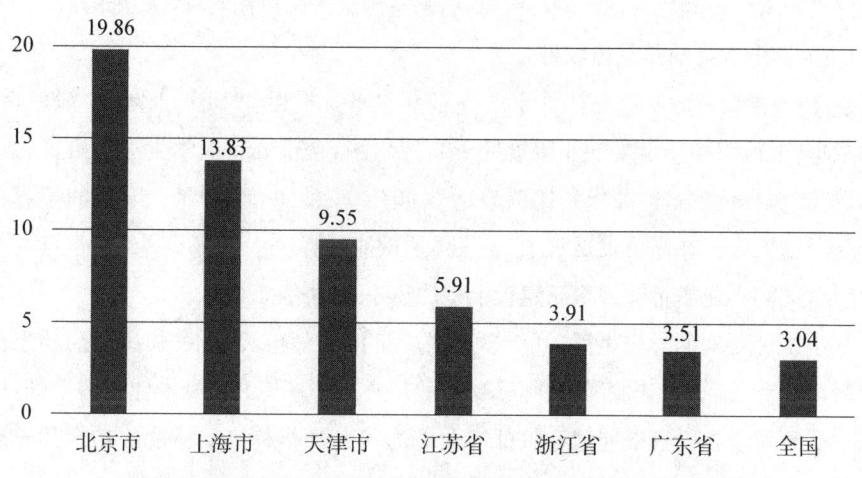

图 2.5　2018 年部分省(市)初中教师拥有研究生学历的比例情况

5. 教师工作满意度相对较高。近 90％的教师认为学校工作是比较愉快的,超过 70％的教师对学校较为满意。

(四) 初中教育管理体制机制不断创新

1. 学校管理效能感处于较好水平。96.9％的校长认为,学校发展规划中的目标与举措大部分得到了落实。超过 80％的校长认为,学校的教学质量监测制度在改进教学方面效果较好。超过 70％的校长认为本校的教研制度对于解决学校教学工作中的问题起到了较大的作用。近 90％的校长认为本校中层的创造力、执行力较强,管理顺畅且效率较高。超过 80％的教师认为本校管理团队呈现出心往一处想、劲往一处使的状态。

2. 新优质学校数量不断增加。2015 年,上海市教委出台《上海市新优质学校集群发展三年行动计划(2015—2017 年)》,就新优质学校集群发展作了整体规划。经过三年的推进,新优质学校集群发展的覆盖规模显著扩大,越来越多的学校参与到"家门口好学校"的建设之中。

3. 学区化集团化办学加速推进。2015 年,上海市教委出台《上海市教育委员会关于促进优质均衡发展、推进学区化集团化办学的实施意见》,就学区化集团化办学作了整体规划。到 2017 年年底,全市基本形成了学区化集团化办学新格局,学区化集团化办学覆盖全市 50％的义务教育阶段学校,参加学区化集团化办学的学校达到《上海市义务教育阶段学校办学基本标准》,学生、家长、社区的满意率平均在85%以上,16个区创造出一批鲜活经验和较为稳定的运作机制,基本满足人民对优质教育资源的需求。

(五)初中教育质量总体较好

1. 初中学校教育状况总体处于中等偏好水平。根据2015年上海市"绿色指标"评估数据,上海市初中学生学业质量处于高位水平,全市九年级学生达到语文、数学、英语、科学课程标准基本要求的比例分别为96%、92%、90%、91%。学生的学习自信心和学习动力保持在高位发展水平,学生体质健康达标率为96%。[①] 各区学校在基于"绿色指标"的学业质量改进机制建设上也取得了新的进展。

从学生感受到的学校生活环境、学生课业负担和师生关系,家长感受到的家校沟通与教师素养、孩子兴趣发展,教师感受到的日常工作环境和教师专业发展活动,以及校长感受到的学校管理效能感和教师专业能力等九大指标来整体反映初中学校教育状况,调查显示,全市初中学校教育指数处于中等偏好的状况。

2. 初中生睡眠时间保持在8小时以上。无论是学生自己回答还是家长报告的学生睡眠时间,基本都在8.2小时左右,且全市各个区县均值全部在8小时以上。

3. 初中生对学校教育环境和学习氛围满意度较高。从学生体验到的学校内外部环境来看,学生对班级学习氛围的满意度、对校园内外环境的满意度、对整个初中学习生活的满意度均在70%以上。

三、初中教育资源配置情况:优质均衡视角

(一)学校资源配置部分指标校际差异系数过大

根据《2018年上海市各区政府依法履行教育责任执行情况汇总表》[②],上海初中教育总体上差异系数处于较好水平。从综合差异系数分析来看,初中阶段有三个区没有达到国家优质均衡发展要求(初中:低于或等于0.45),分别是崇明区(0.54)、青浦区(0.49)和金山区(0.47)。

对照教育部印发的《县域义务教育优质均衡发展督导评估办法》[③],根据对上海义

[①] 上海发布2015年度初中学业质量绿色指标综合评价报告[EB/OL]. (2016-10-25)[2024-03-01]. http://news.cnr.cn/native/city/20161025/t20161025_523219976.shtml.

[②] 关于公示2018年上海市各区政府依法履行教育责任执行情况的通知[EB/OL]. (2019-12-05)[2024-06-09]. https://edu.sh.gov.cn/jydd_bggs/20191205/0015-jydd_2717.html.

[③] 教育部关于印发《县域义务教育优质均衡发展督导评估办法》的通知[EB/OL]. (2017-04-26)[2024-04-12]. http://www.moe.gov.cn/srcsite/A11/moe_1789/201705/t20170512_304462.html.

务教育学校资源配置七项指标的初步测算,个别指标短板明显,如全市初中生均体育场馆面积达标率约为45%;初中生均教学及辅助用房面积达标率约为66%。这两项指标提升困难,严重制约了上海市义务教育优质均衡发展进程。

另外,从各区域内部学校资源配置的差异系数看,在8个差异系数上,有9个区至少有一项指标没有达标。从指标来看,生均体育场馆面积的校际差异最大,有10个区不达标。

表2.4 2018年上海市各区学校资源配置差异系数未达标的情况

差异系数类别	初中阶段未达标区域
师生比	无
生均高于规定学历专任教师数	无
生均中级及以上专任教师数	1个区:崇明区(0.5)
生均教学及辅助用房面积	4个区:金山区(0.61)、崇明区(0.57)、青浦区(0.55)、宝山区(0.51)
生均体育场馆面积	10个区:宝山区(0.94)、青浦区(0.88)、黄浦区(0.76)、崇明区(0.74)、徐汇区(0.68)、松江区(0.60)、金山区(0.54)、浦东新区(0.51)、静安区(0.51)和闵行区(0.46)
生均教学仪器设备值	5个区:金山区(0.59)、崇明区(0.55)、黄浦区(0.53)、青浦区(0.52)、浦东新区(0.52)
生均每百名学生拥有计算机台数	7个区:静安区(0.53)、崇明区(0.52)、浦东新区(0.51)、徐汇区(0.5)、青浦区(0.48)、黄浦区(0.47)、虹口区(0.47)
生均图书册数	2个区:崇明区(0.58)和虹口区(0.48)

(二)部分教育资源配置指标区域差异明显

根据《2018年上海市各区政府依法履行教育责任执行情况汇总表》[①],2018年,在上海初中教育资源配置上,部分指标的区域差异比较明显。

1. 班额达标率情况

班额达标率方面,初中阶段12个区的班额达标率已经实现100%,未达标的青浦区(92.83%)、松江区(98.18%)、奉贤区(99.47%)和宝山区(99.79%)也都超过九成。

---

① 关于公示2018年上海市各区政府依法履行教育责任执行情况的通知[EB/OL].(2019-12-06)[2024-06-09]. https://edu.sh.gov.cn/jydd_bggs/20191205/0015_jydd_2717.html.

2. 教师队伍配置情况

从数量上看,以师生比来分析,初中学段师生比最低的浦东新区(0.08)只达到师生比最高的崇明区(0.13)的61.54%。师生比低表明教师数量少,对教师编制调整提出了更高的要求。

从结构上看,以学历和职称来分析。学历方面,2018年上海市各区教师配置之间差异明显,初中学段生均高于规定学历专任教师数最高的崇明区(0.13)是最低的浦东新区(0.08)的1.63倍。职称方面,初中学段生均中级及以上专任教师数最高的是崇明区和虹口区(均为0.09),最低的是浦东新区和松江区(均为0.05),前者是后者的1.8倍。

3. 教学设施设备配置情况

2018年上海市初中学段均达到国家优质均衡指标要求(初中:5.8平方米以上)。但是,各区之间发展不平衡。最高的崇明区(12.57平方米)是最低的普陀区(6.55平方米)的1.92倍。

生均体育场馆面积方面,初中学段最高的是崇明区(22.44平方米),尚有8个区不能达标,分别是黄浦区、虹口区、静安区、徐汇区、普陀区、松江区、长宁区和杨浦区。

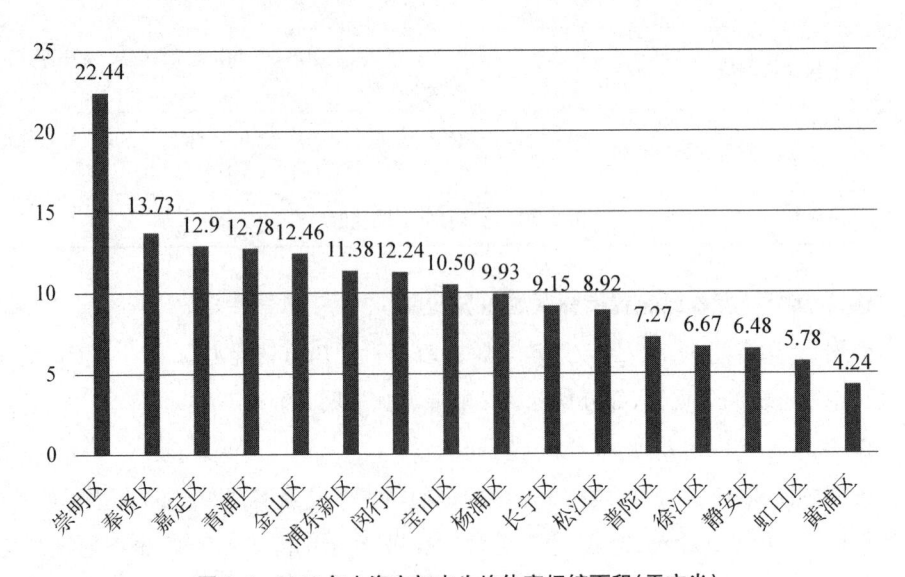

图2.6　2018年上海市初中生均体育场馆面积(平方米)

生均教学仪器设备值方面,上海学校总体较好,但是区域之间差异较大。初中阶段生均教学仪器设备值最高的是长宁区(17 368.17 元),最低的是青浦区(4 024.62 元),前者是后者的 4.32 倍。

生均每百名学生拥有计算机台数方面,初中阶段最高的是黄浦区(48.61 台),最低的是松江区(24.09 台),前者是后者的 2.02 倍。

生均图书册数方面,初中阶段最多的是崇明区(86.86 册),最少的是松江区(49.47 册),前者是后者的 1.76 倍。

四、初中教育存在的问题与分析
(一) 不平衡的问题

初中教育的不平衡主要体现在城乡差异、区域差异、校际差异、公民办差异以及教育要素发展等方面。

1. 城乡发展不平衡。市区学校生均资源、软件资源相对丰富,教育质量相对较高,但生均占地面积、生均建筑面积相对较少;郊区农村小规模学校、小班额情况增加,生均占有资源反而较多,但师资队伍和教育质量面临挑战;城郊接合部大规模学校、大班额现象增加,生均占有资源下降。

2. 区域发展不平衡。学生升学期望不平衡,学生期望升入市实验性示范性高中的比例最低的崇明区只有最高的普陀区的一半。从学生身心健康综合数据看,普陀区、闵行区和崇明区的优良率更好,超过六成,而宝山区、松江区和虹口区优良率相对偏低,仅有四成左右。从班额来看,部分区域仍然存在大班额现象,青浦区、松江区和金山区的大班额情况较多。从随迁子女比例来看,奉贤、松江、宝山三区的随迁子女都超过四成,而杨浦、徐汇区最低,最高是最低的两倍多。

3. 校际发展不平衡。生均体育场馆面积、生均教学及辅助用房面积差异系数较大,分别为 0.68 和 0.57。高级教师配置不平衡。高级教师占比最高的是普陀区(18.87%),最低的是松江区(6.82%),差异明显。

4. 公民办发展不平衡。从学业成绩来看,在九年级"绿色指标"评价中四门学科总成绩前 100 名的学校中,民办学校有 35 个,占 35%;在后 100 名学校中,民办学校有 1 个。关于学生期望升入市实验性示范性高中的比例,民办初中学生比例(58%)显著高于公办初中学生比例(38%)。

5. 大小规模学校发展的不平衡。2016 年上海初中学校平均规模为 632 人。规模大的学校学业水平与升学期望相对较高,规模小的学校随迁子女比例相对较高。规模大的学校的学生感知到的课业负担相对较重,规模小的学校师生关系更好。

6. 随迁子女比例高低学校发展的不平衡。随着随迁子女比例增高,学校的学生学业成绩均值、学生期望升入市实验性示范性高中的比例、家长对学校的认可度、教师对学校的认可度、学生课业负担、学生对初中学习生活满意度都有逐步下降趋势,学生睡眠时间则有逐步增多趋势。

(二) 不充分的问题

1. 学校改进空间大。从学校发展困境或弱项来看,超过一半的校长认为学校发展弱项为生源和教师队伍,其次是课程建设和办学条件(超过三成校长选择)。家长参与校本课程建设的比例较低,互动形式仍以教师或学校单向的信息沟通为主。从改革需求看,校长们对经费资源、师资招聘以及公民办平等招生关注最多。

2. 规范办学不能放松。民办学校基本以挑选生源为主,对口招生人数比例较低。41.2%的家长报告学校有分班考试。学校超课时现象较为普遍,73.4%的学生报告周课时数超过34节,40%的学生认为学校有课时被挤占的情况。

3. 师资结构和教师能力有待优化。仅13.6%的校长认为学校教师不紧缺。与此同时,缺口的学科内部结构不平衡,从全市来看,学校最紧缺的教师依次为:语文、数学、外语学科的教师,此外体育教师缺口也较大。教师人均承担的校本课程门数大约有0.69门,实际承担校本课程教学的教师占比约55%,超过40%的教师没有承担校本课程教学。近40%的教师对如何开发校本课程不够了解。超过40%的教师明确表示不喜欢课题研究。超过30%的教师认为学校激励教师参与课题研究和提升教师课题研究能力的举措力度都较小。超过一半的校长认为,当前初中学校中能够承担跨学科项目指导的教师在10%以内,这一比例与实际需求之间显然是有差距的。近50%的校长认为,本校有一半以上的教师不符合、不适应改革要求。

4. 教育教学方式需要进一步丰富和完善。超过七成的学生认为,教师最常采用的教学方式仍以知识性的复习、操练、检查为主,长周期、项目化、合作解决问题以及差异化的作业设计等相对较少,教师的教学方式有待改进和更新。习题书和教材上的习题占据初中教师布置作业的73.3%,教师自编习题仅占四分之一左右。近60%的学生在学习期间参与跨学科探究活动的次数在一次以下,其中又有一半学生从来没有参加过。学生报告"教师演示实验和几乎没有实验"的比例达到40.6%,自己独立实验的比例占3.6%。

5. 要加快推进专用教室建设。有70.8%的校长和62.8%的学校回答学校没有语音教室。语音教室的实际利用率也十分有限,仅有不到四分之一的学生使用超过三次以上。从中考涉及的物理、化学实验操作考试来看,回答没有物理、化学实验室的校长分别占总体的7.8%和7.6%。

6. 学校教育信息化环境与多媒体教室建设有待加强。各区无线网络覆盖率符合要求的学校占比相对较低,有的区域只有不到10%的学校达标。互动式多媒体教室符合要求的占比也相对较低。

7. 教师专业发展活动实效性有待进一步提升。教师感知的学校专业环境和专业发展活动总体处于一般水平,还有很大的改进空间。

(三) **不可持续的问题**

1. 初中生作业时间相对较多。初中生每天完成学校作业的时间平均为2.66小时,完成校外作业的时间平均为1.16小时,完成家长作业的时间平均为0.91小时。认为课业负担比较重的学生比例为33.2%。

2. 超过三成初中生感到考试压力大。超过40%的学生报告教师经常甚至总是公布成绩排名,仅三成左右的教师从来不这么做。

3. 超过半数初中生参加校外收费的学科补习。公办初中参与补习的学生比例近50%,民办学校达到74%。

4. 家长对孩子的升学期望远高于学生自己的升学期望。65.2%的学生选择初中毕业后进入区或市实验性示范性高中就读,其中选择市实验性示范性高中的学生占43%,而家长的比例则高达66.3%。民办学校学生的升学期望明显高于公办,民办学校选择期望升入市实验性示范性高中就读的学生比例是公办的1.6倍多。

第三章　经验借鉴：国内外加强初中建设的文献回顾

薄弱学校改造已经成为各国政府推进教育公平、促进每位学生充分发展的重要任务，国内外加强初中建设也形成了一些典型经验，可以为上海实施强校工程提供借鉴和启示。本章梳理了国内外加强初中建设的研究进展与实践状况，为公办初中强校工程寻找学术脉络与实践坐标。

第一节　国外学校改进的典型经验

上海实施的公办初中强校工程主要是面向底部学校的改进项目。国外关于薄弱学校改进的项目和研究有很多，本节主要选取英国和美国具有典型意义的薄弱学校改进经验进行介绍，为上海加强初中建设提供参考。

一、英国的薄弱学校改进经验

英国政府非常关注处境不利学校的发展。20世纪90年代以来，为推动薄弱学校改造，促进教育均衡发展，英国先后颁布实施了多个计划和文件。

1997年出台"教育行动区计划"（Education Action Zones），以改造乡村、城镇的薄弱学校为重点。最主要的任务是通过多渠道集资改善薄弱学校办学条件。政府允许地方教育当局、学校、私企和家长等组成一个社会群体，共同管理加盟学校。同时引进市场竞争机制，激励各学校进行改革，使落后地区的教育向现代化迈进。通过引进多元管理模式、管理理念、引入多元竞争主体和竞争观念，提升弱势学校整体实力和竞争力。[1]

---

[1] 马丽,余利川,冯文全.英国改造薄弱学校的三项计划评析[J].上海教育科研,2014(07):17—20.

1999年出台"追求卓越的城市教育计划"(Excellence in Cities),以城市薄弱学校为改造重心,为期3年,从改善办学条件到"天才学生""学习辅导员"等计划使改革层层推进。截至2006年4月,已有57个地方教育当局的1300多所中学和3600多所小学加入了该计划。[1]

2000年颁布"学院类计划"(The Academies Programme),其改革重心为:通过向不利处境学生、少数民族学生、低成就学生、问题学生提供特殊帮助,提升学生的学业水平,改变薄弱学校长期以来形成的低成就、低期望的不良处境,从而进一步改进薄弱学校质量,增进学校类型多样化,使更多学校达到优秀办学水平。这被视为英国改造薄弱学校的第三步综合型尝试。2012年6月,学院类学校的数量已将近2000所。[2]

2008年6月公布"国家挑战计划"(National Challenge Project),全方位扶助薄弱学校,3年总经费达到4亿英镑,为"国家挑战"学校的学生提供更多一对一辅导和学习支持(英语、数学两科),成立"国家挑战专家顾问团",为薄弱学校提供支持,新派150名"国家教育领袖"(有丰富的改造薄弱学校经验)帮助校长一起解决学校难题。主要运行策略有:(1)重视学校之间的伙伴关系,建立学校之间的帮扶网络,引导优秀学校改造薄弱学校。(2)政府为每一所未达标的学校配备"国家挑战顾问",为学校提供20天的专业支持服务,帮助学校制订与实施改进计划。(3)出台激励政策,吸引优秀教师到"国家挑战学校"任教。(4)创建"国家挑战信托学校"、国立综合中学,改善贫困社区教育环境。[3]

2009年制定《新机遇:未来机会均等》(New Opportunities: Fair Chances for the Future)白皮书,提出创建世界一流学校、给每个孩子提供终身成功的机会的目标。具体策略有:(1)鼓励家庭、社区与学校的互动,提升家校合作能力。(2)支持学生的个性化学习,为每个学生安排一位指导老师。到2010年支持的学生在英语和数学学习上各达到30万名。(3)提供关联性课程,引进灵活适宜的课程,促进学生参与,给每个学生提供更多学习计划。(4)打造一流专业教学,鼓励最有效的教师进入最需要的薄弱学校去。这一计划每年能够覆盖500所学校,涉及6000名教师。[4]

---

[1] 马丽,余利川,冯文全.英国改造薄弱学校的三项计划评析[J].上海教育科研,2014(07):17—20.
[2] 马丽,余利川,冯文全.英国改造薄弱学校的三项计划评析[J].上海教育科研,2014(07):17—20.
[3] 张济洲."国家挑战"计划——英国政府改造薄弱学校的新举措[J].外国中小学教育,2008(10):22—24+21.
[4] 孙德芳.英国提升薄弱学校质量的举措[J].中国教育学刊,2009(06):9—11.

2015年宣布启动"全国教学服务计划"(National Teaching Service, NTS),采用提供更高薪酬、更高安置费等办法,吸引并招募约1500名优秀教师前往存在教师聘任和留任问题的沿海及北部城市,开展为期2年的借调教学工作,以改善薄弱学校教学效果不佳的问题。首批招募的100名教师将于2016年开始工作,最终目标是在2020年构建由1500名优秀教师组成的教学支援队伍。[①]

2020年6月启动"国家补习计划"(National Tutoring Programme),11月正式实施,投入金额3.5亿英镑,旨在帮助因新冠疫情而耽误学业的中小学生,特别是来自弱势家庭背景的学生。"国家补习计划"由"补习伙伴"(Tuition Partners)、"学术导师"(Academic Mentors)和"学校主导补习"(School-led Tutoring)三条路径交叉推进。2022年3月,"国家补习计划"提供的课程规模已经发展到约100万门。2022年3月28日发布的《机会均等:为每一个孩子提供拥有优质教师的好学校》(Opportunity for All: Strong Schools with Great Teachers for Your Child)白皮书中提出,到2024年补习课程要达到600万门,届时,一对一补习和小组补习将成为英国学校的永久性特征。[②]

二、美国的薄弱学校改进经验

美国将薄弱学校(Low-performing School)的改造作为一种国家层面的政府行为始于克林顿政府时期。1998年联邦政府教育部发布题为《改造低绩效学校:州和地方领导指南》的报告,宣称:"没有一个美国儿童应该得到二流的教育,州和地方教育当局必须重新设计失败的学校,或者关闭它们,由新的、更有效的领导和教师将其重新开放。"

布什总统上任后,2002年联邦政府颁布了《不让一个儿童掉队法案》(No Child Left Behind Act),要求各州尽快增加学校改进策略,并对薄弱学校改造提出了更具体的目标:2014年使所有学生都达到熟练掌握所学知识的程度。各州用于改造薄弱学校的方式大致有十种:书面警告、技术支持、追加资助、制订改进计划、试运行、免除资质、上收财务管理权、关闭整改、重建、接管。[③]

---

① 王俊.英国政府将为薄弱学校派遣优秀教师[J].世界教育信息,2015,28(22):76.
② 张永军.公立学校为每位学生购买15小时的补习服务 英国积极推进"国家补习计划"[J].上海教育,2022(20):50—51.
③ 田凌晖.薄弱学校改造的政策及实现路径:美国的经验[J].上海教育科研,2007(12):14—16.

奥巴马总统上任后,2009年联邦政府推出"力争上游计划",围绕四个方面展开:采用国际学业评价标准,招募和维持高质量的教师队伍,建立跟踪学生学业情况的数据库系统,改造表现不佳的学校。要求各州将长期落后的薄弱学校即"持续最低效学校"(Persistently Lowest-achieving School)作为改造的重点。对于这类薄弱学校,要求各州和学区采取四种整改模式中的一种进行干预,帮助学生取得更好的成绩。四种模式分别是转型模式(Transformation Model)、变革模式(Turnaround Model)、重启模式(Restart Model)和关闭模式(School Closure Model)。[1]

另外一项学校变革的综合性计划——跃进学校项目(Accelerated Schools, AS),1986年起始于斯坦福大学,核心是关注弱势学生群体,主张整个学校内部共享一系列的价值、原则和态度,奉行目标一致、权责共担和群策群力三个原则,营造一种生长、创造和跃进学习的学校文化,为所有的学生提供有效的学习体验。该项目首先在旧金山海湾地区的两所小学进行实验,到2016年,全美国已经有超过2000多所中小学参加,成为"美国范围最广、历时最久的学校全面改革之一"。该项目变革薄弱学校现状主要从三方面着手:教育理念、教师教学、学生学习。其中,教育理念是核心,起到引领性作用。该项目首先对薄弱学校的教育理念加以重新建构;其次,在学校顶层设计规划基础上,开展教师培训,改进教学方式;最后,结合有效学习理论,以学生个体学习改善为出发点,倡导学生的主动性,增强教与学双向互动,大力提升所有学生的成绩。具体实施内容包括:构建行之有效的学校组织与管理体系;提供个性化的课程与教学;建立基于数据的学生学业评价体系;强化教师专业发展培训。一所跃进学校从开始变革到成功转型,一般需要5年左右的时间。[2]

第二节 国内加强初中建设的实践案例

近年来,在义务教育均衡发展背景下,除了上海市,我国也有很多地区开展了专门加强初中阶段教育的建设工程,比较典型的包括2005年北京市启动实施的第五轮初中建设工程、2015年南京市开展的新优质初中创建工程、2018年福建省启动实施的初中"壮腰"工程、2019年成都市教育局启动实施的公办初中强校工程、2020年杭州市启动实施的公办初中提质强校行动等,下面将简要介绍相关情况。

---

[1] 刘宝存,何倩. 新世纪美国薄弱学校改造的政策变迁[J]. 比较教育研究,2011,33(08):1—6.
[2] 吕敏霞. 美国薄弱学校改造的进展跟踪:实效、争议与动向[J]. 外国教育研究,2013,40(02):10—18.

一、北京市：第五轮初中建设工程

2005年6月,北京市正式启动第五轮初中建设工程,历时四年。2009年4月,北京市政府教育督导室和北京市教委联合对全市初中建设工程实施情况进行了总结和督导验收。督导验收结果表明[1],经过本次工程,全市基本完成初中学校布局调整任务,初中学校基本达到新颁办学条件标准,干部教师队伍建设得到明显加强,教育教学质量稳步提高,学生和家长对初中教育满意度逐年提高。本次初中建设工程已经实现预期的建设目标,成效显著。本次初中建设工程的主要特点有六个:(1)政府高度重视,部门密切合作,整体推进初中建设工程实施。(2)专项投入有力,项目推进联动,共同促进初中学校办学条件达标。(3)加强队伍建设,推进教研科研,促进初中学校内涵发展。(4)实施过程评价,建立诊断机制,引导初中学校内涵发展。(5)发挥高校优势,整合智力资源,共同促进初中建设工程实施。(6)创新工作机制,决策督导同行,保障初中建设工程如期完成。

本轮初中建设工程的目的和方法可以简要概况为"一个中心、三个方法"。[2] "一个中心"指初中建设以提高质量为中心。从事业发展的角度讲,要追求均衡和便利;从办学角度讲,要追求优质和特色;从发展角度讲,要追求学生高科学知识含量的综合素质提高。这三个方面既相对独立又相互联系;既反映出社会的需要,同时更是初中建设自身发展的追求。"三个方法"指基线调查、合理规划和增值评价。基线调查又叫做基础性调查,是通过线索收集、问卷调配等具体方法进行的干预前调查。北京市初中学校建设与发展评价标准的研制与实施项目组设计了《北京市初中建设学校评价工具》(含1个调查表和4个调查问卷)来搜集评价信息,包括学生素质发展水平、干部教师队伍工作情况、学校德育、教育教学、体育卫生、心理健康、学校环境、校园文化、教育资源管理等十个方面,并对573所初中学校(含初级中学、完全中学和一贯制学校的初中部分)进行全面调查。这些数据真实、有效地记载了北京市初中建设的起始阶段,积累了较为完整的资料和数据;为市、区县学校发现存在的问题,并找出解决办法提供了依据。合理规划是指区县(学校)根据市(区)教育发展战略的要求,结合自身条件,对区县(学校)未来三至五年内要达到的主要目标、发展方式和发展途

---

[1] 北京市初中建设工程督导验收报告[EB/OL]. (2009-11-16)[2023-08-06]. http://jw.beijing.gov.cn/jyzx/ztzl/bjjydd/ddbg/201903/t20190325_537053.html.

[2] 张熙. 北京市初中建设的目的与方法设计[J]. 教育科学研究,2007(05):39—42.

径等方面所作的安排及其实现过程。区县和学校发展规划的制定与实施项目组设计了《区县初中发展规划工作用表》和《初中学校发展规划工作用表》，帮助区县和学校系统分析初中发展和学校办学现状，判断发展方向，确定发展战略。增值评价则是将学校的投入、过程和结果指标综合起来考虑，绝不是孤立地进行分析判断，强调对学校的产出指标（如学生的考试成绩）用学校的投入、过程指标进行折算，用实际值与折算值的差异程度作为评价的指标。它不仅可以对学校的总体效能进行评价，还可以评价不同群体（如教师、学生等）、不同方面（如规划的八大领域）的效能。鼓励办学条件属中等或中下等而效能较高的学校，对这类学校进行重点扶持，促进学校发展的均衡性。

二、南京市：新优质初中创建工程

2015年，南京市启动了以提升薄弱初中为对象的新优质初中创建工程，对全市46所薄弱初中校施行市、区、校三级联动、协同共进，计划用三至五年实现帮扶学校质量、内涵、条件提升。[1] 南京市教育局为46所学校研制了《南京市"新优质初中"教学建议》[2]，从教学管理、课程建设、课题教学、校本教研、教学评价、资源建设等六个方面，提出了18条教学建议。南京市教育局经过多方磋商，决定由市教研室和市教科所各自帮带23所学校，落实到专人，精确到学科，给他们提供强有力的教学科研支持。南京市教科所针对23所新优质初中学校的发展情况展开了全面调研，形成了《南京市初中学校发展现状调研报告》《南京市新优质初中教师教育教学状态现状调查报告》《南京市新优质初中提升策略调研报告》三份调研报告，出台了《南京市教科所"新优质初中创建工程"实施方案》。[3] 南京市教科所专门设立课题，围绕"新优质初中"创建的有效策略——"家校共育""非智力因素对'新优质初中'的影响"两个主题展开课题研究。与此同时，南京市、区两级教育部门改变了对新优质初中学校进行教育质量评价的标准和方式，着重考核合格率、低分率等，在绩效评估中设立教学过程奖等。

---

[1] 南京综合施策实施"新优质初中"创建工程[EB/OL].(2017-09-15)[2023-08-05]. http://jyt.jiangsu.gov.cn/art/2017/9/15/art_57810_6908158.html.
[2] 南京市"新优质初中"教学建议[EB/OL].(2017-02-27)[2024-06-09]. http://thzx.jnjy.net.cn/NewShow-3128.aspx.
[3] 肖林元,洪劬颉.让每一所初中都优质——南京市教育科学研究所推进"新优质初中创建工程"建设[J].江苏教育,2017(34):28—29.

三、福建省:初中"壮腰"工程

福建省教育厅 2018 年 8 月发布《关于加快推进初中办学水平和质量提升的指导意见》[①],补齐初中教育短板,推进初中办学水平和质量的提升,促进基础教育协调发展,决定组织实施初中"壮腰"工程。

总体目标:加大初中教育投入,深化初中教育教学改革,经过五年左右的努力,全省初中学校标准化建设水平、治理能力、办学内涵、质量水平明显提升,薄弱学校面貌明显改善,优质教育资源进一步扩充,名师名校长队伍进一步壮大,形成一批具有全国影响的教学成果,人民群众满意度显著提升。

重点任务:(1)着力推进城镇初中扩容建设。(2)着力推进薄弱初中改造提升。(3)着力深化初中教育教学改革。省级遴选 200 所左右初中教改示范性建设学校,并建立省级统筹、市县推进、学校实施的协同培育机制,辐射推进初中课程教学改革。(4)着力加强初中体育美育工作。(5)着力提升初中校长教师队伍专业化水平。(6)着力落实初中组织入学与控辍保学制度。(7)着力推进初中质量监测与考试评价改革。(8)着力增强初中教科研机构与队伍指导能力。

组织保障:落实主体责任;加大经费投入;加强督导评估;注重宣传引导。

这项工作与上海市的强校工程既有相似部分,也有福建省自身的特点。相同点:一是都聚焦内涵发展,同时也不忘硬件建设;二是都将重点放在底部薄弱学校建设方面;三是都重视保障措施的到位。主要区别是:福建省的加强初中建设工作既关注了底部薄弱学校的质量改进,也关注到优质学校的建设,通过教改示范性建设学校,来发挥示范引领作用。而上海市初中强校工程主要关注底部学校的质量提升,以此带动初中教育生态的整体优化。

四、成都市:公办初中强校工程

2019 年 11 月,成都市教育局印发了《成都市公办初中强校工程实施方案》的通知[②],

---

① 关于加快推进初中办学水平和质量提升的指导意见[EB/OL].(2018-08-17)[2024-06-09]. http://jyt.fujian.gov.cn/xxgk/zywj/201808/t20180817_4078593.htm.

② 成都市教育局关于印发《成都市公办初中强校工程实施方案》的通知[EB/OL].(2019-11-18)[2024-06-09]. https://edu.chengdu.gov.cn/cdedu/c113016/2019-11/18/content_8a2845729f7f44069c3eea4218967b27.shtml.

确定67所公办初中作为实验校。① 这是成都市教育局为贯彻落实《中共中央国务院关于深化教育教学改革全面提高义务教育质量的意见》和全市教育大会精神,以促进本区域初中学校优质均衡发展为目标,培育家门口的好学校,更好地满足市民对优质教育需求的一项重要举措。从方案文本看,该方案的做法着重参照了上海市公办初中强校工程的实施方案,并结合成都实际情况,进行了部分调整。

首先,从总体要求看,该方案提出:通过制度创新、政策扶持、评价导向,激发公办初中强校工程实验学校的内生动力,进一步提高教育质量和办学水平,推动全市义务教育优质均衡发展。

其次,从工作目标看,该方案提出:经过3—5年的努力,使实验校教育质量、办学水平明显提高,师资水平明显增强,家长对学校的满意度明显提升,建成一批"家门口的好学校"。

再次,从主要举措看,该方案提出了八个方面举措:名校名师支持引领、联动实施强师计划、深化课堂教学改革、激发自主办学活力、专家团队专业指导、信息技术融合应用、强化评价监测导向、建立协同推进机制。

最后,从强化保障看,该方案提出了加强领导、经费保障、扶持奖励等举措。

据2021年成都市教育局报告,坚持规划引导,联动专题培训,优质资源支持,组织专家指导,合力建设"家门口的好学校",一大批实验校教育质量稳步提高,家长满意度不断提升,教育生态持续向好。②

五、浙江省杭州市:公办初中提质强校行动

2020年3月,杭州市教育局印发《杭州市公办初中提质强校行动实施方案》的通知③,正式启动"提质强校行动"。

工作目标:经过五年左右的努力,实现全市公办初中学校在原有基础上办学条件明显改善,办学质量明显提高,办学特色明显增强;城乡学校差距不断缩小,公办初中的社会认可度、群众满意度明显提升,更好地满足杭州市民对优质初中教育资源的

---

① 成都市高水平推进公办初中强校工程[EB/OL]. (2022-01-04)[2024-06-09]. https://wap.pidu.gov.cn/pidu/c132556/2022-01-04/content_c966680500914822b97ba88b227076c7.shtml.
② 成都市高水平推进公办初中强校工程[EB/OL]. (2022-01-04)[2024-06-09]. https://wap.pidu.gov.cn/pidu/c132556/2022-01-04/content_c966680500914822b97ba88b227076c7.shtml.
③ 关于印发《杭州市公办初中提质强校行动实施方案》的通知[EB/OL]. (2020-03-09)[2024-06-09]. http://edu.hangzhou.gov.cn/art/2020/3/9/art_1228921851_42193737.html.

需求。

行动措施:(1)公办初中办学条件提升行动。(2)公办初中新名校集团化行动。(3)公办初中专业化教师队伍建设行动。(4)公办初中高水平校长队伍建设行动。(5)公办初中课程改革深化行动。(6)初中教科研工作促进行动。(7)公办初中教育信息化建设行动。(8)公办初中特色项目培育行动。

工作要求:(1)健全组织,统筹协调。(2)试点先行,梯度推进。(3)加大宣传,营造氛围。

杭州市公办初中提质强校行动借鉴了上海市公办初中强校工程的经验。笔者曾于2018年受邀到杭州市初中校长会议上专门介绍过上海市强校工程的做法。

第三节 国内外经验的启示

综观国内外薄弱学校改进与加强初中建设经验,可以形成以下认识,为上海实施强校工程提供借鉴和启示。

一、聚焦内核发展与质量提升

经验:聚焦质量提升,关注处境不利学生的学业成就和发展机会,并以此作为判断学校办学绩效的重要依据。

启示:强校工程要继续将"绿色指标"评价与学业合格率的变化情况作为实验校改进效果的重要依据,并关注学生核心素养和关键能力的提升。

二、全面提升统筹与保障力度

经验:一是政府重视程度越来越高,政府主动作为,颁布相关政策法规,设计有针对性的学校改进计划。二是加大资金、技术扶持和资源配置力度,吸纳社会资源积极参与,探索多种类型的委托管理、优质帮扶方式。三是完善教育绩效责任制,加强教育监测、督导、监管、奖惩力度,为薄弱学校改进提供了良好的政策环境。

启示:强校工程要持续进行政策创新,进一步加强市级统筹力度,强化区域主体责任,加大对实验校的资金、技术和资源支持力度;要进一步加强教育督导、教学视导、教学监测,并充分利用监测结果支持实验校的持续改进。

三、采用政策"组合拳"策略

采用政策"组合拳",多策并举,全面提升学校办学条件和教育质量。

经验一是重视学校领导者的选派和办学自主权的落实。选派有丰富学校改进经验的校长担任薄弱学校校长,赋予校长更大办学自主权,包括人事自主权(使用权、选择权、副校长任命权等)、专业领导权(课程建设、教学改革、教师发展方面的权利)、经费使用自主权等。

启示:各区教育局要进一步重视实验校校长的选派和任用,并赋予实验校校长更大的荣誉和办学自主权;加强实验校校长的专业能力提升,继续实施实验校校长集群式年度培训项目;选派实验校校长参加高端校长培训项目。

经验二是重视学校教师队伍建设。出台激励政策,通过较好的薪资待遇与福利吸引优秀教师到薄弱学校任职。通过教师更换、流动,优化教师队伍结构。加强教师专业培训,重构教育理念,创建学习共同体,提升教师专业水平。建立完善的教师晋升机制,提升教师职业幸福感。

启示:强校工程要与上海市第五轮"双名工程"紧密结合,为实验校配备名师和"种子教师";各区要加强教师流动工作,让更多优秀教师和骨干教师到实验校任教;给实验校更大的教师选聘任用自主权;设计针对实验校教师的专门培训项目、教学研究与改进项目,给教师提供更多学习和参与机会;继续实施初中学段和实验校教师职称评审倾斜机制。

经验三是聚焦学生发展,重视学业质量提升。开展课程教学改革,提供个性化教学,激发学生主动性,建立基于数据的学生学业评价体系,为学生配备有针对性的指导教师,提供个性化的学习指导,提供更加灵活适宜的课程,给每个学生更多参与学习的机会。允许薄弱学校自行调整课程计划。

启示:强校工程实验校要加强新课程实施研究,持续提升课程教学质量;加强学生发展导师工作,加强因材施教和学生个别化辅导工作;加强校本课程建设,适应学生个性化成长需求;加强信息技术应用,提升学生综合素质培养与教学改进的智能化程度。

经验四是重视学校之间的伙伴关系,充分发挥优质学校带动作用,将优势学校和薄弱学校联合起来,建立更加紧密的办学实践共同体,共同应对尖锐的教育需求。

启示:强校工程要为实验校配备优质品牌学校作为支援校;将实验校纳入紧密型学区和集团建设,加强支援校对实验校的帮扶力度。

经验五是重视多主体共同参与学校改进。重构学校管理制度,构建行之有效的学校组织和管理体系,使全体教职员工参与到不同发展项目中。加强社区、家庭与学校联系,突出社区和家长的深度参与,与社区、家长建立共同价值观,共享学校发展愿景,提升家、校、社合作能力。

启示:强校工程实验校要优化内部管理,实施发展改革项目,激发教师参与积极性;进一步加强与社区和家庭的合作,完善家、校、社合作机制,促进学校治理能力现代化。

经验六是重视专业支持。为学校委派资深专家,全方位帮助学校发展,包括制定规划、课程建设、教学改进、教师培训、优化管理机制等。

启示:强校工程要为实验校配备3名指导专家,并进一步明确专家职责,提升指导实效性。

经验七是关注学校改进规律。一方面加强校情分析,选定亟需处理的少数问题,形成改革发展项目,有计划有系统地实施,循环改进;另一方面学校改进是一个长期过程,一般要五年及以上时间,重点关注学校自主发展能力的建设。

启示:强校工程实施过程中,要坚持一校一策,提高学校改进的实效性;实验校要选准改革突破口,设计内涵发展项目,市区教育管理部门要加强统筹协调,分类管理,探索集群发展模式;新一轮强校工程时间以3—5年为宜,并继续关注首轮强校工程实验校的持续改进。

第四章 政策框架：公办初中强校工程的战略选择

上海市公办初中强校工程面临的主要问题是一批底部学校如何快速提升办学质量，从而整体提升上海初中教育质量。这些学校长期面临发展困境，如果没有强有力的政策支持，很难在短期内实现跨越式发展。作为一项政府推动的学校改进项目，如何整合已有的政策工具，为学校改进提供强有力的政策与资源支撑，这是强校工程实施方案的关注重点。2018年7月，《上海市教委关于实施百所公办初中强校工程的意见》（简称《强校工程意见》）正式发布，强校工程着重从学校发展的突出问题与发展需求角度，整合了当时已有的政策工具及其效果，提出以政策"组合拳"的方式加以实施，以提高政策实施效果。本章从政策集成创新的理论视角分析上海市公办初中强校工程的政策设计思路。

第一节 教育政策集成创新的理论基础

上海市公办初中强校工程采取政策"组合拳"的方式，集聚市区及社会多方力量，对128所实验校进行前所未有的外部支持。政策"组合拳"意味着对现有政策工具重新进行组合，并形成一个完整的政策体系，这是上海市探索教育政策集成创新的一种新的尝试，具有重要的创新价值，也是以人民为中心发展教育理念的重要体现。本节梳理了教育政策集成创新的理论基础。

一、集成创新的缘起与发展
（一）集成创新的缘起
集成创新思想的产生过程大致经历了四个阶段[1]：第一阶段，1912年到20世纪70

---
[1] 何卫平，刘雨龙.集成创新理论的研究现状评析[J].改革与战略，2011,27(03):183—186.

年代,奥地利经济学家熊彼特(Joseph Alois Schumpeter)的创新概念中蕴含了集成的思想。1912年熊彼特在《经济发展理论》一书中首次提出创新概念。他认为,创新是一个包括生产、经营、管理、组织等各方面内容的系统,是对技术、组织、制度、管理、文化等各种要素进行整合和集成的过程。第二阶段,20世纪70年代,技术创新管理中的内部要素集成思想逐渐明朗,认为提高技术创新效果的关键在于处理好各种要素的匹配关系,发挥协同作用。第三阶段,20世纪80年代,集成的思想和原理在创新管理实践中得到推广和应用。弗里曼(Freeman)在更广的范围里展开对技术、组织、制度、管理、文化的综合性创新研究。第四阶段,1998年,美国哈佛大学教授马尔科·扬西蒂(Marco Iansiti)在其代表作《技术集成》《Technology Integration》一书中首次提出技术集成的理念,这标志着集成创新思想的产生。他还提出了"概念探索—技术集成—实物开发"的三阶段模型。

之后,国外许多学者从产品开发管理、创新管理和组织方式变革、市场与跨组织等不同角度对集成创新理论展开深入研究。比如,南希·斯托德梅尔(Nancy Staudenmayer)认为,集成创新是按照社会和市场需求,系统地组织内外部优势资源(如技术、知识、信息等)而产生具有功能倍增性的技术发明和创新产品的过程。唐(H. K. Tang)认为,集成创新思想所要解决的中心问题不是技术供给本身,而是日益丰富、复杂的技术资源与实际应用之间的脱节。集成创新的逻辑起点是把握技术的需求环节,在创造符合需求的产品与丰富的技术资源供给之间创造出匹配。哈达克(Hardaker)将"技术集成创新"概念扩展到管理领域。菲利普·萨德勒(Philip Sadler)所著的《无缝隙组织》则认为,集成创新不只是集中在技术方面,还要考虑组织、战略、知识等方面。集成创新是技术融合的进一步延伸,是产品、生产流程、创新流程、技术和商业战略、产业网络结构和市场创新的集成。[①]

以上关于集成创新的观点和成果对完善集成创新理论和开展集成创新实践具有很好的参考价值和指导意义。

(二)我国的集成创新研究进展

著名科学家钱学森是我国集成思想的奠基人,也是中国近代系统工程理论的奠基人和倡导人。他在20世纪50年代提出了系统集成论,明确提出了集成思想及其理论体系。他指出:"定性定量相结合的综合集成方法,就其实质而言,是将专家群体(各种

[①] 刘佳. 基于集成创新的黑龙江省区域创新系统研究[D]. 哈尔滨:哈尔滨工程大学,2008.

有关的专家)、数据和各种信息与计算机技术有机结合起来,把各种学科的科学理论和人的经验知识结合起来。这三者本身也构成了一个系统。这个方法的成功应用,就在于发挥这个系统的整体优势和综合优势。"①

我国对集成创新的研究是从20世纪90年代开始的。这些研究基本分为三个方面:一是以企业技术集成创新模式为主的研究;二是对企业组织内部集成创新系统的研究;三是从产业或区域层面对集成创新网络的研究。②

集成创新作为创新研究的一个分支,经过众多学科专家学者的广泛深入的研究,形成了一个螺旋上升的理论发展路径。从熊彼特初始提出的"新组合"所蕴含的集成思想,发展为在更高更广的层次和范围上实现集成创新,实现从单一学科到跨学科,从单一的技术集成到组织、制度的集成创新,包括"横向和纵向""微观、中观和宏观"等各个层面的集成创新,体现了从简单系统到复杂巨系统的系统论思想。③

具体来看,中国人民大学李宝山教授等人在《集成管理——高科技时代的管理创新》一书中对集成、集成度进行了全面的阐述,认为集成从管理角度来说是指一种创造性的融合过程。④ 徐冠华认为系统集成是实现知识更新,促进新技术、新产品产生的有效途径;针对某一类对象,集中各方面的知识方法,解决一系列的具体问题,从而导致了许多跨学科、综合性学科的出现。⑤ 张华胜和薛澜从技术创新角度,研究了集成创新的范式,并围绕集成创新体系,分析了集成对象、集成主体、集成平台、集成系统结构与组织能力、集成创新网络及集成创新实现模式等问题。⑥ 史宪睿、刘则渊和于冬认为集成创新是复杂多变的创新网络,具有集成放大的整体功能,是一个开放动态的演进过程。⑦ 江辉和陈劲合作的《集成创新:一类新的创新模式》从企业内部运转的技术集成、知识集成、组织集成三个组成部分提出了针对企业内部技术发展战略的集成创新模式等。⑧ 欧光军、欧阳明德和胡树华从技术集成、知识集成、组织集成、管理集

---

① 钱学森,于景元,戴汝为.一个科学新领域——开放的复杂巨系统及其方法论[J].自然杂志,1990(01):3—10+64.
② 张继宏.专利标准化视角的多维集成创新研究[D].武汉:华中科技大学,2011:16.
③ 张继宏.专利标准化视角的多维集成创新研究[D].武汉:华中科技大学,2011:24.
④ 李宝山,刘志伟.集成管理——高科技时代的管理创新[M].北京:中国人民大学出版社,1998:80—84.
⑤ 徐冠华.加强集成能力创新建设[J].中国软科学,2002(12):2—5.
⑥ 张华胜,薛澜.技术创新管理新范式:集成创新[J].中国软科学,2002(12):7—23.
⑦ 史宪睿,刘则渊,于冬.企业集成创新及其系统模型[J].科技管理研究,2007(04):10—11+44.
⑧ 江辉,陈劲.集成创新:一类新的创新模式[J].科研管理,2000(05):31—39.

成四个层面提出了集成动态创新模式。①

总体看来,国内对集成创新的研究以介绍国外相关理论、从定性和静态角度研究的居多,我们需要加强动态视角,开展更多理论与实践结合、定性与定量结合的研究。

二、集成创新的内涵与意义

(一) 集成创新的内涵

1. 集成的概念

"集成"一词早已有之。《现代汉语词典》将"集成"解释为"同类著作汇集在一起",其基本内涵也是汇集之意。汉语中常说的"集大成",是指将某类事物中好的方面及精华部分集中起来组合在一起,从而达到整体最优的效果。英语中的单词"Integration",按照《新英汉词典》中的解释就是"结合、综合、一体化"的意思。

"集成"一词较早出现在电子计算机领域,主要是计算机集成制造的概念。随着系统管理科学理论的不断发展和管理实践的不断复杂化,"集成"一词逐渐地被引入系统管理科学界。由于专业背景存在差异性和局限性,不同的学者对集成有不同的看法。

如,有人认为"集成是组织中一些零散的要素集中在一起构成一个整体的过程"[2],"所谓集成,可理解为某种公共属性要素的集合"[3],"集成指的是将若干独立的部分集合成一个有机整体的过程"[4]。有人则从系统论角度出发,认为"集成是指一个整体的各部分之间能彼此有机地、和谐地工作,以发挥整体效益,达到整体优化的目的"[5],"集成是指系统内两个或两个以上的要素,依据要素间的内在联系而形成的具有某种特定功能的有机体的过程,这种集成系统的功能要远远大于单个要素的功能。因此,集成是系统内要素优化组合的动态过程,也是系统内要素相互作用、相互影响的结果"[6]。

李宝山教授认为,要素仅仅是一般性地结合在一起并不能称为集成,只有当要素经过主动的优化、选择搭配,相互之间以最合理的结构形式结合在一起,形成一个由适

---

[1] 欧光军,欧阳明德,胡树华. 面向产品的集成创新管理工具[J]. 科学学与科学技术管理,2004(05):138—141.
[2] 刘晓强. 集成论初探[J]. 中国软科学,1997(10):99—102.
[3] 吴秋明. 集成管理理论研究[D]. 武汉:武汉理工大学,2004:3.
[4] 龚建桥,朱睿. 科技企业集成管理研究论纲[J]. 科技管理,1996(03):54—58.
[5] 费奇,余明辉. 信息系统集成的现状与未来[J]. 系统工程理论与实践,2001(03):76.
[6] 孟浩. 创新集成初探[J]. 科学管理研究,2000,18(05):11—13.

宜要素组成的、相互优势互补和匹配的有机体,这样的过程才称为集成。[①] 也有人提出,集成是指把非常复杂事物的各个方面结合起来,集其大成。[②]

综上所述,所谓集成,它是以系统行为主体的集成目标为导向,遵循一定的集成规则,将系统各种要素进行创造性的融合,构造一个有机整体(系统),从而实现提高其整体功能涌现性的融合过程。[③]

2. 集成创新

集成创新的概念内涵随着研究者的视角不同而逐渐丰富,大致包括系统思想、创新目标、要素组合、功能倍增等方面。比如,有人认为,集成创新是在系统思想的指导下,从战略、技术、知识和组织四个层面将企业内外部的创新资源(尤其是知识资源)有效整合以达到创新资源的优化组合和创新系统的重构,从而使创新系统的整体功能发生质的飞跃,形成独特的创新能力和竞争优势。[④] 集成创新涉及技术、组织和管理维度,但是又区别于单一的技术创新、管理创新和市场创新。集成创新的结果是一个新产品、服务或者流程,甚至可以是概念、方法论、技术、组织与制度、管理、营销和文化,也可以是以上结果的复杂结合。[⑤] 集成创新是指围绕创新目标,以系统论思想和系统工程理论方法为指导,运用适宜的管理技术和信息技术,创造性地将诸创新主体的知识、技术、市场、管理、文化及制度等要素进行优化配置,以最合理的结构方式使之组合在一起,从而形成功能倍增性和适应进化性的有机整体的创新实践过程。[⑥]

(二) 集成创新的特征

与传统创新观点相比较,集成创新具有更为丰富的内涵特征。

一是系统整体性。集成创新是复杂的系统工程,集成创新要素形成了具有高度有机性的结构,需要创新主体内外不同的组织、不同的部门协同合作实现,具有操作更为复杂、系统性尤为突出的特点。任何环节的受阻都会影响集成创新能力,缺少任何一个要素都会破坏集成创新能力系统的整体性。[⑦]

二是要素融合性。集成创新是创新要素的有机融合,是将来自组织内外不同层面

[①] 李宝山,刘志伟. 集成管理——高科技时代的管理创新[M]. 北京:中国人民大学出版社,1998.
[②] 戴汝为,王珏,田捷. 智能系统的综合集成[M]. 杭州:浙江科学出版社,1995.
[③] 王剑芳. 工业园区集成创新系统演化发展研究[D]. 昆明:昆明理工大学,2014:29.
[④] 林向义,罗洪云,王艳秋,等. 集成创新中的知识整合模式研究[J]. 科学管理研究,2011,29(03):16—20.
[⑤] 西宝,杨廷双. 企业集成创新:概念、方法与流程[J]. 中国软科学,2003(06):72—76.
[⑥] 朱孔来,乐菲菲. 对集成创新有关理论和实践问题的思考[J]. 经济纵横,2011(10):31—34.
[⑦] 刘佳. 基于集成创新的黑龙江省区域创新系统研究[D]. 哈尔滨:哈尔滨工程大学,2010:8.

的创新理念、创新知识、创新技术和创新组织等按照最优化的方式有机融合起来,以组织创新整体资源的最佳匹配和最优组合来实现最佳的创新效果。①

三是开放动态性。集成创新是一个持续动态优化的过程,在创新过程中随着资源要素的不断更新和组织内部知识积累的不断增加,各种创新资源需要不断重新组织和匹配,因此集成创新过程具有动态性的特点。②

四是功能放大性。集成创新过程通过合理调配各种创新资源间的比例关系和相互作用能力,使整个创新资源的结构趋于整体功能的跨越性放大,实现1+1>2的功能放大效应。③

(三)集成创新的方式类型

关于集成创新的方式与模式,不同的学者有不同的观点。

有人认为,集成创新的方式主要有两种:水平集成与垂直集成。水平集成主要是将知识生产的不同主体间以及主体与环境间的创新能力和行为集成起来,形成创新网络。垂直集成主要是对与产品生命周期和企业生命周期相关的创新过程进行集成,通过实施并行工程方式达到集成创新的目的。④ 也有人认为,集成创新可分为纵向和横向两种集成创新类型。纵向集成创新指围绕创新过程和创新链条,把各环节有机组合为一个整体;横向集成创新指把不同创新主体之间及创新主体与外部环境之间的各种要素有机整合形成系统化的创新网络。⑤

集成创新有狭义和广义两种不同的理解。狭义的理解主要是从技术集成创新角度而言的,认为集成创新指对现有各种相关技术进行有效集成。广义集成创新从创新主体、创新载体、创新环境各个层面,从创新要素、创新对象及创新过程的各个环节综合集成的角度来理解集成创新,要求在创新思想上要以系统论为指导,在创新方式上要突出"集成手段"这个基础,在创新过程中要强化"集成管理"这个核心。集成创新不仅要体现创新原理,还要体现聚合、协同原理,更体现集成接力、优势互补、相互融通的思想。集成创新的本质是各种创新要素的优化配置和相互融合。⑥

也有人提出了集成创新的不同层面。如欧光军等人从技术集成、知识集成、组织

---

① 朱孔来,乐菲菲.对集成创新有关理论和实践问题的思考[J].经济纵横,2011(10):31—34.
② 林向义,罗洪云,王艳秋,等.集成创新中的知识整合模式研究[J].科学管理研究,2011,29(03):16—20.
③ 刘佳.基于集成创新的黑龙江省区域创新系统研究[D].哈尔滨:哈尔滨工程大学,2010:8.
④ 西宝,杨廷双.企业集成创新:概念、方法与流程[J].中国软科学,2003(06):72—76.
⑤ 朱孔来,乐菲菲.对集成创新有关理论和实践问题的思考[J].经济纵横,2011(10):31—34.
⑥ 朱孔来,乐菲菲.对集成创新有关理论和实践问题的思考[J].经济纵横,2011(10):31—34.

集成、管理集成四个层面提出了集成动态创新模式。① 刘佳认为集成创新应有一个包括战略创新、知识创新和组织创新的框架。② 孙金梅、黄清则将集成创新的要素划分为六个方面：战略集成、技术集成、知识集成、资源和能力集成、组织集成以及时间集成。③

三、制度与政策的集成创新研究
（一）制度与政策集成创新的内涵
1. 制度集成创新

制度集成创新在语义上可以理解为"制度集成"和"制度创新"的结合。制度集成是自上而下的制度供给层面的组织过程，在集成思维下，依托制度学习成果和实践经验，要素在结合和组织过程中进行了创造性融合。④ 制度创新则是以现实实践为基础的制度改进，以社会环境、市场环境、国际环境和技术创新等现实情境的功能性改革需求和舆论反馈为动力，是自下而上的协同促进的过程。制度集成创新是以治理理念为指导，以国家支持为基础，以实际需求为导向，集成顶层制度设计，整合优势资源，突破体制障碍的跨部门、跨领域、跨行业的协同创新过程。⑤

2. 政策集成创新

政策集成创新，从字面上理解，可以包括"政策创新"和"政策集成"。政策创新是政府因需求和环境的变化而改善优化公共政策，以实现社会资源最优配置并解决公共问题的一项政策活动，创新可以是多方面的，如工具、方式、理念、价值等。⑥ 对于政策集成创新，可以认为其概念是超越了集成创新的。政策集成创新的集成，不再局限于在单一时间尺度下，对跨部门、跨地域的集成，而会同时包含多种概念上的集成。政策集成创新的集成有选择性、渐进性。⑦ 所谓选择性，就是在已有政策框架下，选择有利

---

① 欧光军,欧阳明德,胡树华.面向产品的集成创新管理工具[J].科学学与科学技术管理,2004(05):138—141.
② 刘佳.基于集成创新的黑龙江省区域创新系统研究[D].哈尔滨:哈尔滨工程大学,2010:9.
③ 孙金梅,黄清.企业集成创新要素及评价指标体系[J].东北林业大学学报,2006,34(03):97—99.
④ 陈劲.集成创新的理论模式[J].中国软科学,2002(12):24—30.
⑤ 顾学明,刘一鸣.制度集成创新视角下的共建"一带一路"高质量发展[J].国际贸易,2023(06):3—13.
⑥ 王慕尧.政策集成创新研究——以苏州自贸片区生物医药全产业链构建为例[D].苏州:苏州大学,2022:12.
⑦ 王慕尧.政策集成创新研究——以苏州自贸片区生物医药全产业链构建为例[D].苏州:苏州大学,2022:12.

于政策目标达成的相关政策进行组合,实现面向对象的从单点到多点再到面的聚合效应。所谓渐进性,是通过持续调研与分析,不断优化政策组合,迭代更新,提高政策的针对性和实效性。①

政策集成创新作为一种集多创新主体、简创新流程、融创新环节、通创新部门、扩创新成效等诸特点的新型政策创新模式,其本质是为实现政策目标,在主体、流程、环节、部门等方面进行集成性的创新,通过创新性的集成化政策手段,融合各方优势,降低制度成本,确保在"放管服"改革的背景下,实现经济发展的内生性动力充足,政策创新的外向性辐射显著等政策效果。② 政策集成创新的整体思路应是通过滚动式更新的政策组合来构建具备比较优势的政策环境与空间环境。其有效路径可以是通过合理的制度设计,来达到政策需求能够自企业高效便捷地传递至相应政府职能部门,涉及的多部门则能够在既定的工作框架下组建政策专班来实现政策需求的评估、制定、执行与监管,以实现前向联系与后向联系的产业集聚,最终形成全产业链的构建。③

(二)制度与政策集成创新是国家创新体系建设的重要内容

在2006年1月9日召开的全国科技大会上,时任国家主席胡锦涛发表了题为《坚持走中国特色自主创新道路,为建设创新型国家而努力奋斗》的重要讲话。2006年2月9日,《国家中长期科学和技术发展规划纲要(2006—2020年)》全文公布。增强自主创新能力,努力建设创新型国家,已成为全党全国各族人民的一项共同的历史任务。2017年,党中央、国务院召开全国科技创新大会提出了创新驱动发展战略,并将这一战略明确写入党的十八大报告中。党的十八届三中全会强调,在新时代深化改革的大背景下,要想顶层设计与系统集成两手抓,就必须要在改革的整体性、协调性、集成性与联动性上下功夫。在此基础上,党的十八届五中全会提出要强化原始创新、集成创新和引进消化吸收再创新,发挥科技创新在全面创新中的引领作用,由此将集成创新概念引入公共管理领域。党的十九大报告提出坚定实施创新驱动发展战略,表明我们党把实施这一战略作为一项重大而长期的任务,摆在国家发展全局的核心位置。2020年5月28日,习近平总书记在《海南自由贸易港建设总体方案》发布前夕作出重要指

---

① 王慕尧. 政策集成创新研究——以苏州自贸片区生物医药全产业链构建为例[D]. 苏州:苏州大学,2022:12.
② 王慕尧. 政策集成创新研究——以苏州自贸片区生物医药全产业链构建为例[D]. 苏州:苏州大学,2022:1.
③ 王慕尧. 政策集成创新研究——以苏州自贸片区生物医药全产业链构建为例[D]. 苏州:苏州大学,2022:1.

示：."高质量高标准建设海南自由贸易港。要把制度集成创新摆在突出位置,解放思想、大胆创新,成熟一项推出一项,行稳致远,久久为功。"海南要建设具有世界竞争力的中国特色自由贸易港,制度集成创新是重中之重,这是打造市场化、法治化、国际化的先进自由贸易港的重要方法和路径。2020年6月11日,海南省发布《关于贯彻落实〈海南自由贸易港建设总体方案〉的决定》,提出从政府职能、法律制度、营商环境、海关监管到风险防控等多方面的制度创新方向。建设海南自由贸易港的制度集成创新是以问题、需求、结果、质效为工作导向,聚焦最突出、最重要、最紧迫的群众、社会和市场主体需求,注重顶层制度设计,整合优势资源要素,突破体制机制障碍,实施跨领域、跨行业、跨部门、跨地区的系统性、整体性、协同性、穿透性制度创新的过程。① 与此类似,我国在推进"一带一路"高质量发展中,也体现了制度集成创新上下联动的系统性和协同性。②

  从我国建设创新型国家的发展历程中可以看出,我国把建设创新型国家作为未来发展目标,把自主创新提升为国家战略,提出将原始创新、集成创新和引进消化吸收再创新作为自主创新的三个环节,从而形成了有中国特色的自主创新,并把集成创新作为自主创新的重要环节;③传统的创新模式已经不能适应新经济时代的要求,取而代之的将是对各门类知识、各学科技术领域的系统集成。集成创新是新形势下实现知识更新、促进新技术和新产品产生的有效途径。集成创新是自主创新的重要方式和基本内涵。④

  集成创新起源于美国企业的管理实践,国外的研究主要聚焦于企业如何使用现有的要素,以最大程度地激发出创新能力,并获得更好的收益。我国此前的相关研究主要集中在企业、生产的集成创新方面。在大力加强国家创新体系能力建设过程中,亟需要在政策创新供给的同时,对其进行整合协调,这就导致政策集成创新应运而生。⑤集成创新可以理解为政府部门通过跨部门、跨层级、跨地域的协同合作,充分整合当前的制度、服务、模式优势,为实现更高效且有效地协助并促进企业和公民的发展而实施

---

① 董涛,郭强,仲为国,等.制度集成创新的原理与应用——来自海南自由贸易港的建设实践[J].管理世界,2021,37(05):60—70+5+16—18.
② 顾学明,刘一鸣.制度集成创新视角下的共建"一带一路"高质量发展[J].国际贸易,2023(06):3—13.
③ 刘佳.基于集成创新的黑龙江省区域创新系统研究[D].哈尔滨:哈尔滨工程大学,2010:1.
④ 刘佳.基于集成创新的黑龙江省区域创新系统研究[D].哈尔滨:哈尔滨工程大学,2010:1.
⑤ 王慕尧.政策集成创新研究——以苏州自贸片区生物医药全产业链构建为例[D].苏州:苏州大学,2022:3.

的创新举措。[①] 我国将制度集成创新应用于自贸港建设与"一带一路"建设等重大项目中,正体现了这种趋势,这也是我国建设创新型国家的内在要求。集成创新能够优化配置创新资源,最大程度地促进创新主体之间的密切合作及创新主体与创新环境的有机融合,能够对原始创新和引进消化吸收再创新起到引领和延伸作用,集成创新的通用性强,从创新实践看,集成创新是效能最大的形式。[②]

(三) 政策集成创新是一种创新方法论的革新

大量研究表明,创新是一个非线性的、系统的、动态演化的过程,而创新中的集成创新更体现出了很强的系统性和动态特点。[③] 传统上,线性创新模式本质上是指在技术、需求与创新主体之间属于垂直作用的线性方式。有三种具有代表性的创新模式:一是技术推动创新主体模式;二是市场拉动创新主体模式;三是技术市场综合作用创新主体模式。非线性创新模式认为创新的动力来源呈多元化态式,也就是说,创新是多要素之间相互作用的结果,创新活动与创新因素之间的关系呈非线性特点。非线性创新模式主要有以下三种类型:一是集成创新;二是协同创新;三是混沌创新。[④] 传统线性创新模式愈来愈难以适应复杂环境下的创新活动或创新行为,并逐步转变为多元化、系统化创新来源之间相互作用的非线性创新模式。[⑤]

集成创新作为发轫于管理科学领域的概念,狭义上,主要是从技术集成创新这一方面而言的,是指使用各种理论模型原理、新兴网络通信技术以及创新机制架构,设定融合汇聚,形成具有市场竞争力的产品。其与原始创新的区别在于,集成创新所应用到的科学理论指导与细分项技术都并非原创,而是已知的,其创新之处在于对这些业已存在的原理和技术根据自身需求进行系统集成并创造出新的概念物品。随着集成创新概念的逐渐发展与扩展,广义上,只要是对各要素进行协调融合、相互促进,促成更为丰富的创新成果的产生的活动均可被称为集成创新。[⑥]

集成创新构成了一个新的技术或经营管理方式。广义上,集成创新包含管理、组织和制度的集成创新。集成创新是创新行为主体利用各种信息技术、管理技术与工具

[①] 王慕尧.政策集成创新研究——以苏州自贸片区生物医药全产业链构建为例[D].苏州:苏州大学,2022:11.
[②] 朱孔来,乐菲菲.对集成创新有关理论和实践问题的思考[J].经济纵横,2011(10):31—34.
[③] 张继宏.专利标准化视角的多维集成创新研究[D].武汉:华中科技大学,2011:7.
[④] 王剑芳.工业园区集成创新系统演化发展研究[D].昆明:昆明理工大学,2014:44—45.
[⑤] 王剑芳.工业园区集成创新系统演化发展研究[D].昆明:昆明理工大学,2014:44—45.
[⑥] 张继宏.专利标准化视角的多维集成创新研究[D].武汉:华中科技大学,2011:4.

等将各个已有的单项技术或创新要素经过主动的优化、选择搭配,相互之间以最合理的结构形式有机地结合起来,形成一个由适宜要素组成的、相互优势互补和匹配的有机体,从而使有机体的整体功能产生"1+1>2"的集成效应,并发生质的跃变的一种自主创新过程。①

刘允明将制度集成创新视为改革方式论的创新,具有系统性、整体性、协同性的特点,认为集成创新是一种方法论革新,是更注重顶层设计、内部协同、涉及面更广、系统整体性更强的一种新的创新模式,具有系统性、整体性、协同性的特征。② 制度集成创新推动了"试验性经验"向"法定性经验"转变,实现了"小微创新"向"体系创新"的升华,是一场从个人到社会、从政府到市场、从规则到法律的"脱胎换骨"式的根本性变革。③ 集成创新的系统性特征使其在适应变化迅速的竞争环境中具有强适应能力,对加快我国科技进步,培育创新能力,增强核心竞争力,保持经济增长具有重要的意义。④

第二节 公办初中强校工程政策集成创新的生成机制分析

公办初中强校工程采取政策"组合拳"的方式开展学校改进行动,这是上海优化基础教育治理方式的一次新探索。本节将以强校工程为例,探讨政策集成创新的生成机制。

一、教育领域政策集成创新的研究进展

政策创新是政府因应公共管理使命之需求与政策环境变化,以新的理念为指导,完善与优化公共政策,以实现社会资源的优化配置和有效解决社会公共问题的一项重要政策行为。⑤ 公共政策创新是一个国家带领经济社会全面发展的"引擎"。改革开放以来,我国基础教育事业快速发展,取得了巨大成就。中国各级教育行政部门通过

---

① 李凯,田海峰.自主创新三种模式的内涵及相互关系分析[C]//中国科学技术协会.提高全民科学素质、建设创新型国家——2006中国科协年会论文集.东北大学工商管理学院,2006:182—186.
② 刘允明.当好制度集成创新先行者[J].今日海南,2020(06):30.
③ 董涛,郭强,仲为国,等.制度集成创新的原理与应用——来自海南自由贸易港的建设实践[J].管理世界,2021,37(05):60—70+5+16—18.
④ 张继宏.专利标准化视角的多维集成创新研究[D].武汉:华中科技大学,2011:24.
⑤ 黄健荣,向玉琼.论政策移植与政策创新[J].浙江大学学报(人文社会科学版),2009,39(02):35—42.

教育政策创新,优化治理能力,积极回应教育挑战,解决教育发展中的突出问题和矛盾。比如,推进义务教育均衡发展过程可以被视为各级政府不断进行政策创新以及推广应用的过程。这样的过程可称之为政策创新与政策扩散。一个典型的例子是,2023年教育部、国家发展改革委、财政部《关于实施新时代基础教育扩优提质行动计划的意见》提出"加快新优质学校成长,大力加强城乡学校共同体建设,健全学区和集团办学管理运行机制"等。这些政策举措都是先在我国一个地方进行试点并取得成效之后,再在全国各地逐渐推广应用。

关于政策创新的研究越来越多,学术界形成了政策创新、政策发明、政策扩散、政策转移、政策扩展等多个概念,但却并未形成一致的看法。从政策创新的概念来说,讨论的焦点是怎样才算创新,美国学者沃克(Walker)将政策创新定义为某政府首次采纳某一项目或政策,不论该政策之前是否被其他政府采纳过,同时对于政策本身而言,不同层级或区域政府相继采纳该政策时就发生了政策扩散的过程。[①] 这种观点成为多数人的共识。关于政策创新的类型,较具代表性的是美国学者贝瑞夫妇所提出的政策创新与政策扩散的"内部决定模型"和"传播模型"。[②] 近年来,以原创性和自主性的双重折衷为主要特征的"混合型"政策创新,成为我国地方政府政策创新的常见模式。[③]

政策创新是国家治理现代化的重要推动力。党的十八届三中全会强调,在新时代深化改革的大背景下,必须要在改革的整体性、协调性、集成性与联动性上下功夫。党的十八届五中全会提出要强化原始创新、集成创新和引进消化吸收再创新。传统的创新模式已经不能适应新经济时代的要求,取而代之的将是对各门类知识、各学科技术领域的系统集成。集成创新是新形势下实现知识更新、促进新技术和新产品产生的有效途径。[④] 在大力加强国家创新体系能力建设过程中,亟需在政策创新供给的同时,对其进行整合协调,这就导致政策集成创新应运而生。[⑤]

---

① Walker J L. The Diffusion of Innovations among the American States [J]. The American Political Science Review, 1969,63(03):880-899.
② Frances S B, William D B. State Lottery Adoptions as Policy Innovations: An Event History Analysis [J]. The American Political Science Review, 1990,84(02):95-415.
③ 李辉,胡彬."混合型"政策创新:我国地方政府政策创新的解释框架——以J市"老楼加梯"为例[J].山东大学学报(哲学社会科学版),2023(05):60—71.
④ 刘佳.基于集成创新的黑龙江省区域创新系统研究[D].哈尔滨:哈尔滨工程大学,2010:8.
⑤ 王慕尧.政策集成创新研究——以苏州自贸片区生物医药全产业链构建为例[D].苏州:苏州大学,2022:3.

教育领域对集成创新的研究相对较少,且集中在高等教育和职业教育领域。刘海涛认为,美国从无到有建立的庞大、先进的高等教育体系,主要是学习和借鉴当时欧洲高等教育走在最前列的英国、法国和德国的高等教育经验,并在充分吸收自身历史文化传统基础上创新形成的,其高等教育的发展史是一部学习和创新并存的历史,是集成和创新的历史。① 张炜认为,高等教育创新的内涵和特征决定了其本质是由一系列创新要素构成的集成创新。② 尚胜男与杨颖秀基于邓恩政策集成分析,以"双一流"建设政策为研究对象,从政策集成的功能、层次和优化三个方面审视"双一流"建设政策的特点。③ 吴伟等人认为"2011协同创新中心"具有多学科交叉、多方资源汇聚、改革创新集成的显著特征。④ 赖风与张曦文提出从确立具有集成意义的增值评价理念、提升增值评价胜任力、优化增值评价管理等方面推进高校思想政治教育的集成创新。⑤ 邱秧琼与孔寒冰认为,欧洲 DOCET 资历框架就是一个集成创新的典型案例,是我国工程教育改革可资借鉴的一个最佳实践。⑥ 张玉凤与马君以历史制度主义为分析工具,回顾了中华人民共和国成立以来我国企业作为职业教育重要办学主体制度的变迁历程,提出推动制度集成创新是企业发挥重要办学主体作用和举办高质量职业教育的关键。⑦ 在基础教育领域围绕制度和政策集成创新的研究比较缺乏,上海开展的公办初中强校工程是一次政策集成创新的成功探索。强校工程采取政策"组合拳"的方式,进行制度集成创新,集聚教育行政、研训机构、指导专家、支援校等多方力量,形成一个"五位一体"的学校改进实践共同体,对128所强校工程实验校进行前所未有的政策支持。强校工程的政策组合方式为我们提供了一个政策集成创新的典型样本。

---

① 刘海涛.集成创新:美国高等教育发展史及启示[J].河北师范大学学报(教育科学版),2015,17(03):62—65.
② 张炜.高等教育创新的范式与管理:集成创新[J].中国软科学,2004(02):1—7.
③ 尚胜男,杨颖秀."双一流"建设政策分析及展望——基于邓恩政策集成分析的视角[J].现代教育管理,2022(05):46—53.
④ 吴伟,孟申思,王荣.集成创新:"2011协同创新中心"人才培养模式解读[J].中国高教研究,2016(12):41—45.
⑤ 赖风,张曦文.基于增值评价的高校思政育人价值及集成创新[J].江苏高教,2023(04):113—119.
⑥ 邱秧琼,孔寒冰.集成创新的DOCET资历框架评述[J].高等工程教育研究,2012(01):15—23+69.
⑦ 张玉凤,马君.我国企业作为职业教育重要办学主体制度的变迁与集成创新研究[J].中国职业技术教育,2023(13):41—50.

二、公办初中强校工程的政策集成创新的生成机制分析

上海市公办初中强校工程是上海市推进义务教育优质均衡发展的重要举措之一。《强校工程意见》在"总体思路"中明确提出,"通过制度创新、政策支持和项目化实施,激发百所公办初中办学的内生动力,提高办学质量,从而带动面上公办初中全面提升办学水平,营造更加健康的义务教育生态"。制度创新意味着强校工程要从根本上打破常规,形成一种新的实践样态,为提升学校办学质量提供更加有力的政策支持。

(一) 政策集成创新的动因机制

关于政策之生成,有人认为问题(危机、困难等)是政策生成的逻辑起点,相信"政策由危机驱动",[1]"需求是社会政策要考虑的中心问题"。[2] 政策集成创新是在外部推动、内部需求和事件引发三方面合力下形成的。

1. 外部推动

一是新时代的新要求。建设高质量教育体系,实现教育现代化,对各级教育都提出了更高要求。如2017年教育部印发的《县域义务教育优质均衡发展督导评估办法》,对教育资源配置和教育质量提出了更高要求。优质均衡发展的认定重硬件,更重软件;重指标合格,更重群众满意;重数量,更重质量。初中教育作为基础教育体系的重要组成部分之一,是上海基础教育高质量发展的"短板",上海在新时代必须有新的作为。

二是人民群众的新期待。党的十八大以来我国教育事业取得了全面发展,教育质量不断提升,但仍然面临着很多不平衡不充分的教育发展难题。其中,上海初中"公弱民强"的问题日益凸显,老百姓择校焦虑的重点也在小升初上。针对一批长期处于区域发展底部的学校,如何帮助其尽快走出发展困境,迈向快速发展之路,办成老百姓满意的家门口的好初中,进而全面提升公办初中教育质量,满足人民日益增长的高质量教育需求,已经成为摆在上海基础教育面前最紧迫的时代命题和任务。

2. 内部需求

一是政策工具原创难度大,集成创新可以节约创新成本。上海基础教育发展历来具有创新传统。2014年,上海市成为全国首个整体通过县域义务教育均衡发展督导

---

[1] 吴逊,[澳大利亚]饶墨仕,[加拿大]迈克尔·豪利特,等.公共政策过程:制定、实施与管理[M].叶琳,等译.上海:上海人民出版社,2016:3.

[2] [英]肯·布莱克默.社会政策导论(第二版)[M].王宏亮,朱红梅,张敏,等译.北京:中国人民大学出版社,2009:23.

认定的地区,迈上了优质均衡发展的新征程。在推进义务教育均衡发展过程中,上海市探索了多种创新举措,包括2007年在全市层面实施郊区农村义务教育委托管理项目,2011年启动新优质学校建设项目,2011年探索构建中小学学业质量绿色指标测评体系,2013年开始实施新晋特级校长和特级教师柔性流动到郊区学校开展支教工作,2015年开始推进学区化集团化办学,2015年探索建立全市基本统一的义务教育学校五项标准(功能用房配置、教育装备、教师队伍配置、教师收入和生均经费),2017年启动实施城乡学校携手共进计划等。这些举措都对推动上海义务教育均衡发展发挥了积极的促进作用。但是近年来,推动义务教育优质均衡发展的创新政策越来越少,单一政策创新难度越来越大,对于长期处于发展困境的学校的改进效果不够理想,为此,集成创新作为一种新的政策创新方式,成为一种内在需求和新的选择。

二是治理能力现代化需要完善创新体系,集成创新是自主创新的重要方式之一。我国在推进治理能力现代化进程中,必须不断创新治理方式。集成创新能够优化配置创新资源,最大程度地促进创新主体之间的密切合作及创新主体与创新环境的有机融合,能够对原始创新和引进消化吸收再创新起到引领与延伸作用。集成创新的通用性强,从创新实践看,集成创新是效能最大的形式。[①]

3. 事件引发

触发机制是公共政策创新的一个重要机制。"从一般的公共社会问题变成公共机构着手来解决的政策问题,需要有一种催化剂。对于处于体制转轨阶段的政策创新来说,这种点燃人们创新欲望,从而诱发和催促某些群体行动,并使政府下决心进行政策创新的条件、因素及其有机结合,就构成了政策创新的触发机制。"[②]2018年3月,上海市教委发布《上海市进一步推进高中阶段学校考试招生制度改革实施意见》,明确了"完善初中学业水平考试制度""完善初中学生综合素质评价制度"和"深化高中阶段学校招生录取改革"三方面的改革措施。扩大优质高中名额分配比例,科目全学全考,开展英语听说测试、理化实验操作考试,实施综合素质评价等,既给初中学校教育带来了新的机遇,更提出了全新的挑战。实施公办初中强校工程,整体提升初中教育质量,这是上海初中教育应对新中考改革的重要举措之一。

(二)政策集成创新的实现机制

政策集成创新是在系统论思想指导下,围绕政策目标的达成,将各种已有政策要

[①] 朱孔来,乐菲菲. 对集成创新有关理论和实践问题的思考[J]. 经济纵横,2011(10):31—34.
[②] 朱孔来,乐菲菲. 对集成创新有关理论和实践问题的思考[J]. 经济纵横,2011(10):31—34.

素进行优化配置,组合实施,形成一个新的政策框架与实践体系。政策集成创新表现为多种政策工具集于一身、优势互补、相互融通、协同推进,具体的实现机制包括内容再创新、要素再组合、体系再优化三个过程。

1. 内容再创新:加强原创与政策调整结合

一是加强原创。继续探索新的政策工具,发现新的发展动力,丰富政策供给。如《强校工程意见》提出,探索高级教师职称评审初高中分开评审、为每所"实验校"配备不少于3名指导专家,这些都是新的政策探索。

二是调整重点。将原有政策工具内涵进行调整,以适应新情境、新要求。如新评上的特级教师、正高级教师优先流动到强校工程实验校;将强校工程实验校建设成为教育科研基地校,推进优秀成果在实验校转化应用与合成再造;市(区)教育科研人员深入实验校开展蹲点实践研究;城乡义务教育一体化"五项标准"优先保障实验校配置;各区要加强财力统筹,保证"强校工程"建设经费投入,并向"实验校"倾斜,确保经费投入高于区域内同类型、同规模的学校,重点保障"实验校"所需的校舍改造及听说测试教室、创新实验室、理科实验室建设和设施设备更新;绩效工资区域统筹部分可根据实施情况,按一定比例向"实验校"倾斜等,这些政策都将支持重点放在强校工程之上。

三是扩大范围。将原有政策工具的应用范围扩大,以支持教育改革需要。如实施"课程领导力项目初中百校工程";"双名工程"确保每一所"实验校"都有一名市级名校长(含培养对象、特级校长)、两名名师(含培养对象、特级教师),每所"实验校"有不少于5%的教师被纳入"种子计划";将所有实验校都纳入紧密型学区化集团化办学中。这些政策都将原有适用范围扩大并应用到强校工程之中。

2. 要素再组合:优化组合,全面赋能

优化组合:将原有独立的政策工具加以组合,提高政策支持力度。集成创新的结果是一个新产品、服务或者流程,甚至可以是概念、方法论、技术、组织与制度、管理、营销和文化,也可以是以上结果的复杂结合。[①] 如《强校工程意见》提出"三个结合"的思想,将"强校工程"与"名校长名师培养工程"相结合、与紧密型学区化集团化办学相结合、与落实推进本市高中阶段学校考试招生制度改革要求相结合。这种政策组合是一种新的尝试,将原本针对不同情境独立开展的三种政策实践,组合形成了一个新的实

---

① 胡宁生.体制转轨过程中公共政策创新的实现机制[J].南京社会科学,2004(01):29—36.

践体系,充分体现了集成创新的思想。这种新的政策组合为实验校自主发展能力的提升奠定了坚实的基础。

全面赋能:集成创新是创新要素的有机融合,是将来自组织内外不同层面的创新理念、创新知识、创新技术和创新组织等按照最优化的方式有机融合起来,以组织创新整体资源的最佳匹配和最优组合来实现最佳的创新效果[①]。强校工程聚焦内涵建设与质量提升,将学校改进的全部要素都纳入政策支持范围,包括硬件环境、学校管理、课程教学、教师队伍建设、特色品牌打造、办学活力激发等多个方面,整体赋能实验校改进行动,以实现四个"明显"的提升目标。

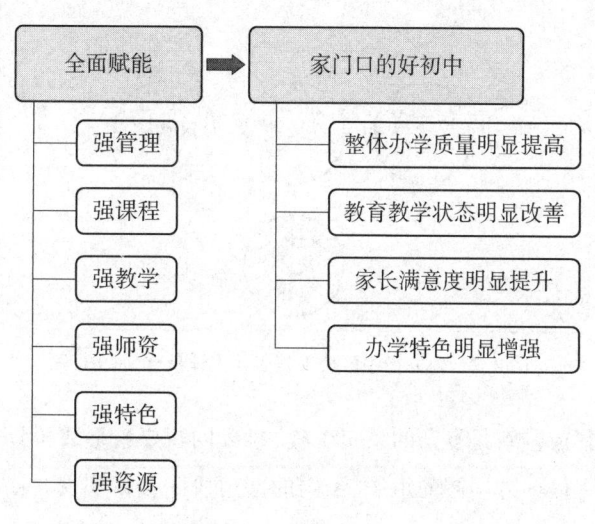

图 4.1 公办初中强校工程全面赋能学校改进

3. 体系再优化:主体多元,系统推进

主体多元:集成创新通过合理调配各种创新资源间的比例关系和相互作用能力,实现"1+1>2"的功能放大效应。[②] 强校工程集聚了教育行政(市教委与区教育局)、研训机构(市教科院、市教师教育学院、区教院)、指导专家(市、区两级专家)、支援校(学区、集团牵头校)等多方力量,形成了基于多元伙伴合作的学校改进实践共同体,各项支持政策有机组合,创新实施,形成耦合效应,政策效果必然更大。如学区、集团牵头校(支援校)既给实验校以优质教师资源支持,也提供包括先进管理理念、优

---

① 西宝,杨廷双.企业集成创新:概念、方法与流程[J].中国软科学,2003(06):72—76.
② 林向义,罗洪云,王艳秋,等.集成创新中的知识整合模式研究[J].科学管理研究,2011,29(03):16—20.

质教学资源、师生发展平台等多方面的支持;从专家支持角度,既有优质品牌支援校的优秀校长和优秀教师支持,也有市级及区级指导专家支持,还有"双名工程"与区教院专家支持,多个方面专家各自发挥专业特长,形成支持合力,共同作用于强校工程实验校。

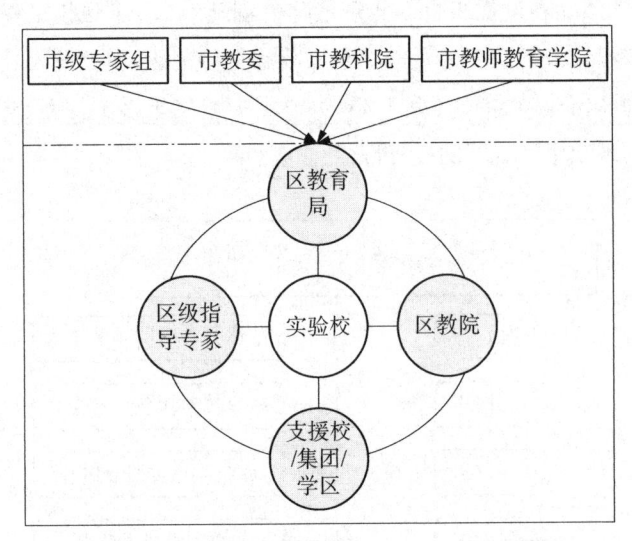

图 4.2 公办初中强校工程多元主体伙伴协作关系

系统推进:集成创新是复杂的系统工程,集成创新要素形成了具有高度有机性的结构,需要创新主体内外不同的组织、不同的部门协同合作实现。任何环节的受阻都会影响集成创新能力,缺少任何一个要素都会破坏集成创新能力系统的整体性。[①] 学校改进项目也是一个系统工程,强校工程不局限于学校内部改革,而是将学校改革置于基础教育系统整体优化的大背景下进行系统思考,从初中入学招生(小升初对口入学、公民同招、超额摇号)、学校办学过程(学校管理、教师发展、课程教学、特色建设、资源配置)、初中升学考试(实施高中阶段学校考试招生制度改革)、学校办学评价("绿色指标"评价、专项督导、"家门口的好初中"专题宣传)等多方面进行,整体推进改革项目。强校工程的支持政策有效整合了现有各种基础教育改革政策,以"组合拳"方式呈现,形成一个具有上海特色、系统创新的学校改进政策框架。

---

① 刘佳.基于集成创新的黑龙江省区域创新系统研究[D].哈尔滨:哈尔滨工程大学,2010:1.

政策领域	政策组合方式
入学招生	· 小升初：对口入学，公民同招，超额摇号
办学过程	· 学校管理：双名工程；优质品牌辐射带动（管理团队）；落实办学自主权；校长专业培训 · 教师发展：双名工程；优质品牌辐射带动（教师流动）；职称评审初高中分开并倾斜初中 · 课程教学：课程领导力项目；教研指导；科研基地；优秀成果转化应用 · 特色建设：配备区级指导专家；优质品牌辐射带动（特色共享） · 资源配置：市级经费支持；区级经费支持；绩效工资倾斜
升学考试	· 实施高中阶段学校考试招生制度改革：优质高中名额分配；考试科目调整；课程教学改革；探索学区、集团招生改革，适度扩大中本贯通、中高职贯通招生计划
学校评价	· 增值评价："绿色指标"评价 · 专项督导：开展"强校工程"建设专项督导 · 专题宣传：开展"家门口的好初中"专题宣传

图 4.3 集成创新视角下公办初中强校工程政策框架

（三）政策集成创新的保障机制

1. 政策工具丰富

集成从管理角度来说是指一种创造性的融合过程。[①] 政策集成创新是以现有政策工具的优化组合为基础的一种新的创新方式。为此，教育行政管理部门要不断探索新的政策工具，开展滚动更新、迭代创新，不断丰富政策供给，从而为集成创新提供更多的政策资源保障。强校工程作为政策集成创新应用的一次成功实践，既得益于上海市已有的丰富多样的政策工具储备，也在此过程中探索了更多政策创新，进一步丰富了政策工具箱。

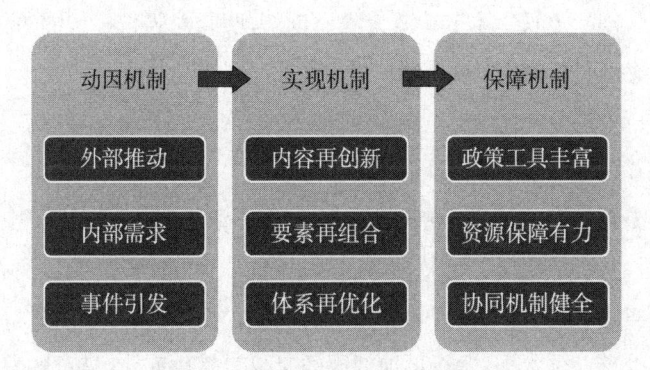

动因机制	→	实现机制	→	保障机制
外部推动		内容再创新		政策工具丰富
内部需求		要素再组合		资源保障有力
事件引发		体系再优化		协同机制健全

图 4.4 政策集成创新的生成机制

---
① 李宝山,刘志伟.集成管理——高科技时代的管理创新[M].北京:中国人民大学出版社,1998:80—84.

2. 资源保障有力

集成创新的政策体系由于涉及很多政策工具，在实施过程中必然会对经费资源、物力资源、人力资源，尤其是优质资源保障有更高的要求。集成创新的逻辑起点是把握技术的需求环节，在创造符合需求的产品与丰富的技术资源供给之间创造出匹配。[1] 为此，教育行政部门一方面要持续加强资源保障力度，提升资源优化配置能力，在条件不足的情况下，要创造性地解决问题；另一方面要做好需求调研工作，支持政策要更加匹配实际需求，提高政策供给的针对性和有效性。

3. 协同机制健全

集成创新涉及多元主体，激发多方主体能动性才能将新的政策实践发挥最大作用。为此，教育行政部门要不断提升治理能力，做好统筹协调工作，建立健全多元主体之间的协同推进机制。强校工程的多元政策支持最终都要作用于学校改进行动之中，各相关主体都要以学校发展为中心，承担各自角色任务，发挥各自优势特长，加强各项制度政策的互补性、关联性和耦合度。教育行政部门要加强对各方支持力量的政策奖励与经费支持力度，满足利益攸关方的合理诉求，激发各方主体的参与积极性，从而发挥出最大的政策集成创新效应。

第三节　公办初中强校工程的总体思路与目标设计

思路决定出路，目标引领改进。《强校工程意见》首先明确了强校工程的总体思路和工作目标，为强校工程的顺利实施提供了价值导向与目标引领，体现了上海基础教育的发展传统与创新追求。本节从政策集成创新视角，对强校工程的总体思路与工作目标的设计思想进行解读。

一、强校工程的总体思路

上海市教委关于实施百所公办初中强校工程的意见在"总体思路"中明确提出，坚持"办好每一所初中、成就每一名教师、教好每一位学生"的理念，"通过制度创新、政策支持和项目化实施，激发百所公办初中办学的内生动力，提高办学质量，从而带动面上公办初中全面提升办学水平，营造更加健康的义务教育生态"。这意味着，强校工程在

---

[1] 李宝山，刘志伟. 集成管理——高科技时代的管理创新[M]. 北京：中国人民大学出版社，1998：80—84.

政策设计时就有明确的价值追求,具体可以归结为以下几个方面。

(一) 坚持一个理念

坚持"办好每一所初中、成就每一名教师、教好每一位学生"的理念。这个理念是对《国家中长期教育改革和发展规划纲要(2010—2020年)》提出的"形成惠及全民的公平教育""努力办好每一所学校,教好每一个学生"的进一步落实,也是对《上海市中长期教育改革和发展规划纲要(2010—2020年)》提出的"为了每一个学生的终身发展""办好每所初中"理念的进一步落实。《上海市中长期教育改革和发展规划纲要(2010—2020年)》提出"为了每一个学生的终身发展,就是要求未来上海的教育,更好地公平惠及所有学生——从校园莘莘学子到所有继续学习的成年人,关心所有学生的健康成长,关注社会各个群体的发展需求,提供更为平等、优质、多样的学习机会,努力使学生具有理想信念、公民意识、健康身心和科学人文素养"。

强校工程坚持的这个理念,既关注学校发展,又关注人的发展。一方面,要办好每一所初中,激发公办初中办学的内生动力,带动公办初中全面提升办学水平,充分体现了上海市教委对开展强校工程的重视,以及对其赋予的高期待。另一方面,又关注到每一名教师和每一位学生的发展,充分体现出以人为本的思想。教师是学生的引路人,育人是教师的天职,造就高素质的教师队伍对于引导学生健康成长十分关键。教育是培养人的事业,没有教师的发展,育人效果肯定会大打折扣。而办好每一所学校,成就每一名教师,归根结底还是为了每一位学生的发展,是为了教好每一位学生,让所有学生都能公平地接受优质教育。

(二) 按照一个思路

上海市强校工程实施意见提出了"精准施策、注重内涵、提升质量"的思路,为推进强校工程指明了方向。

所谓"精准施策",就是要摸清每所学校的发展现状与问题,找准发展的方向和撬动点,提出切合实际的发展目标与任务,提供有针对性的支持与保障。在落实各项支持政策和选择发展路径时,要体现出差异性。要做到"精准施策",首先要开展校情诊断,研制发展规划,明确发展项目,落实支持举措。要做到"精准施策",还要重视过程诊断,开展增值评价,加强督导评估,以阶段性的诊断与评估结果引导学校精准改进。

所谓"注重内涵",就是要突出课程教学,突出教师队伍建设,突出办学特色建设,突出学校治理能力提升,归根结底是突出学校可持续发展能力建设。"注重内涵"并不意味着忽视硬件的改善,而是要在优化学校资源配置的时候,重视以学生发展为本,以服务课程教学为依据。生均办学条件的改善、学习空间的优化、教育教学设备的配置、教育信息化基础建设等,都要与提升课程教学品质紧密联系,要与优化育人方式和提高育人效果紧密联系。

所谓"提升质量",就是要以新的质量观,办好每一所学校,提升学校育人水平,包括提高课程教学质量,提高教师队伍质量,提升特色办学质量,优化学校环境质量,要将学校建设成一个让社会满意、家长放心的育人场所。只有教育质量过硬,靠得住,才能真正称得上"家门口的好初中"。"提升质量"意味着强校工程的效果要反映在质量提升方面,强校工程要紧紧围绕提升质量这个中心开展工作,强校工程是否成功也取决于质量是否得到真正的提升、提升了多少,为此必须开展强校工程绩效评估工作。

(三) 采取三个结合

从市教委推进强校工程的总体思路看,《强校工程意见》明确提出,将"强校工程"与"名校长名师培养工程"相结合、与紧密型学区化集团化办学相结合、与落实推进本市高中阶段学校考试招生制度改革要求相结合,通过制度创新、政策支持和项目化实施,激发百所公办初中办学的内生动力,提高办学质量。

强校工程提出的"三个结合"的思路,正是体现了"精准施策"的思想。实验校在教师队伍、课程教学、发展平台方面相对比较薄弱。通过制度创新、政策支持和项目化实施,"三个结合"可以为学校跨越式发展提供强有力的支撑。

"三个结合"的思路,也体现了项目化实施的思想。"双名工程"、"紧密型学区化集团化办学"与"高中阶段学校考试招生制度改革"都是市教委重点推进的项目,"三个结合"是这些政策举措在强校工程中的集成创新的应用。

首先,与"双名工程"相结合。《强校工程意见》明确提出,"实验校"作为第四期"双名工程"实践基地校,要成为名校长、名师培养锻炼的平台,成为促进学校校长和教师专业成长的舞台,提升学校管理水平和教师专业水平。由此可见,与"双名工程"结合,不仅关注名校长、名师的成长,让名校长、名师在最需要的地方加以锻炼;更关注"双名工程"对实验校教师队伍建设的重要作用。作为"双名工程"实践基地校,强校工程实验校教师有更多机会与名师面对面,有机会学习其他优秀教师的教学经验,这对实验校教师队伍成长具有重要的促进作用。

上海第四期"双名工程"简要内容

2018年7月,第四期"上海市普教系统名校长名师培养工程"(简称"双名工程")正式启动,旨在培养一支高素质教师队伍,打造上海市普教系统教育领军人才。针对不同梯队的培养对象,第四期"双名工程"设置三项培养计划,分别是:"高峰计划""攻关计划""种子计划"。"高峰计划"培养师德高尚、品格优良,具有厚实的专业素养、先进教育理念的教育家型校长和教师,具有扎实的教书育人能力,在教育教学、学校管理中勇于改革创新、解决重大问题;在教育教学和教育管理的创新中发挥先锋带头作用,能够总结自身教育教学经验并形成教育教学思想体系,在全国教育教学改革实践领域发挥示范、引领作用。"攻关计划"培养师德高尚、品格优良,具有较强的育德能力,具备扎实学科理论知识和先进管理理念的校长和教师,在教育教学实践中聚集解决具体问题,形成成熟先进的教育教学经验和理念,积极突破、勇于创新,在上海市教育教学改革中发挥示范、引领作用,并有志有潜力发展成为全国教育教学改革引领者。"种子计划"培养师德高尚、品格优良,具有一定的学科理论知识、善于学科教学的区域范围内优秀青年骨干教师,能够自觉反思自身教育教学实践,勇于探索和创新学科教育教学的新方法,熟练应用信息技术,在区域教育教学改革中发挥模范带头作用。

"双名工程"明确提出,建设一批"双名工程"实践校,助力百所公办初中强校工程实验校,配备市级名校长和名师后备人选,确保每一所"强校工程"实验校常驻1名名校长(含后备)和2名名师(含后备)人选,加快推进研修成果的实践应用,促进校长和教师专业发展水平的提升。

其次,与紧密型学区化集团化办学相结合。《强校工程意见》明确提出,各区要将"实验校"纳入紧密型学区、集团建设,突出管理团队和骨干教师流动、优质课程资源共享、教研科研共建、设施场馆共用。由此可见,紧密型学区化集团化办学通过共享优质资源,给强校工程实验校带来管理、师资、课程资源、教研科研、设施场馆等多方面的改善机会,这对优质资源相对缺乏的实验校来说是及时雨,是真真切切的实惠。

上海推进紧密型学区和集团建设的工作目标与主要任务

《上海市教育委员会关于推进本市紧密型学区和集团建设的实施意见》(沪教委基〔2019〕7号)提出,通过促进组织更紧密、师资安排更紧密、教科研更紧密、评价更紧密,激发每个学区和集团合作共进的创新活力,实现管理、师资、课程、文化等互通互融,提高每一所成员校的办学效益,整体提升义务教育优质均衡发展水平。

工作目标:通过两轮(3年一轮)创建,全市基本形成紧密型学区、集团创建的良好格局,学区和集团内各成员校的教师专业发展水平、教学质量进一步提高,办学特色更加明显,家长和社会满意度进一步提升。力争20%以上的学区、集团成为紧密型学区、集团,且覆盖所有区。

主要任务包括五个方面,要点如下:

(一)健全治理体系,促进组织更紧密。各学区、集团应建立常设协调管理机构,建立更加科学有效的规章制度,加强学区、集团干部队伍建设。

(二)优化流动机制,促进师资安排更紧密。推进实施教师"区管校聘"制度,健全骨干教师流动"蓄水池"机制,形成干部、教师有序流动的工作制度。将学区、集团内1—2年的交流轮岗工作经历作为提任校级干部的重要因素。可统筹各校干部与教师的招聘、配备和使用,统筹中、高级职称申报,统筹部分绩效工资增量分配,促进干部、教师有序流动。同学段学区、集团每年教师交流轮岗人数应达到符合交流条件教师总数的10%—20%,跨学段学区、集团每年教师交流轮岗人数应不低于符合交流条件教师总数的5%,其中骨干教师比例均不低于交流轮岗教师总数的20%。探索开展学区、集团内师资培训机制,形成市级培训、区级培训、学区集团培训、校本培训的教师培训新架构。

(三)加强课程教学共研共享,促进教科研更紧密。建立学区、集团同学段学科教研组或备课组,实施教师联合备课、联合教研、合作科研、教学比武。建立健全学区、集团优质课程资源共享平台,丰富课程教学资源供给。统筹学区、集团各类资源。建立学生活动、家庭教育指导、课后服务联合运作机制。充分发挥学区的群体智慧和集团的品牌影响力,以先进文化引领学校"和而不同"的发展。

（四）实施捆绑考核，促进评价更紧密。把学区、集团内每一所学校的发展进步作为对牵头校校长年度绩效考核的重要依据，把参与学区、集团共建作为对其他成员校校长年度绩效考核的重要内容。赋予学区、集团相应的考核评价建议权。

（五）探索学生共育，促进培养方式更紧密。在坚持义务教育免试就近入学原则下，实施部分特色项目的学生联合培养实验。适度加大市实验性示范性高中名额分配综合评价录取招生计划向学区、集团内部选择生源初中的倾斜力度，激发市实验性示范性高中服务学区、集团的积极性和创造性。

再次，与落实推进本市高中阶段学校考试招生制度改革要求相结合。《强校工程意见》明确提出，"实验校"要紧密对接本市高中阶段学校考试招生制度改革要求，以学生核心素养培育为目标，完善学校课程实施方案，深化教学改革，优化学生综合素质评价，提升教育教学水平。由此可见，上海市在新中考改革刚刚启动之时，就让强校工程实验校聚焦课程教学改革，这是希望实验校能够抢占先机，利用各方支持资源，在新一轮改革中走在前列，为学校后续发展奠定良好的基础。

上海市高中阶段考试招生制度改革实施意见

2018年3月，上海市教育委员会印发了《上海市进一步推进高中阶段学校考试招生制度改革实施意见》（简称《意见》）。《意见》提出，顺应义务教育优质均衡发展、高中阶段学校特色多样发展新要求，深化本市初中学业水平考试与初中学生综合素质评价相结合的高中阶段学校考试招生制度改革，为学生的终身发展夯实基础。《意见》提出四个基本原则：(1)全面考查，注重能力。(2)综合评价，多元录取。(3)促进公平，加强监督。(4)统筹规划，系统改革。《意见》提出四项主要改革任务和措施：(1)完善初中学业水平考试制度。(2)完善初中学生综合素质评价制度。(3)深化高中阶段学校招生录取改革。(4)规范高中阶段学校招生录取政策加分。《意见》提出三项保障措施，一是深化中小学课程改革，二是加强考试命题研究和管理，三是加强监督检查。

(四) 实现两个目的

实现两个目的:一是激发百所公办初中的内生动力,提高办学质量。二是带动面上公办初中全面提升办学水平,营造更加健康的义务教育生态。以上两个目的是相辅相成的。

第一个目的是直接效果,可以从百所实验校的发展变化中体现出来,也是强校工程着眼于进一步抬升底部、促进优质均衡发展的内在要求。如果从一项教育实验来说,强校工程各项政策支持的直接对象是百所强校工程实验校。只有这批学校真正发生了明显改进,才能说强校工程的实验是成功的,这是一个基本逻辑。当然,从强校工程的实验目的来看,百所实验校的改进成效除了办学质量要提高,更要激发办学活力,要形成可持续发展的能力,要从输血机制逐步转化为造血机制。

第二个目的是间接效果,也是一个更高的期望,即希望探索出整体提升公办初中教育质量、优化义务教育生态的方法与机制。强校工程的政策设计除了直接作用于实验校身上,也涉及教育管理机制、优质品牌学校建设、教育专业研究与支持等方方面面,牵一发而动全身。以强校工程实验校的改进为抓手,教育资源配置方式、办学机制改革、考试与评价制度改革、课程教学与育人方式改革都会发生相应变化,对初中教育系统的影响是持久的、全面的、深刻的。经过3—5年的努力,这种影响会逐步显现,并最终形成初中教育高质量发展的良好态势。

综上所述,强校工程聚焦内涵与质量提升,既关注学校的发展,又关注人的发展;既关注点上提升,又关注面上发展;既关注外部支持,又关注内生动力激发。强校工程通过政策集成创新,为实验校发展提供了强有力的支持与保障。

二、强校工程的目标设计

《强校工程意见》明确提出强校工程的工作目标是:经过3—5年的努力,实现百所公办初中在原有基础上,教育教学状态明显改善,学校办学特色明显增强,整体办学质量明显提高,家长对学校的满意度明显提升,建成"家门口的好初中"。以上四个工作目标体现了政府对强校工程的政策期待,也在一定程度上反映了政府对实验校发展问题的精准把握,以及政府视角下"好初中"的发展样态。

(一) 强校工程的实施周期为3—5年

学校的改变不是一朝一夕之事,有其自然规律。长期处于办学质量底部的强校工程实验校,存在的发展问题肯定不少,有些问题可能根深蒂固,想要短期内发生显著变化,难度非常大。根据前面章节的文献梳理,已有研究表明,3—5年是学校改进初见成效的基本周期,这已经得到很多学校改进项目的证实。因此,强校工程将实施周期确定为3—5年,是一种实事求是的做法,尊重了学校变革的规律,具有一定科学依据,体现了政府的耐心和信心。

(二) 强校工程关注学校的增值表现

《强校工程意见》提出,所有强校工程实验校都要在"原有基础"上实现发展,并且发展效果要能够"明显"体现出来。这里提到了"原有基础",也意味着强校工程要"精准施策",首先要摸清学校发展的初始状态,找到学校发展的真正问题,然后才能精准施策,这是强校工程的起点。如果初态分析不够精细,问题找得不够准确,"原有基础"把握不准,实验效果就很难说清楚。

当然,四个"明显"的提升效果,界定了强校工程实现的改进成效,"明显"意味着能够看得见,感知得到,学校发展要有质的提升,要能够让老百姓有真正的获得感。"明显"意味着实验校要有跨越式发展,要能够给学校、老师和社会带来信心。如果仅仅有微小的变化,是不能算作成功的。因此,强校工程需要开展实验校发展绩效评价,用科学的证据,将实验校发展的增值效果体现出来。

(三) 强校工程体现了政府对"家门口的好初中"的内涵理解

《强校工程意见》提出的四个"明显"提升,既包括学校运行状态的变化,又包括办学效果的变化。评价一所学校的发展,既要关注教育内部的质量提升,也要关注教育服务对象的满意度。

目标一:教育教学状态明显改善。教育教学状态包括教师的状态与学生的状态两个方面,且两者之间相互影响,形成共振效应。从教师状态来看,强校工程实验校教师的状态总体上存在一定不足。比如,在教学常规的落实方面,教师的备课质量、上课态度、辅导学生情况等;在教师参与学校治理方面,教师对学校的归属感和认同感、参与学校各项事务的积极性与主动性等;在教师专业发展方面,教师的职业情感、专业能力、教学方式、优课率、各类教研与科研课题研究或成果获奖、职称晋升、教学成就感、工作动力等,可能都存在或多或少的问题。从学生状态来看,学生行为规范、学习动力、学业负担、学科学业水平与进步情况等方面也不尽如人意。教师与学生是一个围绕学习活动而形成的学习共同体,课堂是一个师生双边互动的过程,教师的状态影响着学生的状态,学生的学习状态,也会反过来影响教师的上课状态。教师与学生相互促进、相互成就。教与学是一个相互影响的关系,教师和学生都以学习为中心,积极投入,才会取得令人满意的学习效果。教育教学状态的改变,是改变学校教育质量的关键。

目标二:学校办学特色明显增强。学校办学特色是一所学校的名片,是社会了解学校的重要窗口。学校办学特色会为学校带来荣誉,提升学校的社会美誉度。学校办学特色会为学生留下难以磨灭的印记。学校办学特色会将学校带入一个特色领域的活动圈子里,会结交更多类似的学校,会在参与特色项目相关活动中,学习到其他学校的有效经验,同时也将本校的优秀经验传播给社会,提升学校的知名度。从规范办学到特色办学,也是学校发展的规律。因此,从增强学校办学特色的路径出发,既可以丰富学生的成长体验,培养具有本校印记的学生,让学生感受到某个特定领域的精彩,甚至为学生日后的职业意识做出启蒙;又可以锻炼一批特色教师,让教师在特色建设中提升校本课程建设能力、教学能力、研究能力,丰富教师的职业体验,带给教师高峰体验;还可以让学校的影响力、知名度进一步提升,增强社会对学校的认可度,这是学校快速提升的一条重要途径。

目标三:整体办学质量明显提高。办学质量是学校立命之本。大多数的实验校由于整体办学质量长期处在相对低位,因此,对家长的吸引力就比较弱,教师、学生和家长都缺乏信心。整体办学质量不仅关注学生的学业成绩,更关注学生的全面发展、综合素养的提升、身心健康情况、品德和社会行为发展情况、综合素养(综评)情况等;不仅关注优秀学生的发展,更关注所有学生接受公平的教育,以及学生初中毕业学业水平合格率、优质高中名额分配到校计划指标完成情况、随迁子女教育与升学情况等;不仅关注学校某个方面的发展情况,也关注办学过程科学性及学校综合实力的提升,比如,学校承担区级及以上教育综合改革项目及实施情况、强校工程三年规划目标完成度、区教育局对学校办学年度绩效综合考评情况、区级及以上平台对学校宣传报道情况、学校层面获得的各类荣誉情况、家校社协同治理能力,等等。

目标四:家长对学校的满意度明显提升。办学满意度是综合评价一所学校办学质量的主观指标,但却是非常重要的一个指标。新时代,以人民为中心的教育理念更加关注老百姓的教育获得感,因此,家长对学校的满意度就成为一个重要的参考指标。学校要将办学满意度调查作为一项常规工作坚持下去,每年积累数据、分析数据,并将之反馈到学校的改进之中。办学满意度受到多种因素影响,也体现在一些家长的选择中,比如在义务教育对口入学的政策背景下,本地对口生源入学率就是一个非常重要的指标。除了一些特殊情况,对口生源入学率高、流失率低,意味着本地生源择校的情况少,本地对口生源家长对学校的认同度高。反过来,如果学校对口生源流失率高,可能是家长对学校不信任,将孩子送到其他学校就读。因此,学校招生人数及其结构变化情况、家长满意度变化情况,是判断一所学校教育质量的重要指标。

《强校工程意见》提出,将百所公办初中建成"家门口的好初中",以上四个方面体现了政府对"家门口的好初中"的综合理解。"家门口的好初中"是一个内涵丰富的概念,强校工程希望通过四个"明显"的提升效果,为学校的整体改进提供方向和路径。办好每一所"家门口的好初中",努力让每个孩子都能享有公平而有质量的初中教育,这是建设高质量基础教育体系的内在要求。

第四节 公办初中强校工程的主要任务设计

《强校工程意见》明确了七项主要任务:一是"双名工程"有机融入,二是优质品牌辐射带动,三是专家全程专业指导,四是优化教育资源配置,五是深化课程教学改革,六是激发自主办学活力,七是凝练办学特色品牌。这些任务既包含了政策支持内容,需要市教委与区教育局共同完成,又包含了需要实验校自身努力完成的内容,是有效达成强校工程工作目标的工作载体。七项任务聚焦内涵与质量的提升,针对初中学校发展的突出问题,突出了四个并重:内涵发展与硬件改善并重、外部支持与内力激发并重、行政支持与专业支持并重、当前工作与长期效果并重。

一、内涵发展与硬件改善并重
(一) 硬件改善

很多实验校办学条件较差,与上海义务教育高质量发展目标相距甚远。比如,校舍外貌多年没有更新,看起来比较陈旧,社会形象不佳,校园空间育人环境、教育教学设施设备配置不到位,难以满足新中考改革与新教学的要求。《强校工程意见》安排了"优化教育资源配置"的任务,提出各区要加强财力统筹,保证"强校工程"建设经费投入,并向"实验校"倾斜,确保经费投入高于区域内同类型、同规模的学校,重点保障"实验校"所需的校舍改造及听说测试教室、创新实验室、理科实验室建设和设施设备更新,满足开设丰富课程、转变教学方式的需要。市教委建立"强校工程"专项经费,重点支持"实验校"内涵建设,确保其课程教学改革、师资队伍培养、特色建设及相关配套设备添置等经费需求。

优化教育资源配置的任务是由市教委和区教育局共同完成的,市教委重点支持实验校与内涵建设相关的资源配置,区教育局则优先加强实验校的各项资源配置。通过优化资源配置,实验校硬件条件得到较大改观,从而支持课程教学与内涵发展的需求。

(二)内涵发展

内涵发展是学校提升办学质量的必由之路,也是义务教育优质均衡的重点。强校工程提出"精准施策、注重内涵、提升质量"的思路,正是抓住了这个重点,从队伍优化、课程建设、特色建设、品牌建设、管理优化等多个方面,激发学校办学活力。《强校工程意见》确立了七项任务,其中六项都与内涵建设有关。下面介绍其中三项内容。

任务(一)双名工程有机融入,提出通过优质引进、学校培育等途径,加强市级名校长和名师(含培养对象)在"实验校"的配备,确保每一所"实验校"都有一名市级名校长(含培养对象、特级校长)、两名名师(含培养对象、特级教师)。第四期"双名工程"教师"种子计划"优先选取"实验校"中有发展潜力的青年教师,确保每所"实验校"有不少于5%的教师被纳入"种子计划"。"双名工程"有机融入的任务主要由市教委与各区教育局共同完成。市教委给出政策,做好管理,各区教育局则统筹好"双名"资源,不折不扣地为实验校配置到位。对于"双名"资源不足的区域,要创造条件,积极引入其他区的优质资源,并创新形式,切实为实验校提供优质师资,以发挥好优秀校长和教师的带教与示范辐射作用。各实验校要发挥主体责任,用好"双名"资源,做好"双名"人员的工作安排,充分发挥"双名"人员的专业优势,为学校的教研组建设、学科建设、青年教师培养、管理文化优化等作出贡献。

任务(五)深化课程教学改革,提出"实验校"要以提升教育教学质量为核心,建立健全备课、上课、作业、辅导、评价等基本教学环节的规范,科学设计作业和测验制度,促进课程、教学、作业和考试评价的一致性。要充分利用校内外各种资源,开齐开足各类课程,广泛开展学生综合实践活动,加强学生社会责任感、创新精神和实践能力的培养,为不同需求的学生提供可选择的综合学习经历,提高学生综合素养。要优化学生综合素质评价,突出社会考察、探究学习、职业体验等综合实践活动的记录,树立正确的质量观和评价观,运用科学的教育评价理论对学生发展进行综合评价,促进学生积极主动发展和全面健康成长。实施"课程领导力项目初中百校工程",以上海市提升中小学(幼儿园)课程领导力行动研究项目(第三轮)为载体,聚焦课堂教学、课程计划编制、教研活动组织、特色课程建设等学校内涵发展核心主题,开展集群研究,深化实践探索,提炼策略方法,搭建分享平台,促进智慧传递,提升"实验校"课程品质和教学水平。深化课程教学改革的任务主要由实验校和市教委教研室共同完成。市教委教研室组织实施第三轮课程领导力行动项目,带领实验校提升课程品质和教学水平。实验校则聚焦教育教学质量改进,落实好各项深化课程教学改革的任务。

任务(七)凝练办学特色品牌,提出加大市、区教研科研机构对"实验校"课程建设的指导,鼓励高等院校、市级基础教育研究所(中心)及社会专业机构参与"实验校"特色课程建设、特色教师培育,帮助学校建设符合校情的特色课程。帮助"实验校"在课程建设基础上,聚焦科技、艺术、体育、人文等领域,打造办学特色,努力形成品牌。凝练办学特色品牌的任务主要由市区级专业机构、支援校与实验校共同完成。市区级专业机构和支援校主要发挥指导、引领、师资培训与资源共享作用,实验校则承担办学主体责任,努力打造本校的特色品牌。

二、外部支持与内力激发并重

(一) 外部支持

强校工程实验校发展困境由来已久,如果没有外部支持或者外部支持力度不够有力,都很难获得根本改变,也不能产生预期效应。强校工程将上海义务教育各项政策工具集成应用,为实验校发展提供了前所未有的支持资源。《强校工程意见》提出的"双名工程有机融入""优质品牌学校辐射带动""专家全程专业指导"等任务,都为实验校带来了大量优质资源。比如,任务(二)优质品牌辐射带动提出,开展紧密型学区化集团化办学试点。根据"实验校"发展需求,因地制宜,由市实验性示范性高中、优质品牌初中学校领衔组建紧密型集团或学区,鼓励优质民办学校托管,采取"一带一""一带二"等方式集中优势资源全方位支持"实验校"建设,提高学区、集团内优秀干部、骨干教师流动到"实验校"的比例,实施教师联合培训、联体研修、联动科研,多渠道提升"实验校"干部管理能力和教师专业能力。建立"实验校"动态发展档案,反映学校干部培养、教师发展、学生成长、资源配置、课程教学、特色建设等方面的发展情况。突出增值评估,将"绿色指标"表现、学校综合考核等进步情况作为评价"实验校"建设和紧密型学区、集团建设等方面的主要指标。优质品牌辐射带动的任务主要由各区教育局与牵头校(支援校)完成。各区教育局要根据实验校的具体情况及发展需求,为实验校选择最适合的支援校。对于实验校较多且优质品牌学校资源相对不足的区域,区教育局要创造条件,引进其他区域的优质学校,探索更多合作方式,为实验校做好牵线搭桥的工作,并做好支持、保障与评价引导工作。优质品牌辐射带动作用的发挥,需要牵头校、实验校共同努力。其中,双方合作的紧密性会直接影响合作效果。为此,需要建立更加紧密的合作关系,探索更加紧密的合作内容,从学校管理方式、教师队伍建设、课程资源共享、特色品牌建设、发展平台建设、校舍场馆资源共享,甚至招生制度等多个方面,助力实验校改进。实验校也要充分利用这个机会,梳理好发展需求,积极参与相关活动,在合作共建中实现跨越式发展。

(二) 内力激发

外力支持为学校改变提供了可能。但任何学校变革,最终能够产生持久作用的还是内因。激发学校办学活力,提升学校办学内涵,这是强校工程的重中之重。《强校工程意见》安排的任务(六)激发自主办学活力提出,坚持外部支持与激发学校自主办学活力相结合;坚持简政放权,减少对学校不必要的检查、评估,依法保障"实验校"充分的办学自主权。"实验校"在有效利用外部支持的同时,充分利用专业资源,集聚学校教职工的实践智慧,制定本校"强校工程"三年实施规划,明确目标、时间表、路线图和具体实施项目。完善学校治理方式,激发教职工积极性和创造性,推进学校开放办学,形成学校、家庭、社区合力育人格局。坚持创新与规范相结合,"实验校"要积极落实本市高中阶段学校考试招生制度改革要求,主动开展创新性教学和研究。要树立正确的教育质量观,增强底线意识,在规范中求创新,在创新中求突破。激发自主办学活力的任务由市教委、区教育局、支援校与实验校共同完成。市教委和区教育局重点要做的是简政放权,为实验校自主办学提供保障。实验校则要优化学校治理方式,主动开展教学创新和综合改革,激发学校自主办学活力。支援校则为实验校提供资源和策略。

三、行政支持与专业支持并重

(一) 行政支持

行政支持是能够为强校工程实验校带来根本变化的保障。强校工程这项工作正是由行政推动的,是上海当前义务教育改革有效举措的集成应用实验,其政策支持力度之大,可谓前所未有,《强校工程意见》提出将"强校工程"与"名校长名师培养工程"相结合、与紧密型学区化集团化办学相结合、与落实推进本市高中阶段学校考试招生制度改革要求相结合的"三个结合"指导思想就是典型的表现。行政支持为强校工程的实施营造了一个良好的氛围,也为强校工程实验校带来了前所未有的实惠,尤其是领导重视与资源优化,加速了实验校的改进进程,让实验校发展迈上"快车道"。《强校工程意见》在任务(四)优化教育资源配置中明确指出,各区要加强财力统筹,保证"强校工程"建设经费投入,并向实验校倾斜;市教委建立"强校工程"专项经费,重点支持实验校内涵建设,确保其课程教学改革、师资队伍培养、特色建设及相关配套设备添置等经费需求。

(二)专业支持

专业支持是实验校实现内涵发展的重要支撑。《强校工程意见》明确提出任务(三)专家全程专业指导。其内容包括市教委牵头成立市级专家指导团队对各区"强校工程"实施方案和实验校三年实施规划进行论证,对各区实施"强校工程"进行专业指导。各区教育局应整合区域内专业资源,建立区级指导专家团队,并根据实验校发展需要,为每所实验校配备不少于3名指导专家,在进行初态评估的基础上,指导实验校制定学校三年实施规划,形成"一校一策",并给予全程专业指导。将实验校建设成为教育科研基地校,指导学校完善日常教育科研机制,推进优秀成果在实验校的转化应用与合成再造。建立激励机制,保障市、区教育科研人员深入实验校,提供专业支持,开展蹲点实践研究。

专家全程专业指导的任务由市教委和各区教育局共同完成。市教委牵头成立市级指导团队,区教育局为每所实验校配备至少3名指导专家。各级指导专家都有明确的指导任务,共同从专业上支持强校工程的推进。与此同时,还要充分发挥区级教师研训机构的指导作用,从教研、科研等方面,加强对实验校课堂教学与教育科研方面的指导,充分发挥优秀成果的转化应用与辐射作用,帮助实验校获得更好的发展。

四、当前工作与长期效果并重

(一)当前工作

2018年,适逢上海启动新中考改革,学校面临一些新的教育挑战,比如历史和政治被纳入中考计分项目、增加基于地理与生物学科的跨学科测试、理化生实验操作考、学生综合素质评价、社会实践与生涯辅导等。这些问题是所有初中学校都要面临且必须加以有效应对的,对强校工程实验校来说更加不易。为此,如何帮助实验校尽快适应新的教育形势发展要求,让实验校的教育质量迈上一个新台阶,《强校工程意见》提出了"与落实推进本市高中阶段学校考试招生制度改革要求相结合"的思路,并在"主要内容"里提出,实验校要紧密对接本市高中阶段学校考试招生制度改革要求,以学生核心素养培育为目标,完善学校课程实施方案,深化教学改革,优化学生综合素质评价,提升教育教学水平。《强校工程意见》在任务(五)深化课程教学改革中明确提出,要充分利用校内外各种资源,开齐开足各类课程,广泛开展学生综合实践活动,加强学生社会责任感、创新精神和实践能力的培养,为不同需求的学生提供可选择的综合学习经历,提高学生综合素养。要优化学生综合素质评价,突出社会考察、探究学习、职业体验等综合实践活动的记录。实施"课程领导力项目初中百校工程",聚焦课堂教学、课程计划编制、教研活动组织、特色课程建设等学校内涵发展核心主题,开展集群研究,深化实践探索,提炼策略方法,搭建分享平台,促进智慧传递,提升实验校课程品质和教学水平。《强校工程意见》在任务(四)优化资源配置中明确提出,重点保障"实验校"所需的校舍改造及听说测试教室、创新实验室、理科实验室建设和设施设备更新,满足开设丰富课程、转变教学方式的需要。

(二)长期效果

从学校变革规律来说,一项学校改进项目一般需要三至五年才能发生明显的改变。这种改变效果可能是短期的,但在强力政策的支持下,一定会对学校的某些方面带来积极的影响。另外,强校工程本身可能带来一定的实验效应,也会在学生发展、教师队伍建设、校舍面貌等方面有所体现。但是,任何一个改进项目都有结束的时候,政策支持力度再大,也有停止的时候。如何保持强校工程实验校具有持续发展的能力,一方面需要形成相应机制,从外部条件优化学校办学生态;另一方面需要增强学校自主发展能力,从"输血"到"造血"。因此,《强校工程意见》设计的各项任务,既有指向当前要解决的短期任务,也有更多指向学校可持续发展能力建设的任务。教师队伍优化、课程优化、特色建设、学校管理优化,以及学区集团办学、专家支持等多方面的任务,都指向学校能力建设,指向学校发展活力的激发。

第五节 公办初中强校工程的保障设计

《强校工程意见》提出了七项保障措施,通过政策创新与组合实施,保障各项支持政策落到实处,有效解决强校工程推进中的难点与痛点,为实验校的发展改进奠定坚实的基础,同时也能发挥政策溢出效应,对进一步优化初中教育生态产生积极影响。这七项保障措施大致可以分为三类:人力资源保障、财力资源保障、管理机制保障。

一、人力资源保障

(一) "双名工程"保障

《强校工程意见》提出,第四期"双名工程"培养对象遴选与"强校工程"相融合,名校长和名师培养对象在培养期间应有在实验校专职从教 3—5 年的经历。将"双名工程"与强校工程结合,可以为实验校带来更多优质教师,并以此为契机,发挥辐射引领作用,带动实验校更多教师的专业成长。

(二) 教师职称评审保障

《强校工程意见》提出,在中学高级职称评审上,探索初高中分开评审,并适当向初中倾斜。传统上,在中学高级教师评审中,初中教师处于劣势,晋升机会相对少,这影响了初中教师的发展积极性和工作热情。在中学高级教师职称评审中,将初高中分开评审,将有助于增加初中教师的职称晋升机会,对优化初中教师队伍具有重要的影响作用。

二、财力资源保障

(一) 专项经费保障

《强校工程意见》提出,建立"强校工程"专项经费,重点用于实验校校舍改造、专用教室建设、设施设备更新、特色课程建设等项目。专项经费保障可以让实验校获得教育资源配置优先权,获得超越常规的发展进程,加速学校办学条件的改善,从外在形象上,让校园焕然一新,增强社会对学校的积极评价;从内涵建设上,优化与课程教学相关的设施设备,有利于教学效果的提升。

(二) 绩效奖励保障

《强校工程意见》提出,绩效工资区域统筹部分可根据实施情况,有一定比例向实验校倾斜,调动学校教职工的工作积极性。绩效奖励保障对实验校发展具有积极的促进作用。在绩效工资背景下,教师参与教育变革的积极性受到一定影响,校长的激励手段不多。绩效奖励倾斜政策,对调动学校教职工的工作积极性具有重要的激发作用,让老师能够有更多获得感,有助于教育变革的深入推进。

三、管理机制保障

(一) 奖励机制保障

《强校工程意见》提出,对参与实验校建设并取得实效的学区或集团牵头校、委托管理支援校给予奖励,这是从机制上激发优质学校参与强校工程的积极性。强校工程是政府牵线搭桥,为实验校找到适合的支援校,营造良好的发展生态。强校工程实验校需要优质学校的帮扶,优质学校的努力付出也应该得到认可与鼓励。

(二) 升学机制保障

《强校工程意见》提出,探索学区、集团招生改革,适度扩大中本贯通、中高职贯通招生计划,为毕业生提供更好的升学机会。这是从升学机制方面保障初中教育公平发展,扩大随迁子女升学通道,进一步促进随迁子女较多的学校的良性发展,维持教学稳定性。

(三) 宣传机制保障

《强校工程意见》提出,加大宣传力度,在有关媒体上开辟专栏,对实验校的工作进展和亮点进行集中报道。这是从宣传报道角度加强对强校工程的支持,通过官方媒体的正面宣传,扩大强校工程的社会影响力,树立强校工程的积极形象。

第五章　实践历程：公办初中强校工程的五年回顾

公办初中强校工程从 2018 年 7 月正式启动，2023 完 9 月完成全部区域和学校的绩效评估复核指导，前后整整五年时间。在市、区、校的共同努力下，强校工程顺利实施，并取得了较好的实践效果。本章简要回顾了上海公办初中强校工程的五年实践历程，为这项工作留下历史印记。

第一节　实验校的发展基础

上海市公办初中强校工程确定了 128 所实验校。这些实验校绝大多数都是发展相对困难的学校。这些学校是如何选择的，都有哪些特点，下面将作简要介绍。

一、实验校的选择标准

强校工程实验校的确立过程是一个自下而上自主申报与上下结合协商确定的过程。

从自下而上自主申报的角度看，由各区组织学校自主申报，区教育局向所有初中学校明确强校工程的意义与价值，明确强校工程的目标任务，然后根据学校的发展意愿，自主申报成为强校工程实验校，最后由上级部门批准。自主申报体现了学校发展的主动性，这是学校变革成功的基础。

从上下结合协商确定的角度看，市教委基教处明确提出，要将办好家门口的每一所初中作为总体目标，为此，提高底部初中办学质量是本次强校工程的重中之重，将底部学校全部纳入强校工程实验校范围内，不能有遗漏。

到底什么样的学校才算作底部学校呢？这涉及一个选择标准，也反映出一种教育质量观。上海市教委基教处与上海市教科院普教所项目组召开了相关座谈会,并深入浦东新区教育局进行实地调研,听取意见。有三个指标受到了重点关注:一是初中学业考试合格率。大家普遍认为,让每一名学生达到初中毕业要求,这是初中学校的基本责任。为此,合格率偏低的初中学校必须被纳入实验校范围。二是中小学"绿色指标"测试结果。"绿色指标"是上海市教委实施的一项学校评估项目,是一所学校教育质量的综合反映,不仅仅有学业质量方面的指标,还有反映学生身心发展、教育教学过程、家长满意度等方面的指标。为此,"绿色指标"测试结果是遴选强校工程实验校的重要依据。三是对口生源流失率。正常情况下,对口生源流失率高,意味着家长对学校认可度相对较低,教育质量肯定存在一定问题。而对口生源流失率又与随迁子女比例相关。随迁子女比例高的学校,相对来说,教育质量也较差。然而,随迁子女的比例有时不是学校可以控制的,可能与教育局的安置方式有关。因此,对口生源流失率可以作为一个重要参考。以上三个指标可以归结为两个重点关注:一是关注学生学业质量,这是最重要的指标,也是核心指标,强校工程就是要在提升学生学业质量方面有突破,从而满足家长与社会的高质量教育需求。二是关注教育公平,让所有学生,包括随迁子女学生,都能享受公平而优质的初中教育。

在学校自主申报、区域推荐与市教委确认的基础上,经过两轮申报,最终确立了128所学校作为强校工程实验校。实验校数量最多的是浦东新区,有19所,实验校最少的是长宁区,有3所。具体名单见附录。

表5.1 各区强校工程实验校数量

区域名称	实验校数量(所)
浦东新区	19
嘉定区	12
松江区	11
闵行区	11
奉贤区	10
宝山区	10
崇明区	8
杨浦区	7
徐汇区	6

续 表

区域名称	实验校数量(所)
青浦区	6
金山区	6
黄浦区	5
静安区	5
虹口区	5
普陀区	4
长宁区	3
合计	128

二、百所强校工程实验校基本情况

2018年,各区推荐了共128所学校作为强校工程实验校。各实验校根据要求填写了《上海市加强初中建设实验校情况表》。经过分析,在百所强校工程实验校中,乡村学校多、小规模学校多、随迁子女学生占比较高的学校多,学生学业水平考试合格率有待提升,升入职业高中的比例偏高,专任教师中成熟教师多,但高级教师、研究生学历教师、市区骨干教师比例偏低,生师比低。

(一) 乡村学校占四成以上,小规模学校较多

在124所[1]实验校中,乡村学校比例较高,有52所,占41.94%。其中,崇明区(8所)和金山区(6所)的实验校都是乡村学校。

在校生总数方面,最少的学校仅有106名学生,最多的学校有2901名学生。毕业班学生数最少的只有12名学生。其中,200人以下的小规模学校有12所,200—300人的学校有20所,1000—2000人的学校有8所,2000人以上的学校有1所。

(二) 校长"双肩挑"超四分之一

校长队伍中,只做校长的有80人(占64.5%),校长、书记双肩挑的有35人(占28.2%),校长兼副书记的有4人(占3.2%)。另有5所学校暂时没有正校长,负责人是书记、书记兼副校长或副校长(主持工作)。

---

[1] 以下数据是124所实验校的情况。另有4所学校的《上海市加强初中建设实验校情况表》在统计分析时没有收到。

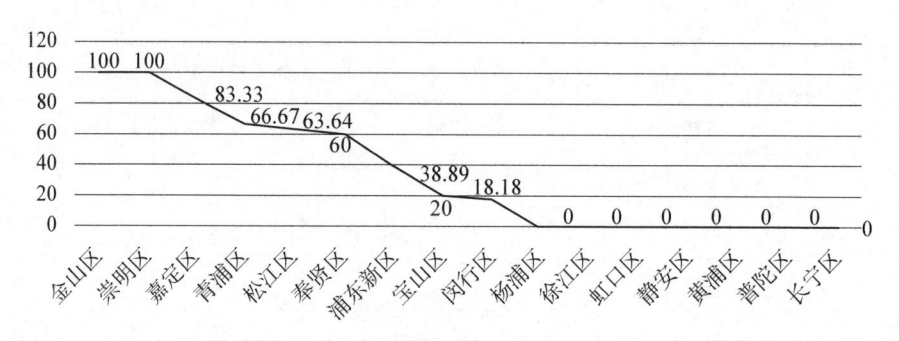

图 5.1　乡村学校在实验校中的占比(%)

(三) 教师队伍中成熟教师多,研究生学历比例偏低

124 所实验校中,专任教师实际数最少的是 24 人,最多的是 164 人,学校规模差异较大。

从教师队伍配置看,高级教师比例平均为 13.55%,成熟教师多(40—49 岁教师比例最高,超过三分之一),研究生学历教师比例偏低(占 12.48%),市区骨干教师比例偏低(占 12.88%)。

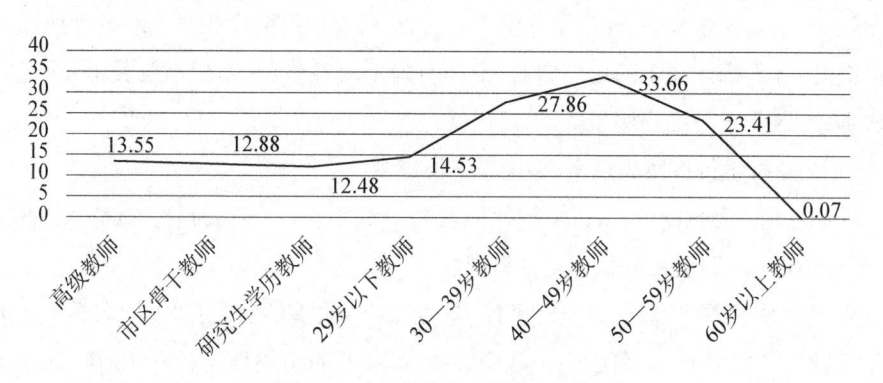

图 5.2　实验校教师配置情况(%)

(四) 随迁子女学生比例较高,学生学业水平考试合格率有待提升,一半学生将升入中职

实验校随迁子女学生比例较高(占 44.98%),有两所学校的学生全部都是随迁子女。

在学生发展方面,学业考试合格率 100% 的有 51 所;合格率低于 95% 的学校有 31 所,其中合格率在 70.00%—79.99% 的有 2 所,在 80.00%—89.99% 的有 8 所,

90.00%—94.99%的有21所;95.00%—99.99%的有37所。有5所学校没有报告合格率。结果提示,提高学业考试合格率仍然是部分实验校的重要工作。

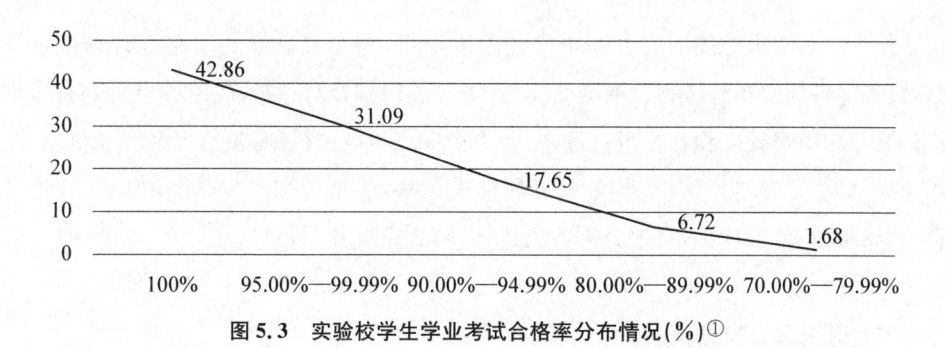

图5.3　实验校学生学业考试合格率分布情况(%)①

从实验校学生升学情况看,升入职业学校的学生比例较高(49.99%)。

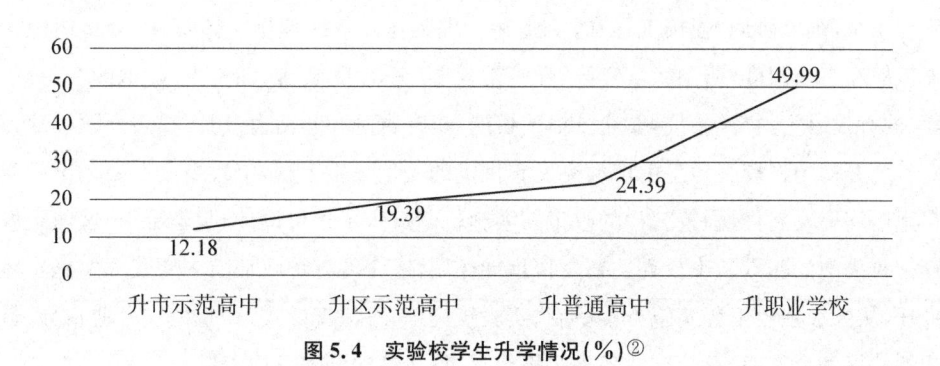

图5.4　实验校学生升学情况(%)②

(五) 实验校生师比较低

生师比方面,实验校均值为7.93,其中最小的仅有2.01,最大是43.3。总体来说,很多实验校呈现教师多学生少的趋势。

从招生与毕业人数之比看,实验校招生数是毕业人数的1.77倍。这可能有两个原因:一是随迁子女比例高,到了初三毕业之时,一些随迁子女返乡读书,造成实验校毕业人数减少;另一个可能的原因是初中生源开始增加,这更加凸显了强校工程的意义,要为更多学生提供更高质量的教育机会。

---

① 注:此图数据以有数据报告的119所学校为基数进行统计分析。
② 注:由于部分学校没有填报相关数据,每类高中数据的计算基数不统一,造成了全部实验校四类学校平均数据加总时出现误差,总数不等于100%,但是总体情况不受影响。

第二节　强校工程推进策略

作为一项全市范围的公办初中学校改进项目,需要有良好的顶层设计与推进策略,以确保各项改革任务得到有效落实,改革经验得到及时总结,改革成果得到有效推广。公办初中强校工程在推进过程中,着力形成三项推进机制,包括市区联动机制、全程指导机制、督导与评估机制,采取五项推进策略,包括规划引领、联动发展、项目结合、典型示范、增值评估,有序开展各项工作,圆满完成各项预定任务。

一、形成三大推进机制
（一）市区联动机制

《强校工程意见》提出,市级统筹与以区为主相结合。市教委建立"强校工程"建设领导小组,统筹协调"强校工程"的实施和管理工作。各区承担主体责任,健全组织领导机构和工作制度,研制区域实施"强校工程"方案,统筹资源,加大投入,保障"强校工程"的有效落实。"实验校"要充分抓住机遇,提升自身办学活力,切实提高办学质量。

公办初中强校工程是由市教委发布推进的一项民生工程,市教委立足推动义务教育优质均衡发展,对强校工程的政策与实施机制进行了顶层设计,明确了市、区两级教育行政部门的职责。市教委主要发挥指导作用,区级教育行政部门主要发挥实施主体责任,从区级强校工程实施方案研制、实验校遴选、各项支持政策的落实、专业指导、督导评估等多个方面,有效落实各项政策要求,创造性地开展各项工作。

市区联动推进强校工程,一方面,市教委基教处发挥领导、指导、评估功能,比如,推动各区研制强校工程实施方案,推动各强校工程实验校研制三年发展规划,开展强校工程中期评估与终结性绩效评估;另一方面,各区教育局发挥主体责任,整合各方资源,主动推进各项工作有序落实,并创造性开展相关工作,为实验校改进提供有力保障和支持。各区教育局一方面按照市教委的相关部署开展工作,接受市教委基教处的工作指导;另一方面,各区教育局推进的节奏、落实的举措等,都可以有自己的特点,呈现出一种差异化发展的格局。

市区联动机制的关键是联动,即指向实验校的质量提升,市、区、校三方各司其职,联合行动,整合各方资源,协同推进,劲往一处使,最终实现预定目标。

（二）全程指导机制

《强校工程意见》提出，专业培训与交流宣传相结合。组织开展"实验校"校长三年集群式培训，切实提高校长的教育理论水平和专业领导水平。市、区开展交流展示活动，分享区、校典型经验和做法。开展"家门口的好初中"专题宣传，形成全社会理解、支持实施"强校工程"的良好氛围。依托市教科院普教所定期编发《初中"强校工程"工作专报》，发挥指导、交流、督促的功能。

大多数强校工程实验校长期以来处于发展的底部区域，较少受到领导和专家的关注，学校和教师的发展受到一定影响。上海市强校工程实施方案提出"专家全程专业指导"的任务，内容包括：一是市教委牵头成立市级专家指导团队，对各区"强校工程"实施方案和实验校三年实施规划进行论证，对各区实施"强校工程"进行专业指导。二是建立区级指导专家团队。各区教育局应整合区域内专业资源，根据实验校发展需要，为每所实验校配备不少于3名指导专家，在进行初态评估的基础上，指导实验校制定学校三年实施规划，形成"一校一规划"，并给予全程专业指导。三是将实验校建设成为教育科研基地校，指导学校完善日常教育科研机制，推进优秀成果在实验校的转化应用与合成再造。建立激励机制，保障市、区教育科研人员深入实验校，提供专业支持，开展蹲点实践研究。

在具体实施中，市教委每年举办全市的强校工程会议，开展实验校校长集群式培训，切实提高校长的教育理论水平和专业领导水平。市教委采取片区展示活动方式，将全市16区分成四个片区，每个片区包括四个区，由张民生、尹后庆、瞿钧、李骏修等四位市教委老领导分别担任四个片区的专家组长，带领市级专家团队分赴各区开展现场指导活动。市级专家在强校工程之初，进行实验校的三年发展规划指导，在强校工程中期进行现场中期评估指导，在强校工程结束时进行绩效评估复核指导。市级专家组高屋建瓴，对国家教育发展方向和国际教育趋势比较熟悉，在专业指导过程中对实验校发展起到了较好的引导作用。

区教育局对实验校的专业指导更加常态。一方面，充分发挥区级研训机构的专业优势，开展教学视导，为实验校发展问诊把脉；通过科研项目引领和研究指导，帮助学校形成科研成果；通过专项督导，促进各项举措落到实处，为实验校发展提供建议；通过组织市区级展示交流研讨会议，分享强校工程典型经验，为实验校发展提供相互学习的机会。另一方面，各实验校充分发挥区级指导专家的作用，邀请区级指导专家全程参与学校发展规划的制定、实施与评估工作。有些区域安排了教研员、科研员的蹲点指导,加强实践研究,近距离、多频次地帮助学校和教师发展。

(三) 督导与评估机制

《强校工程意见》提出,督政督学与专业评估相结合。市教委将"强校工程"列入对各区教育工作的考核指标中,纳入各区的教育督政范围内。各区教育督导部门要开展"强校工程"建设专项督导。

有了以上的督导与评估机制,就能将各区政府的办学主体责任进一步明确,从根本上保障各区教育局对强校工程的重视程度,促使他们全力落实相关政策要求和工作部署,对工作中存在的困难,他们也会创造性地加以解决和落实。

除此之外,市教委文件规定,开展对实验校的增值评估和对牵头校(支援校)的辐射引领评估,对表现突出的学校和个人给予适当的奖励。这就意味着督导与评估机制不仅是对区域和学校工作的一种监督,也建立了一种正向激励机制,鼓励学校和教师积极参与强校工程。

督导与评估是一种专业行为,通过科学评估,可以及时发现强校工程实施的问题与经验,并及时反馈到学校改进之中,强化保障,优化管理,为强校工程的组织实施与政策落地保驾护航。同时,督导评估指标具有重要的导向作用,引导区域和学校在强校工程实施过程中明确政策要求、工作内容、重要关注,从而增强区域和学校实施强校工程的主动性、自觉性、专业性。区域和学校的自评过程,也是一种梳理提高的过程,督导评估的反馈建议可以为区域和学校实施强校工程指引方向,及时调整工作重心,加大重点任务的落实和工作难点的突破。

二、采取五大推进策略

(一) 规划引领

强校工程的实施首先是从研制区域和学校强校工程实施方案开始的。开展实施方案和发展规划研制,做好强校工程的顶层设计,既需要形成一个文本材料,有一个施工蓝图,更重要的是要发挥好过程性作用,提高各级领导和相关人员的重视程度,激发相关人员的参与积极性和主体责任感。这是一个集思广益、集聚改革智慧的过程。只有这样,才能找准学校变革的撬动点,明确各方主体责任和改进路径,并集中力量攻坚克难。

首先,各区教育局根据市教委强校工程实施意见,结合区情,制定本区的强校工程实施方案,由市教委组织市级专家组论证通过。各区教育资源和强校工程实验校数量不同,在实施强校工程过程中难度也有差异,需要各区教育行政部门集聚资源,创造性地开展工作,以使强校工程成为一个重要的抓手,推动整个初中教育质量提升。

接着,各强校工程实验校在区教育局和区级指导专家的帮助下,研制本校的三至五年发展规划。《强校工程意见》明确提出,按照"精准施策、注重内涵、提升质量"的思路,各实验校在进行初态评估的基础上研制本校三年发展规划,找准发展问题,明确发展起点,确定发展方向与重点项目,落实年度工作任务。在发展规划研制过程中,要做到两个结合:一是专家指导,借助外部力量,提高学校发展诊断的科学性、发展任务的针对性。二是民主参与,要发动广大教师积极参与,激发教师的主体意识和发展智慧。

(二) 联动发展

强校工程实施主体多元,包括市区教育行政管理部门、强校工程实验校、区级研训机构、牵头校(支援校)、市区级指导专家,多方主体都承担一定的责任,也都有各自的优势。在强校工程推进过程中,多元主体形成了一个学校改进共同体,围绕强校工程实验校的发展目标,齐心协力,联动发展。

联动发展要紧紧围绕实验校质量的提升这个核心,处理好主体与客体的关系。市区联动要以区为主,区域要发挥办学主体责任与能动性,主动开展工作,全面落实各项任务;学校发展要充分借助外力帮助,但是要重视学校自主发展能力的建构,形成学校改进的常态化机制。牵头校(支援校)对实验校的帮扶要盘活优质资源,要充分尊重实验校的发展需求,提供针对性的帮扶行动。

(三) 项目结合

从学校改进过程看,设计内涵发展项目,在项目引领下推进学校变革,这是被多所学校验证的有效路径。在推进强校工程过程中,市教委主要通过"三个结合",即与"双名工程"、学区化集团化办学、中考改革相结合,给实验校提供更多发展机会和资源配置,让学校在参与项目中获得发展。各区教育局也设计了具有区域特色的教改项目,将强校工程实验校纳为项目学校,参与全区的教改行动,在此过程中,实验校获得了更多展示交流、专家指导的机会。比如,青浦区提出了"五强行动",从"强课堂、强作业、强教研、强底部、强评价"五个方面,带领实验校创新举措、重点突破。松江区实施薄弱学校教学质量提升"攻关项目"。奉贤区依托"奉贤区中小学教学工作品质提升"项目,组织初中学段的全体教研员对品质提升校定期开展教学视导工作。崇明区依托第四轮"主动·有效"课堂工程,以提升实验校的教育教学质量为核心,致力于创设"主动学"的时空,推进教学过程的多向互动。各实验校也在研制三年发展规划时,明确了内涵发展项目,通过项目推进,培养教师,改进课程与教学。比如根据实验校校情、学情差异和各校项目规划,区级层面确立了"7+X"重点发展项目:"7"指学校干部培养、教师发展、学生成长、资源配置、课程教学、教育科研、特色建设7个指定项目;"X"指根据学校实际发展需要,自选的1—2个项目。区教育局组织专家组对"实验校""一校一策"进行初态评估、中期指导,在找准各校发展切入口的基础上确定重点措施,对标各项任务目标以了解各阶段学校项目进度。

(四)典型示范

强校工程是一项新的政策实践,区域推进和学校实践中都没有现成的经验可以借鉴,为此,要想把好的政策真正落地,起到好的效果,非常需要有典型经验的示范引领,以加速学校改进的步伐。在典型示范方面,强校工程主要从以下几个方面进行。

一是采取片区推进方式。将16个区划分为四个片区,各片区设专家组长1名、联络员1名、专家若干名。在区域强校工程实施方案论证、学校发展规划指导、中期评估与展示活动、终期发展绩效评估、校长集中专题培训等活动中,均采取片区活动方式,以典型区域、典型学校、典型经验的交流与展示,为其他区域和学校发展提供借鉴与参考。

二是采取专题培训方式。在每年的校长专题培训中,首先遴选具有典型意义的经验,然后在大会上进行交流发言,通过这种方式拓宽学校发展思路,提供发展策略。

三是采取现场展示会方式。各区教育局根据强校工程进展,每年组织强校工程展示交流会议,在区域层面推广优秀经验。

(五)增值评估

由于大多数强校工程实验校的基础相对薄弱,教育质量近年来处于各区初中底部区域,在短期内要想达到较高水平显然不够现实。但是,强校工程的目标是实现四个"明显"的提升,这就确立了强校工程的政策目标是指向学校的改进,关注学校的发展与提升效果。为此,采取增值评估、以评估结果引导学校持续改进,既是一种符合实际的评估方式,也能最大限度地激发学校的发展动力。

市级层面的评估包括中期评估和终期绩效评估。上海市教科院普教所与市教委基教处联合研制评估指标与评估方法。各区根据市教委的评估方案,再结合本区情况,形成本区的绩效评估方案。一些区域形成了每年评估一次的机制,分析实验校的进步情况,提出下一步的改进建议。

第三节　强校工程实践历程

强校工程自2018年7月启动,历经五年实践,大致分为四个阶段:启动阶段、实施阶段、绩效验收评估阶段、经验总结与推广阶段,具体如下。

一、启动阶段(2018年7月—2019年3月)

(一)召开强校工程启动会议,遴选强校工程实验校

2018年7月2日上午,上海市教委专门召开"第四期上海市普教系统名校长名师培养工程"暨"上海市百所公办初中强校工程"工作会议,时任上海市副市长翁铁慧出席会议并作工作部署。上海市教委当日发布了《关于实施百所公办初中强校工程的意见》,着力通过制度创新、政策支持和项目化实施,聚焦质量提升,把百所公办初中办成"家门口的好初中",从而带动面上公办初中全面提升办学水平。这是上海市教育部门以习近平新时代中国特色社会主义思想为指导,贯彻落实党的十九大精神和上海市委、市政府关于本市基础教育综合改革的决策部署,进一步提升本市义务教育优质均衡水平的重要举措。会议强调,要把优质均衡发展作为基础教育的价值追求,坚持公平和优质同布局、同推进,始终把托高底部水平作为促进基础教育优质均衡的重中之重。第一批进入强校工程的实验校有116所,第二批增加12所,共128所学校被确立为强校工程实验校。

(二)组建市级专家组,承担全程指导工作

2018年11月20日,上海市教委发布通知,决定成立上海市公办初中强校工程专家工作组,聘期5年(2018年7月2日—2023年7月1日)。市级专家组由四位市教委老领导领衔的22名资深专家构成,承担全市强校工程实施指导工作。

(三)各区研制本区实施方案,组建本区强校工程领导和管理机构,落实强校工程各项任务

各区教育局根据市教委强校工程文件精神,结合本区实际情况,研制本区实施方案,组建本区强校工程领导和管理机构,落实各项支持政策,推出本区创新举措,明确各方主体任务与责任。市教委组织市级专家组分成四个片区对各区实施方案进行可行性论证,指导各区科学、有效落实相关政策要求。

第一片区包括徐汇、松江、青浦、奉贤四个区,专家组长由市教委原副主任张民生担任;

第二片区包括普陀、浦东、杨浦、崇明四个区,专家组长由市教委原巡视员尹后庆担任;

第三片区包括黄浦、静安、嘉定、金山四个区,专家组长由市教委原副主任瞿钧担任;

第四片区包括长宁、虹口、宝山、闵行四个区,专家组长由市教委原副主任李骏修担任。

(四)各实验校研制本校强校工程三年发展规划,明确重点实施项目

区教育局组织各实验校结合校情分析,研制本校三年发展规划,并安排区级专家进行论证指导,帮助实验校找准发展突破口,明确发展路径和重点项目,细化三年规划"施工图"。接着,市教委组织市级专家组分四个片区到16个区开展入校指导,帮助实验校进一步明确强校工程的理念和新时期初中教育改革的重点任务,提供发展策略,树立发展信心。

表5.2　2018年市级专家组现场指导活动安排(第一批)

时间	地点
11月12日(星期一)上午 9:00—12:00	黄浦区清华中学
11月12日(星期一)下午 1:30—4:30	金山区松隐中学
11月13日(星期二)上午 9:00—12:00	虹口区教育学院附属中学
11月13日(星期二)下午 1:30—4:30	宝山区吴淞第二中学
11月14日(星期三)上午 9:00—12:00	徐汇区田林第二中学
11月14日(星期三)下午 1:30—4:30	奉贤区古华中学

表5.3　2018年市级专家组现场指导活动安排(第二批)

时间	地点
11月26日(星期一)上午 9:15—12:00	静安区彭浦第四中学
11月26日(星期一)下午 1:30—4:30	嘉定区启良中学
12月3日(星期一)上午 9:15—12:00	松江四中初级中学
12月3日(星期一)下午 1:30—4:30	青浦区金泽中学
12月5日(星期三)上午 9:15—12:00	长宁区虹桥中学
12月5日(星期三)下午 1:30—4:30	闵行区颛桥中学

续表

时间	地点
12月10日(星期一)上午9:15—12:00	浦东新区建平中学南校
12月10日(星期一)下午1:30—4:30	崇明区长明中学
12月11日(星期二)上午9:15—12:00	普陀区兴陇中学
12月11日(星期二)下午1:30—4:30	杨浦区包头中学

二、实施阶段(2019年4月—2022年11月)

一是实验校根据三年发展规划,开展强校工程各项工作。实验校积极争取政策资源,合理使用专项经费,大力依托学区或集团力量,充分利用专家资源,采取规划引领、项目推进的方式,全方位、全过程开展精准改进。

二是各区根据实施进展,开展教学视导、现状调研、专业指导、展示交流、宣传推广、督导与评估等各项工作,为实验校提供强有力的专业支持。

三是市教委基教处组织市级专家组分四个片区进行入校指导工作。通过视察校园、课堂观摩、听取汇报、访谈交流等多种方式,准确把握实验校发展现状与问题,提出有针对性的指导意见,推动实验校聚焦内涵与质量,找到发展的撬动点和增值点。

表5.4　2019年市教委组织的片区指导活动安排

片区	组长	实地指导学校	活动时间
一片区 (徐汇区、松江区、青浦区、奉贤区)	张民生	徐汇区紫阳中学	4月23日下午1:30—4:00
		松江区泖港学校	5月6日下午1:30—4:00
二片区 (浦东新区、普陀区、杨浦区、崇明区)	尹后庆	杨浦区三门中学	4月18日上午9:00—11:30
三片区 (黄浦区、静安区、嘉定区、金山区)	瞿钧	静安区彭浦第三中学	4月25日下午1:30—4:00
		嘉定区练川实验学校	5月30日下午1:30—4:00
四片区 (长宁区、虹口区、宝山区、闵行区)	李骏修	虹口区霍山学校	4月18日下午1:30—4:00
		宝山区呼玛中学	5月8日下午1:30—4:00

四是召开强校工程推进会暨校长培训会议。每年举办面向全市百所实验校校长的专题培训会议,一方面交流实验校强校工程进展与典型经验,另一方面通过专家指

导明确拓展校长办学视野,明确下一步工作重点。

五是开展强校工程实验校中期评估工作。2020年12月至2021年1月,市教委组织市级专家组分四个片区对123所公办初中强校工程实验校办学情况进行中期评估,形成了一区一评估报告。中期评估旨在全面把握全市强校工程进展情况,挖掘强校工程典型经验和做法,发现强校工程推进中的突出问题,提出强校工程实施改进对策建议,推动强校工程顺利实施并取得实效。中期评估以七个主要任务落实情况为主要评估内容,包括8个一级指标、37个参考点。

表5.5 中期评估工作具体时间安排

组别	区域	实验校数量	时间
第一组 (组长:张民生)	徐汇区	6	2020年12月15日下午
	青浦区	6	2020年12月21日全天
	奉贤区	10	2020年12月22日全天
	松江区	11	2020年12月24日全天
第二组 (组长:尹后庆)	杨浦区	7	2020年12月21日下午
	崇明区	8	2021年1月6日全天
	普陀区	4	2020年12月24日上午
	浦东新区	18	2021年1月4日全天 2021年1月5日上午
第三组 (组长:瞿钧)	黄浦区	3	2020年12月14日上午
	静安区	5	2020年12月14日下午
	嘉定区	12	2020年12月15日全天
	金山区	6	2020年12月16日全天
第四组 (组长:李骏修)	长宁区	2	2020年12月14日上午
	虹口区	5	2020年12月14日下午
	宝山区	10	2020年12月15日全天
	闵行区	10	2020年12月16日全天

注:最初的128所实验校中有5所实验校已经并入优质初中学校,目前余下123所。

三、绩效验收评估阶段(2022年11月—2023年9月)

2022年11月,启动强校工程绩效评估工作。

一是研制强校工程绩效评估方案。市教委联合市教科院项目组共同研发强校工程评估方案,确定强校工程三级评估体系,包括学校自评、区域评估认定及市级复核指导三个阶段。评估方案突出区域办学主体责任,突出增值评价原则,突出过程评价方法,聚焦建成"家门口的好初中"。评估指标由4个一级指标(强校政策落实、办学绩效增值、自主发展能力、区域特色指标)、12＋X个二级指标、44＋X个三级指标构成,评估总分为420＋50分。

二是正式开展市、区、校三级评估工作。学校自评在2022年11月—12月完成,区级评估认定工作在2022年12月—2023年3月完成,市级复核指导工作在2023年3月—9月完成。

表5.6　2023年强校工程市级复核指导工作日程安排表

组别	区域	实验校数量	时间
第一组 (组长:张民生)	徐汇区	6	6月29日下午
	青浦区	6	3月22日全天
	奉贤区	10	5月31日全天
	松江区	11	4月26日全天
第二组 (组长:尹后庆)	杨浦区	7	6月19日下午
	崇明区	8	9月4日下午
	普陀区	4	8月29日下午
	浦东新区	18	8月25日下午
第三组 (组长:瞿钧)	黄浦区	3	7月3日上午
	静安区	5	5月24日下午
	嘉定区	12	6月28日全天
	金山区	6	5月16日全天
第四组 (组长:李骏修)	长宁区	2	6月26日上午
	虹口区	5	6月21日下午
	宝山区	10	6月27日全天
	闵行区	10	5月29日全天

四、经验总结与推广阶段(2022年11月—2023年8月)

一是开展强校工程优秀案例征集工作。2023年6月—8月,市教委组织开展强校工程优秀案例征集与评选工作。经专家评审,最终评选出区教育局优秀案例12个,实验校优秀案例45个,牵头优秀案例16个。这些案例主题鲜明,问题指向性强;经验典型,操作性强;效果显著,证据充分,较好总结了强校工程的亮点与特色。上海市教科院普教所强校工程推进项目组将优秀案例汇编成《我们这样改变学校——上海百所公办初中强校工程优秀案例集》(分两册,包括区域和支援校分册及实验校分册),为第二轮强校工程实施提供了很好的借鉴。

二是梳理强校工程典型经验。上海市教科院普教所强校工程推进项目组基于各区和实验校的自评材料,分类梳理强校工程典型经验,形成《学校改进的70个策略——上海市公办初中强校工程典型经验参考手册》。

三是开展强校工程实验校办学经验推广工作,通过上海市教委政务微信"上海教育"进行宣传,先后报道了18期,宣传了22所实验校,包括上海市第五中学、颛桥中学、松江六中、金陵中学、新云台中学、彭浦四中、三门中学、虹桥中学、长桥中学、宝山月浦实验学校、宜川附校、华江中学、古华中学、金卫中学、珠溪中学、裕安中学、吴迅中学、长兴中学、龙苑中学、金鹤学校、虹教实验中学、松江区华实初中等学校。

四是研制新一轮强校工程实施意见。上海市教委基教处与上海市教科院普教所联合研制新一轮强校工程实施意见。组织召开了多轮次区教育局中教科长座谈会、第一轮实验校校长座谈会、新一轮实验校校长座谈会,征求市教委各处室意见,形成了《上海市教育委员会关于实施第二轮公办初中强校工程的通知》,2023年8月向社会发布。在各区推荐的基础上,确立了79所学校为新一轮强校工程实验校。

第六章 增值评估：着眼学校可持续发展能力建设

上海市公办初中强校工程实验校的发展起点较低，学校改变也不可能一蹴而就。如何判断强校工程的政策效果，这是必须要回答的一个问题。增值评估作为近年来兴起的一项学校评估思想，正好可以用在强校工程的绩效评估上面。本章介绍了强校工程绩效评估的理论基础与实践创新，并基于评估证据说明强校工程的实践效果。

第一节 学校评估的研究进展

学校评估是现代教育管理体系的重要组成部分，也是教育评估的一种形式。国内外学者关于学校评估的研究成果丰硕，并形成了一些相对成熟的评估模式。本节简要梳理国内外学校评估实践与研究进展，为设计和理解强校工程绩效评估方案提供参考。

一、学校评估的发展历史

学校评估是现代各国普遍认可的有效的教育监督制度，是现代教育管理体系的重要组成部分，已经成为教育行政管理决策、执行和监督三个环节不可或缺的组成部分，对促进教育事业的发展和保障教育质量的提高具有重要的现实意义。

学校评估除了具有以监督、评价为核心所构成的权力因素，就学校内部来说，学校评估也是学校加强各项工作管理，实现发展目标，提高科学管理水平的有力手段，是衡量学校办学质量、进行科学管理、引导学校改进发展的重要路径。学校如果能以自我评估的形式，将教育教学工作与经常性的形成性评价相结合，就能充分发挥评估的多种功能，从而不断完善学校管理，改进各项工作，实现学校办学理想。

(一) 学校评估的概念

1. 教育评估与教育评价

无论在法律法规、行政文件还是日常工作中,"教育评价"与"教育评估"混同使用甚至并行使用的情况屡见不鲜。例如《国家中长期教育改革和发展规划纲要(2010—2020年)》中出现12次"评估"和25次"评价",2020年2月中共中央办公厅、国务院办公厅印发的《关于深化新时代教育督导体制机制改革的意见》中出现12次"评估"与4次"评价",2020年10月中共中央、国务院印发的《深化新时代教育评价改革总体方案》中出现9次"评估"和83次"评价"。[①]"评估"与"评价"的词义十分接近,两者均含有的"评"字的意思为"议论,评论;判出高下",具有主观推测、判断和认定之意。教育领域中被评事物往往相当复杂且价值多元,"评"的结果不太可能绝对精确且一致,因此国内学术文献和工作实践中经常出现"评估"与"评价"通用甚至并行使用的情况。[②]

有人认为,这两个概念不论在内涵还是外延上都是完全一致的,只是在不同的使用范围内,称谓有所不同。第一,教育理论界一般使用"教育评价"而不使用"教育评估"。第二,教育部发布的一些法规文件一般用的是"教育评估"这种称呼。第三,在教育实践领域,在具体的教育工作中,使用"教育评估"一词者居多,各地制定的一些方案一般都称作"评估方案",也有称"评价方案"者,但为数寥寥。[③]

随着教育评估实践的发展,有人对"教育评估"与"教育评价"的概念进行国外溯源与国内演进过程的分析,辨析其内涵发展变化以及两者的联系与区别。一般认为,"教育评价"(Educational Evaluation)作为科学概念是20世纪40年代美国教育专家泰勒(Ralph W. Tyler)经过八年新课程改革实验后首次提出的。20世纪80年代以后,另一个关键词"Assessment"(评估,评定,考评)井喷式出现并迅速成为热词。新版《牛津英语词典》中,"Evaluate"的意思是"form an idea of the amount, number, or value of"(得出关于……的数、数量、价值的认识),"Assess"的意思是"evaluate or estimate the nature, ability, or quality of"(评定或估计……的性质、能力或质量)。可见,"Evaluate"侧重于数、数量和价值,"Assess"着重于性质、能力和质量。[④]"评估"的概念范畴比"评价"更大,其不但包含了"评价"概念的核心——价值判断,而且更加关注

[①] 冯晖. 教育评价与教育评估辨析[J]. 上海教育评估研究,2022,11(05):26—30.
[②] 冯晖. 教育评价与教育评估辨析[J]. 上海教育评估研究,2022,11(05):26—30.
[③] 徐子军. 教育评估相关概念辨析[J]. 赤峰教育学院学报,2003(02):8—10.
[④] 冯晖. 教育评价与教育评估辨析[J]. 上海教育评估研究,2022,11(05):26—30.

获得判断依据的过程、完成判断之后的反思与改进过程、评估过程中与被评对象的交互作用。①

王萍与高凌飚在分析了教育评价的概念演变历史后认为,"教育评价"一词是一个极其复杂且多义的概念,对教育评价概念的理解是一个不断深化的过程。教育评价的概念从等同于教育测量、测验扩大到对课程、教学的关注,再到"考评是学习过程的一个完整的组成部分"。澄清"Assessment"和"Evaluation"这两个术语可以帮助我们更好地厘清当今文献中出现的各种相关概念之间的关系。②

基于对教育评估与教育评价概念的溯源分析,冯晖从评估(评价)对象、评估(评价)功能、评估(评价)指标、评估(评价)结果等四个方面提出了两个词的使用建议,认为就具体实践项目而言,究竟使用"评估"还是"评价"更为贴切,需要视项目中不同成分占据的比重而定。③ 有人认为,高等教育领域称评估的居多,基础教育领域称评价的居多,一些专项评估则称评审的比较多。在中外比较研究过程中,评价可以更多地对应于英文中的"Evaluation",而评估可以更多地对应于"Assessment"。④

根据《教育大辞典》的界定,教育评估是指根据既定的目的,确定相应的目标,建立科学的指标体系,通过系统地收集信息和定性、定量分析,依据客观的价值标准,对教育系统的功效和工作状态作出评议和估价的过程。⑤

2. 学校评估

学校评估是教育评估的一种形式,是针对学校的评估,它包括办学条件评估、教育教学评估、教师发展评估和学生发展评估等。参照上述"教育评估"与"教育评价"的概念辨析,学校评估不仅需要定量的测量数据,同时需要大量的定性描述与专家判断,因此,本书采用"学校评估"的概念,不再对"学校评估"和"学校评价"这两个概念作细致区分。

关于学校评估的概念,目前还没有一个统一的界定。刘永和认为:"学校评估是根据一定的评价目标,运用可行的科学手段,对学校办学过程及其效果进行价值判断的

---

① 冯晖.教育评价与教育评估辨析[J].上海教育评估研究,2022,11(05):26—30.
② 王萍,高凌飚."教育评价"概念变化溯源[J].华南师范大学学报(社会科学版),2009(04):39—43.
③ 冯晖.教育评价与教育评估辨析[J].上海教育评估研究,2022,11(05):26—30.
④ 袁益民.教育评估理论与实践:概念、构念和理念的中外比较(上)[J].高教发展与评估,2011,27(01):22—26+118.
⑤ 顾明远.教育大辞典[M].上海:上海教育出版社,1998.

过程。"①张东娇认为:"学校评估是使用一组评估指标评估学校的整体表现,系统地探究学校的优点与价值。"②沈玉顺认为:"学校评价是指评价人根据一定的标准,采用一定的评价方法,对学校的一项或多项工作的显在和潜在价值进行判断,以便调整和控制学校工作的活动。"③王斌华认为,学校评价是指根据国家教育方针和教育目的的要求,对学校的全部工作和管理水平进行评价和判断。具体内容包括学校办学思想、发展目标、师资水平、教学质量、工作计划、经费使用、校舍设施等。其主要目的包括:帮助教育行政部门全面了解学校办学状况,提出指导意见,以改进和提高办学质量。④徐昌和认为,学校评价是具有学校评价资质的组织,根据国家教育方针政策和教育目的的要求,遵循教育教学和学生发展成长规律,基于评价理论和科学方法,依据一定的学校评价标准,对学校的全部工作和管理水平进行评价和价值判断,进而促进学校的改进和提高,促进学生的健康成长。⑤

由此可见,虽然学校评估的定义有所不同,但是大致会涉及如下几个方面:

第一,评估目的:学校评估总是服务于一定的目的,比如教学评估、督导评估、学校发展性评估、自主评估、各种专项评估,等等。

第二,参照标准:学校评估总是基于一定的参照目标进行的,这个目标可能来自国家政策文件要求、学校自己确定的发展目标等。

第三,评估指标:学校评估需要根据一定的评估目的与评估理论,设计一套科学合理的评估指标体系。

第四,评估方法与工具:根据评估科学性要求,设计适合的评估方案与工具。

第五,评估数据分析、描述与价值判断:根据评估指标与评估工具,采集相应评估数据,并进行分析、描述与价值判断。

(二) 学校评估的发展简史

关于教育评价的发展历程,最具权威的说法是古贝(Guba)和林肯(Lincoln)对教育评价理论提出的"四代论"⑥,目前也有学者提出了第五代评估理论⑦。

---

① 刘永和.地区性学校评估的现状及其对策[J].南京社会科学,2007(08):117—122.
② 张东娇.学校评估发展的国际趋势及其对中国的启示[J].比较教育研究,2009,31(03):72—75+80.
③ 沈玉顺.现代教育评价[M].上海:华东师范大学出版社,2002:140.
④ 王斌华.学生评价:夯实双基与培养能力[M].上海:上海教育出版社,2010:67.
⑤ 徐昌和.中美学校评价比较研究:组织、标准与实施[D].上海:华东师范大学,2014:10.
⑥ 埃贡·G·古贝,伊冯娜·S·林肯.第四代评估[M].秦霖,等译.北京:中国人民大学出版社,2008.
⑦ 徐昌和.中美学校评价比较研究:组织、标准与实施[D].上海:华东师范大学,2014:21.

第一代是"测量时代",从 19 世纪末至 20 世纪 30 年代,受心理测量的影响,强调教育评价工作的重心是编制各种测验量表以测量学生的一些心理技能与特征,研究者的精力主要集中在教育测量的客观化上,认为"凡存在的东西都有数量,凡有数量的东西都可以测量"。

第二代是"描述时代",从 20 世纪 30 年代至 50 年代,强调评价侧重对"测验结果"作"描述",以判断实际的教育活动在多大程度上达到了预期的教育目标,其主要代表是泰勒的目标评价模式。

第三代是"判断时代",从 20 世纪 50 年代末至 70 年代末,强调对评价标准和价值观本身的关注,并引发了人们对于评价标准与"价值中立"问题的重视和争论。评价活动不仅要判断教育活动结果的价值,还要判断教育目标的价值。评价者的角色是"裁判员",并兼具"测量技术员"和"描述者"的角色。

第四代是"建构时代",进入 20 世纪 80 年代,尤其是 1989 年,古贝和林肯出版了著名的著作《第四代评估》,该书的出版标志着以"响应—协商"为核心的第四代教育评价理论基本成型。古贝和林肯依据建构主义方法论针对前三代评价中存在的"浓厚的管理主义倾向""忽视价值多元性"和"过分强调科学实证主义的方法"等缺点和不足,提出评价本质上是一种心理建构过程,强调评价者需要融合、沟通评价活动的相关利益者,通过多轮应答、协商的方式,改变分歧以达成共识。

第五代是"社会建构时代",20 世纪 90 年代,马滕(B. Marten)提出了第五代评估理论。该理论是以社会建构主义为理论基础的评价体系,着眼整体,采用合理的语言建设性地定位整体中的角色和相互关系,并利用数据生成方法,通过评价实践中的数据探求知识、服务社会,从而建设更加美好的未来。

(三) 国际视角下学校评估标准的特点

有研究者通过 NVivo 软件对 9 个国家的学校评估标准的文本进行编码分析,梳理出学校评估标准的国际特点有四个方面。[1] 这 9 个国家的学校评估标准分别为:英国教育标准局(Office for Standards in Education) 的学校评估框架(The Framework for School Inspection);法国国家教育检测局(Inspecteurs de l'Éducation Nationale) 的学校评估标准;意大利国家教育系统评估机构(the National Institute for the Evaluation of the Education System) 的学校评估框架;瑞典学校评估机构(the Swedish Schools

---

[1] 冉华. 国际视角下学校评估标准的特点与趋势——基于 Nvivo 11.0 的编码分析[J]. 比较教育研究,2018,40(01):70—77.

Inspectorate)的评估框架;波兰教育部门的教育评估框架;印度教育规划与管理局(National University of Educational Planning and Administration)的学校标准与评估框架;澳大利亚儿童教育与关怀质量管理局(Australian Children's Education and Care Quality Authority)的国家质量标准指南;新西兰教育审查办公室(Education Review Office)的学校评估指标;美国学校质量标准(以奥克兰学区为例)。以上9个学校评估标准有四个共同的特点。

1. 弱化学校整体评估,突出以学生学习和学生发展为中心。各个国家的学校标准无一不以学生学习和学生发展为核心内容,"学生的全面发展"成为国际学校评估标准的重点和核心。无论是词频统计,还是按照领域编码,"学生"都是出现频次最高的词,学生作为学校的中心地位通过指标设置的方式再次得到确认。

2. 弱化人员队伍的知识结构,凸显以素质和质量为核心的队伍保障。在强调知识传授的时代,教师的知识结构是影响教学质量的关键因素,但如今教师被置于一个更复杂的教学环境中:教师的自主权增加了,但威信与地位却下降了;面对的学生减少了,但学生的差异却增加了;可利用的资源增多了,但人们对教育的期望和要求却提升了。教师需要创造性地解决教学中遇到的各种问题,国际学校评估标准传递出了这样的信号。在有关教师的指标设置中,只有印度设置了教师的学科知识和教育学知识,其他国家均未提及教师的知识构成,而是着重强调教师素质和教学质量。

3. 公平和质量是共识性最高的价值取向,但国别差异仍然存在。公平和质量是学校教育的关键,是共识性最高的两个价值取向。但在价值词汇的使用上,仍然存在国别差异。英国和美国使用"质量"的频率较高,皆指向教学质量和领导质量,而澳大利亚和新西兰则偏向使用"有效"。在新西兰的学校评估指标中,"有效"出现了5次,占据整个"有效"编码(共8次)的62.5%,包括有效的学校评估和学校规划、有效的教学、有效的学习机会和有效的合作关系。这种国别差异也恰恰说明每个国家必须基于当前的实际情况和本土文化去思考"我们需要什么样的学校教育"。

4. 克服割裂式思维,形成"人—环境—关系"三位一体的连锁环节。学校评估中容易犯三种错误:一种是认识错误,在学校评估中"环境"经常不受重视而受到排挤。二是割裂式思维,把学校工作转化成各自互不相干的领域进行评估。三是点状分散式思维,把评估聚焦于某一主题,忽视了某一领域的结果状态受到其他多种因素的影响。这9国的学校评估标准以贯穿于其中的系统思维和关系思维避免了这几种错误。

(四) 国外学校评估代表性项目介绍

1. 美国的"不让一个孩子掉队——蓝带学校计划"学校评估

美国的"不让一个孩子掉队——蓝带学校计划"(No Child Left Behind: Blue Ribbon School Program)从整体上来看是一个学校评优方案,在 1982—2002 年间,评估的目的是评选优秀的中小学来实现教育卓越的目标。美国"蓝带学校"评审小组设定了"以学习为中心"的八项自我评估标准,具体包括:(1)学生关注与支持;(2)学校组织与文化;(3)挑战性标准与课程;(4)生动的教与学;(5)专业共同体;(6)领导力和教育活力;(7)学校、家庭与社区协作;(8)成功的指标。

随着 2002 年《不让一个孩子掉队》法案的颁布,这一项目在评估目的、评估程序、评估标准等方面也发生了相应的变革。调整后的美国"蓝带学校"新评估体系既重视对学校绩效的问责,着重考察申请学校学生学业表现达到既定标准的程度,以及学校能否在众多同类型学校中发挥榜样示范作用,同时又强调评估的改进功能,要求评估者发现学校的优势及需要改进的地方,促使学校做出针对性的转变。[1] 在评估主体上,强调自我评估与外部评估相结合;在评估方法上,注重质性评估和量化评估相结合,关注学校自身增值性的纵向评比;在评估技术上,兼顾使用常模参照评估和历史参照评估。[2]

从 2003 年的评选活动开始,美国"蓝带学校"项目在原有的学校自我评估标准之上加入了两类全新的评估标准:一类是优秀表现典范学校(Exemplary High Performing Schools),一类是进步典范学校(Exemplary Improving Schools)。

优秀表现典范学校由各州的首席教育官来定义,但至少要达到:(1)在以所有参加测试的学生学业成绩为排名依据的前提下,最近一年学校参加测试的学生阅读和数学学科的成绩都必须排在该州所有学校的前 15%;(2)依照不同学生群组对测试结果进行分解,来自弱势家庭背景学生的测试成绩结果与参加测试的所有学生成绩结果类似。

进步典范学校要求学校来自弱势家庭背景学生的比例不少于 40%,且在提高学生成绩方面取得了显著进步。这里的"进步典范"由各州的首席教育官来定义,但至少要达到:(1)过去五年,学校在州阅读和数学测试中的成绩取得了显著进步,进步程度排在州的前 10%;(2)依照不同学生群组对测试结果进行分解,来自弱势家庭背景学生的测试成绩结果与参加测试的所有学生成绩结果类似。

---

[1] 赵德成,张东娇. 当前美、英、日三国学校评估的新特点及启示[J]. 比较教育研究,2010,32(06):81—85.
[2] 李洋. 美国"蓝带学校"评估体系变革研究[J]. 郑州师范教育,2017,6(04):40—45.

2. 英国的"每个孩子都重要"视导框架①

2005年,英国教育标准局对"每个孩子都重要"视导框架(Every Child Matters: Framework for the Inspection of Schools in England from September 2005)进行修订,发布"每个孩子都重要"新框架。

新框架强调学校评估的问责功能,它明确指出,"视导提供了一项对中小学校质量和标准的独立外部评估"。视导报告要公布给家长,以便家长了解其子女所在学校及社区的教育质量,督促学校为学生成就和教育质量负责。但是,新框架并没有将学校评估的功能局限于问责与控制,它还强调学校评估的反馈与改进功能。督学在报告中必须呈现对学校效能的评论意见,对学校的优势、劣势及学校改进必须做些什么作出细致的说明,以促进学校的提高与发展。

新框架重视学生发展与表现。这一框架规定,督学在工作结束后必须汇报学校所达到的教育水准及学生个人发展状况。其中,学校所达到的教育水准,主要考察在校学生取得的学业成就、学生达成课程标准的程度、学生的进步程度,以及学习困难和残障学生的学习进展。在校学生发展状况则主要考察学生在精神道德和社会文化方面的发展、以健康方式生活的程度、喜爱受教育的程度、行为表现、对社区作出积极贡献的程度、提高对其未来生活有益的工作技能的程度等。

新框架十分重视学校的对外联系,关注学校与家长的关系,主要考察:(1)家长对学校的意见;(2)学校与家长双方沟通的效果;(3)家长参与学校工作的情况及其影响;(4)家长对学校工作的满意方面;(5)学校向家长提供有关信息的情况;(6)家校沟通对学生学习的影响。

新框架将自我评估看作是学校视导的一个新特点予以重点阐释。这一新框架指出,自我评估是外部评估的有益补充,学校在两次外部督导之间要适时、经常地进行自我评估,更新自我评估表。

3. 日本的"义务教育学校评估指南"②

日本的"义务教育学校评估指南"注重多种功能的共同发挥,既有问责,又有改进,但更加侧重于学校评估的改进以及来自设立者等方面的保障和支持。"义务教育学校评估指南"规定,各学校进行自我评估和外部评估后应公布其结果并予以说明,通过这

---

① 赵德成,张东娇. 当前美、英、日三国学校评估的新特点及启示[J]. 比较教育研究,2010,32(06):81—85.
② 赵德成,张东娇. 当前美、英、日三国学校评估的新特点及启示[J]. 比较教育研究,2010,32(06):81—85.

种办法可以赢得监护人和地区居民对本学校教育活动及其他学校管理工作的理解和参与,从而推动建立开放式可信赖的学校模式。各学校的设立者们可以根据学校评估的结果,采取必要的措施对学校进行援助和支持,从而保证一定水准的教育质量,寻求教育质量的进一步提高。

"义务教育学校评估指南"强调自我评估的重要性,要求学校全体教职员都在校长的领导下参加自我评估,持续地收集、整理信息,分析学校目标的达成程度及得失,撰写自我评估报告并提供给各个利益相关者,以寻求他们的理解与支持。为了促进学校持续、自律地改善与发展,"义务教育学校评估指南"还给学校提出了一些具体的开展自我评估的建议,主要有:(1)自我评估报告应该简明扼要地陈述各种具体的目标及计划、目标的达成状况、工作的过程、工作合理性的检验结果以及改善方案等;(2)为了检验目标的达成状况,也为了分析其原因,在自我评估中要重视成功事例、失败事例等具体事实的收集;(3)各学校应该利用收集到的事例和预先设定的指标,来把握和整理目标的达成状况。

4. 新加坡"卓越学校模型"评价模式[①]

为了实现国家愿景——"思考型学校,学习型国家"(Thinkig School, Learning Country),新加坡政府要求学校努力发展成优秀学校,赋予了它们更多的自主权,这样它们可以灵活响应学生的需求。自 2000 年以来,新加坡政府要求学校使用新的"卓越学校模型"(School Excellence Model, SEM)来自我评价。

"卓越学校模型"是学校自我评价模型,由一系列核心价值观驱动,它定义了目的和形式。核心价值观强调富有目的的学校领导的重要性、把学生放在首位、把教师作为素质教育的关键,等等。

针对学校评价,SEM 基本上描述了一所杰出的学校包含的 9 个质量标准:

(1)领导:学校领导和学校的领导体制如何处理价值观念并把重点放在学生的学习和优秀成绩上,以及学校如何解决其对社会的责任。

(2)战略规划:学校如何设定明确的战略方向,并制定行动计划以支持其指示、部署计划和跟踪表现。

(3)员工管理:学校如何开发和利用其员工的全部潜力创建一所杰出的学校。

(4)资源:学校如何有效和高效地管理其内部资源及外部伙伴关系,以支持其战

---

① 徐昌和. 中美学校评价比较研究:组织、标准与实施[D]. 上海:华东师范大学,2014:29—33.

略规划和进程操作。

（5）以学生为中心的进程：学校如何设计、实施、管理和提高关键工序以提供全面教育，并致力于增强学生幸福感。

（6）行政和业务成绩：成果。

（7）员工成绩：学校正在完成什么与全体教职工的培训、发展及斗志有关的成果。

（8）伙伴关系和社会成绩：学校在实现什么与其合作伙伴和社会大众相关的成果。

（9）关键绩效成果：学校为学生的全面发展所极力完成的工作，尤其是在学校能够达到理想教育成果的程度上。

使用SEM做评价时，模型需要以下证据：

（1）模型为系统化并持续改进质量而定义的标准健全完整的方法；

（2）这种方法的系统部署和执行程度；

（3）定期评价、方法审查及其部署，都基于对取得的成果的监测和分析，以及正在进行的活动；

（4）规划和实施改进活动；

（5）一系列适当的并具有挑战性的绩效目标；

（6）在三到五年内业绩持续改进；

（7）一个针对同类学校的表现基准。

值得注意的重要的一点是，评价过程明显需要证据来证明某一成绩，不允许评价者基于他们的直觉或感觉来打分。

追求学校卓越既是一个过程，同时也是一个目标，SEM只不过是这个过程中的一个达到目标的工具。

学校不仅可以采用SEM来衡量学校有多好，也可以使用SEM作为整体发展和管理框架，这就为学校积极参与能力建设方面提供了一个框架。它帮助学校找出需要改进的地方，并为学校挖掘创新优势。新系统强调自我评价作为主要机制以推动学校改进的重要性。

（五）我国学校评估实践进展

1. 香港学校表现指标[①]

学校自评估是香港中小学校发展与问责架构中的基础和核心环节。2008年香港

---

① 朱恬恬.香港中小学校自评估工具[J].中小学管理，2011(05)：43—46.

教育局制定了《香港学校表现指标 2008》,并以此为基础,开发了一系列自评估工具,促使学校通过自评估实现自我完善。

香港中小学校自评估的工具体系主要包括基础指标(如中小学校表现指标,以表现指标为基础开发的学校表现评估架构)、评估平台(学校增值资料系统和数据电子平台)以及一些具体的评估工具,如持分者调查问卷、学生情意与社交表现评估套件等。

香港中小学校表现评估架构共有 21 项内容,见表 6.1。

表 6.1 香港中小学校表现评估架构

管理与组织	学与教	校风与学生支援	学生表现
1. 持分者对学校管理的观感 2. 持分者对专业领导的观感 3. 持分者对教师专业发展的观感	4. 实际上课日数 5. 学习领域的课时百分比 6. 持分者对课程和评估的观感 7. 持分者对教学的观感 8. 持分者对学生学习的观感	9. 持分者对学生成长支援的观感 10. 持分者对学校气氛的观感 11. 毕业生的出路 12. 持分者对家校合作的观感	13. 学生对学校的态度 14. 初中入学前香港学科测验成绩 15. 全香港系统评估成绩 16. 公开考试成绩 17. 学业增值表现 18. 参与全港性校际比赛的学生百分比 19. 参与制服团体或社会服务活动的学生百分比 20. 学生出席率 21. 处于可接受体重范围的学生百分比

具体评估工具包括:(1)持分者调查问卷,有效收集教师、学生、家长的意见;(2)学生情意与社交表现评估套件,评估学生在情意及社交范畴的表现和需要。

评估平台包括:(1)学校增值资料系统,提供全香港各学校的自评估数据和增值资料;(2)"学校发展与问责"数据电子平台,协助学校搜集和管理自评估数据。

2. 发展性学校评价模式

发展性学校评价是以学校自我评价为主,以学校发展和增值为最终目的,以体现学校办学理念、办学目标的学校发展规划为评价主线,以学校自我发展和进步为评价标准,将学校在一段时期内各方面的工作成就与学校制订的发展目标及已往的发展状况进行比较,衡量其发展和进步水平的一种评价模式。[①] 发展性学校评价是在学校发展的整个过程中进行的,以学校发展的基础为评价起点,以学校的发展为评价内容,内

---

① 曹飞.对京、沪、苏发展性学校评价的研究及思考[J].中小学管理,2009(10):37—40.

部评价和外部评价相结合,旨在促进学校不断发展的评价活动。①

发展性教育评价思想最早是由英国开放大学教育学院的纳托尔(Latoner)和克里夫特(CLift)于20世纪80年代初提出的,是一种以教育的发展为评价对象,又以教育的发展作为目标的评价。其基本特点在于以"协商"为基础,评价者与评价对象共同建构评价过程,为发展而评价,以评价促发展。② 发展性教育评价思想的提出使学校评价的价值取向发生了较大的转变。在评价的目的上,由侧重鉴别和选拔转向侧重发展,从关注结果的评价转向关注诊断性评价和过程性评价;在评价的内容上,注重全面质量管理,从办学的理念与目标、办学条件、领导与管理、课程与教学、教师队伍建设、学校办学效益等多个方面进行全面、综合的评价;在评价方法上,强调多样化,注重把质性评价与量化评价结合起来;在评价主体上,强调评价主体的多元化,重视自评和互评的作用,强调评价对象的参与性,改变过去那种自上而下、评价对象被动接受结果的状态等。③ 国外大规模的发展性学校评价的实践始自欧洲的"学校教育的质量评价:欧洲试点计划"。1997学年初期,来自欧洲18个国家的101所学校参与了该计划,包括挪威、英国、荷兰、以色列、德国等国家。④ 在我国,学校发展性督导评估最早是在上海提出并开始实施的,后在全国各地许多地区推行实施。

上海市政府教育督导室从1998年开始进行"发展性督导评价"课题研究。2003年,上海市教委和市教育督导室联合印发《上海市积极推进中小学"学校发展性督导评价"的实施意见(试行稿)》,启动对中小学的"学校发展性督导评价"。它以学校发展过程为评价对象,关注学校的发展目标达成度,注重总结办学经验,诊断发展中的问题,寻求学校发展的关键因素和解决问题的对策。发展性评价将学校和校长推上了自主办学的主体地位。⑤

上海市教委和督导室制定了《上海市中小学督导基础指标(试行稿)》和《上海市中小学发展指南(试行稿)》,其中"基础指标"是对所有中小学的统一规范性要求,属于"必修"内容,包括办学条件、管理状况、教育状况和社会评价;"发展指南"是对学校可能发展领域的指导性意见,属于"选修"内容,包括学校发展目标、课程建设、教学改革

---

① 周卫勇.发展性学校评价的基本理念与运行机制[J].教育导刊,2010(07):38—41.
② 史晓燕.发展性教育评价的理论与实践[M].石家庄:河北教育出版社,2003:20.
③ 卢立涛.浅析学校评价理论的发展历程与趋势[J].教育理论与实践,2007(11):23—27.
④ 卢立涛.国外发展性学校评价研究综述[J].外国教育研究,2008(10):20—25+67.
⑤ 曹飞.对京、沪、苏发展性学校评价的研究及思考[J].中小学管理,2009(10):37—40.

与学生学习、学校德育、校园文化建设、教育科研、师资队伍建设、保障机制和发展成效。"基础指标"多采取量化为主的绝对标准,如办学质量部分的学生近视新发病率要求小于5%,学生参加艺术、科技社团活动率要大于25%,家长、社区满意度达到80%以上等;而在"发展指南"方面,学校与评价部门共同建构个性化标准,并落实在学校发展规划中。学校在规划实施中允许不断修改、补充和完善发展目标。①

学校发展性督导评估一般以三年为一个周期,以教育督导部门和学校为两个主要评价主体,围绕学校发展规划的制定、实施和目标达成这一主线运行。具体来说,其运行机制包括以下几个主要环节:②(1)形成学校与教育督导部门之间的"会商机制"和"审核机制",制定学校发展规划和学年自评指标体系。(2)建立随访督导制度和年度检查制度,强化过程性评价。(3)开展终结性评价,形成学校发展评价报告。(4)多渠道反馈处理督导评估结果,充分实现督导评估的价值。

上海的发展性督导评价要求学校首先参照基础指标和发展指南进行充分自评,在此基础上制定学校发展规划,并报区县教育行政部门审定;评价部门按照基础指标和学校发展规划对学校进行评价,指导学校调整发展规划;学校滚动制定和调整发展规划,进入新一轮的发展。

发展性学校评价"以帮助、指导学校自主发展为宗旨,运用督导与评估的理论和方法,对学校发展现状和潜能进行价值分析与判断,指导学校制订科学合理的发展规划,提高学校自我评估、自我调控、自我完善的意识和能力,增强学校可持续发展能力,使学校最终发展成为各具特色的办学主体"。③

2022年,上海市人民政府教育督导委员会办公室印发《上海市义务教育阶段学校发展性督导评价指导意见》④,其中《上海市义务教育阶段学校发展性督导评价指标》包含"学校治理""课程教学""队伍建设""资源保障""学生发展""学校发展"6个一级指标、11个二级指标、25个三级指标及35个评价要素。督导程序包括学校制定发展规划、学校开展自评、综合督导评价、发布督导意见等四个环节。区教育督导部门每

---

① 曹飞.对京、沪、苏发展性学校评价的研究及思考[J].中小学管理,2009(10):37—40.
② 周卫勇.发展性学校评价的基本理念与运行机制[J].教育导刊,2010(07):38—41.
③ 尹后庆.探索发展性督导评价模式,促进学校自主持续发展[EB/OL].(2005-07-27)[2024-03-01]. http://www.moe.edu.cn/edoas/website18/49/info14749.htm.
④ 上海市人民政府教育督导委员会办公室关于印发《上海市义务教育阶段学校发展性督导评价指导意见》的通知[EB/OL].(2022-07-28)[2024-03-01].https://edu.sh.gov.cn/jydd_zcwj_ddwj/20220826/3591118138564e91b3f15187dc12c3f0.html.

3—5年对辖区内的公办、民办义务教育学校至少实施一次综合督导评价,原则上校长在一个任期结束时,要接受一次综合督导评价。对于办学行为不规范、学生及家长和社会公众举报多、问题查实影响大的学校,可以缩短综合督导评价时间间隔,或依据规定增加专项督导或者经常性督导次数。对依法规范办学、办学认可度高的学校,可以减少督导次数。

3.《深化新时代教育评价改革总体方案》

我国自20世纪80年代开始,以1986年国务院批准国家教育委员会建立督导司为标志,开始实行具有现代意义的教育督导制度。三十多年来,我国各级政府通过教育督导这种形式对学校工作进行评价,有力地促进了学校和国家教育事业的发展。以教育督导为主要形式的学校评价制度已经成为中国教育的一项基本制度,在教育行政管理和促进学校发展中起着不可替代的重要作用。

2020年中共中央、国务院印发《深化新时代教育评价改革总体方案》(简称《总体方案》)[1],这是中华人民共和国成立后第一个关于教育评价系统性改革的文件。2023年5月,习近平总书记在中共中央政治局第五次集体学习时再次强调,"要在全社会树立科学的人才观、成才观、教育观,加快扭转教育功利化倾向,形成健康的教育环境和生态"。

按照《总体方案》要求,到2035年基本形成"富有时代特征、彰显中国特色、体现世界水平的教育评价体系",需要在教育评价的理念、理论、主体、对象、内容、标准、方法、技术、制度、文化等方面进行体系性重塑。"富有时代特征"就是要体现新时代的人才观、成才观、教育观,特别是针对当下和未来的人才需求、拔尖创新人才的成长规律、教书育人的本质和规律,校准教育评价的发展方向。"彰显中国特色"就是要体现中国教育评价的主体性、原创性,特别是发掘我国科学评价的典型经验,彰显中国教育评价的人文精神传统。"体现世界水平"就是要提高中国教育评价理论和评价标准的国际影响力,特别是要提出诸如"CIPP"(背景—投入—过程—结果)评价模型和"PISA"学生素养评价等先进评价理念和项目,能够引领国际教育评价方向,影响各国教育政策制定。[2]

作为指导深化新时代教育评价改革的纲领性文件,《总体方案》围绕党委和政府、

---

[1] 中共中央 国务院印发《深化新时代教育评价改革总体方案》[EB/OL].(2020-10-13)[2024-06-09]. https://www.gov.cn/gongbao/content/2020/content_5554488.htm.
[2] 新时代教育评价改革向更深远处迈进[EB/OL].(2023-10-24)[2024-01-01]. http://www.moe.gov.cn/jyb_xwfb/moe_2082/2023/2023_zl25/202312/t20231201_1092790.html.

学校、教师、学生、社会五类主体,坚持破立结合,重点设计了5个方面22项改革任务。其中,重点任务"(二)改革学校评价,推进落实立德树人根本任务"对改进中小学校评价提出了具体要求。《总体方案》提出,"坚持把立德树人成效作为根本标准","坚决克服重智育轻德育、重分数轻素质等片面办学行为,促进学生身心健康、全面发展","义务教育学校重点评价促进学生全面发展、保障学生平等权益、引领教师专业发展、提升教育教学水平、营造和谐育人环境、建设现代学校制度以及学业负担、社会满意度等情况。国家制定义务教育学校办学质量评价标准,完善义务教育质量监测制度,加强监测结果运用,促进义务教育优质均衡发展"。

4.《义务教育质量评价指南》[①]

2021年教育部等六部门联合印发了《义务教育质量评价指南》(简称《指南》),这是根据中共中央、国务院印发的《关于深化教育教学改革全面提高义务教育质量的意见》《深化新时代教育评价改革总体方案》精神制定的。

义务教育质量评价包括县域、学校、学生三个层面,三者紧紧围绕贯彻党的教育方针,以促进学生全面发展为目标,各有侧重、相互衔接、内在统一,构成了完整的义务教育质量评价体系。

《指南》提出要"注重优化评价方式方法,不断提高评价工作的科学性、针对性、有效性"。具体来说,一是注重结果评价与增值评价相结合,二是注重综合评价与特色评价相结合,三是注重自我评价与外部评价相结合,四是注重线上评价与线下评价相结合。

《指南》明确"评价周期依据所辖县数、学校数和工作需要,由各地自行确定,原则上每3—5年一轮,并保证在县级党政主要负责人、校长任期内至少进行一次评价"。

《指南》明确要求,"运用好学校办学质量评价结果。指导学校改进教育教学和管理,全面育人、科学育人,提升办学治校和实施素质教育能力。将学校办学质量评价结果作为对学校奖惩、政策支持、资源配置和考核校长的重要依据"。

《指南》附录了《义务教育质量评价指标》,内容包括县域义务教育质量评价、学校办学质量评价、学生发展质量评价三个指标体系。其中,学校办学质量评价围绕办学方向、课程教学、教师发展、学校管理、学生发展等5个方面提出了12项关键指标和27个考察点,旨在促进学校落实德智体美劳全面发展培养要求,深入实施素质教育,不断提高办学水平和育人质量。

---

① 教育部等六部门关于印发《义务教育质量评价指南》的通知[EB/OL]. (2020-10-13)[2024-06-09]. http://www.moe.gov.cn/srcsite/A06/s3321/202103/t20210317_520238.html.

二、学校评估的主要模式

(一) 目标本位评估模式

目标本位评估模式(Objective-Based Evaluation Model)又称为泰勒模式,是由泰勒于20世纪三四十年代提出的,也是世界上影响最为深远的一种评估模式。目标本位评估模式将预期目标和实际结果作对比,使教育评估更为客观和简洁。泰勒认为,任何评估工作的第一步都是明确项目或活动目标,一旦目标得以具体化,那么评估就可以考察这些目标的实现程度。

目标本位评估模式的一般步骤为[①]:(1)确立宽泛的目的或目标;(2)对目的或目标分类;(3)以可观察、操作化的语言界定目标;(4)寻找证明目标实现的情景;(5)开发或选择测量技巧;(6)收集数据资料;(7)将数据资料与既定目标对比。如果在最后一步发现数据资料与目标不相一致,那么我们可以调整项目或活动以改进其效果。在调整之后重新评估,以客观、准确地判断目标达成程度。

目标本位评估模式在学校评估中得到了广泛运用。在学校评估中,评估者首先建立"好学校"模型,明确学校发展目标与主要任务,然后设计科学合理的评估标准及可行的评估方法,接着收集学校发展的有关数据和资料,并将这些数据和资料与既定的目标进行对比,考察学校的目标达成度。基于以上结果,作出评估结论与建议。

目标本位评估模式操作过程清晰,易于理解和遵循,也体现了评估的发展性。但是,它对目标形成的背景及目标本身的合理性缺少足够关注;它对结果的关注更多限定于目标的达成情况,对目标之外的非期望效应关注不足。

(二) 目标游离模式

目标游离模式(Goal-Free Model)是由斯克里文(Scriven)于20世纪70年代提出的。斯克里文认为,各种教育活动发生之后,除了收到预期效果外,还可能产生许多意想不到的非期望效应,比如取得了某些非常重要但没有预期到的满意结果。评价者应关注计划的实际效应,而不是其预期效应(即原先确定的目标)。评价重点不应该限定于预期目标达成度的评估,而是从"计划预期的效果"转向"计划实际的结果"。

目标游离模式是针对泰勒模式和CIPP评估模式过分关注目标达成度而提出的一种新模式。这种模式要求评估者全面考察教育计划或方案的实际成果和可测量效

---

① 赵德成.学校评估:理论、政策与实践[M].上海:华东师范大学出版社,2015:15.

果,而不是带着一个预设的框架收集数据。

(三) 应答模式

应答模式(The Responsive Model)是由斯塔克(Stake)于1975年提出的。斯塔克认为,传统评估模式是预定式评估,即先明确目标,再收集资料,最后判断目标与结果之间的匹配度。但是,这种评估模式忽视了目标之外的各方面人士的关注点与感受。应答模式则建议收集与评价有关的人员的需要以及以需要为基础的对评价的看法、观点,并以此作为评价的基础。评价不应关注预先确定的目标,而是关注评价相关者所关注的问题、兴趣和焦点,以"回应"服务对象为起点,这就是所谓的"应答模式"。

(四) CIPP评估模式

CIPP评估模式(CIPP Evaluation Model)是由斯塔弗尔比姆(Stufflebeam)于20世纪60年代末70年代初提出的,是在泰勒模式基础上的修订和发展。1989年,古贝和林肯出版了著名著作《第四代评估》,该书的出版标志着以"响应—协商"为核心的第四代教育评价理论基本成型。

CIPP是四个单词的首字母,即背景评估(Context Evaluation)、投入评估(Input Evaluation)、过程评估(Process Evaluation)、成效评估(Product Evaluation)的第一个单词。CIPP评估模式一般包括四个步骤,但是不要求每次评估一定要按照步骤逐一开展,评估的起点可以是方案实施前、实施中。四个步骤分别为:(1)背景评估,考察目标形成的社会背景、环境条件,以分析目标的合理性和可行性。(2)投入评估,考察方案实施中各方投入情况。(3)过程评估,考察方案实施中存在的问题,并及时反馈给方案制定者,加以改进。(4)成效评估,考察达到目标与标准的程度。

第四代评估理论主张要实现价值的多元化,认为评价要通过响应、协商和共同的心理构建达成多方利益相关方所公认的、一致的看法和观点。首先,响应是第四代教育评价的起点。正如斯塔弗尔比姆所言,"评价不是为了证明,而是改进"。评价是对所有利益相关方提出的所有要求的"响应",又称为"响应式的聚焦方式"。[1] 第四代教育评价理论是一种发展性评价理念,评价的方向侧重于发展。其次,共同建构是第四代教育评价的实质。教育评价的本质是共同建构,是所有利益相关者之间相互建构的过程。在评价中,要充分听取各种意见,协调各种价值判断标准,缩短不同意见之间的差异,通过不断的回应和协商,实现共同的心理建构。再次,协商是第四代教育评价的

---

[1] 李吉桢.第四代教育评价理论的中国化研究[D].天津:天津师范大学,2019:16.

过程。评价是涉及多个利益相关者共同协商的过程。"协商"的目的是在参与评价活动的所有利益相关者之间达成共识,形成一个各方共同认同的主观看法。

CIPP评估模式非常适合当前注重改进和发展的学校评估。这种模式不仅从结果上关注目标和标准达成度,而且注重背景评估、投入评估和过程评估,能够收集更全面、深入的证据,作出更加公平、客观的评判,有助于为学校持续改进提供决策依据。

(五)第五代评价理论

第五代评价理论的关键之处在于认识论范式的转变,即从实证主义向社会建构主义转变。社会建构主义的评价框架由以下九个关键性假设构成:[①](1)语言沟通具有创造力。(2)评价其实也是一种沟通方式。评价中使用的语言可以塑造组织里的角色,描述相应的关系。因此,可考虑使用语言定位参与者的角色。(3)使用评价语言可定位参与者的角色,因而会形成一定的道德权利及要履行的义务。(4)评价的目的不是回顾过去,而是展望未来。(5)评价关注的是有效数据。(6)评价不是追究问题,而是要找出问题的解决方法;也不是针对个人,而是放眼大局。(7)评价有助于挖掘有效的因素。(8)评价是在不断变化的环境中进行的,也受人的主观意识影响。(9)使调查有意义,需以环境为基础、有关联度且思路开阔,这比重点测试、曝光、诊断、分析和总结等方式更能提供较好的改革发展机会。

第五代评价理论解决的问题不只是收集信息,还要考虑评价方法如何影响组织中的社会关系。

三、学校评估的主要发展趋势

(一)评估功能:问责与改进结合

问责与改进是评估的两大功能,既相互对立,又相互促进。没有改进的问责通常会使学校变得被动,没有问责的改进则往往缺乏足够的动力。

问责功能是学校评估的重要目的之一。传统上,学校评估一般是由决策者、管理者推动,对学校整体办学效能作出评判,并将评估结果向社会公布,以便家长了解学校教育质量,督促学校为学生成就和教育质量负责。比如,英国学校督导评估一直以来都十分重视对学校的问责与管理。美国"不让一个孩子掉队——蓝带学校计划"也不例外,带有明显的问责功能,重视考察学校的学生学业表现达成既定标准的程度。但

---

① 徐昌和.中美学校评价比较研究:组织、标准与实施[D].上海:华东师范大学,2014:21.

是,不可否认,过分强调问责、管理或等级评定,会增加校际竞争力及学校办学压力。

随着学校评估理念的发展,越来越多的学校评估开始重视评估对学校改进的作用,希望通过评估帮助学校发现自身的优势与不足,以不断改进工作和提升质量。比如,日本的学校评估更侧重于学校改进功能。日本的"义务教育学校评估指南"十分强调评估之后的学校改进。英国教育标准局提出"以督导促进改进",将督导的核心功能定位于改进,通过督导工作促使学校不断改进教育。英国教育标准局的各项工作紧紧围绕学校改进和教育质量提升而展开,其工作目标主要有四个:(1)提高学生在测验中的成就水平;(2)提升学生所接受教育的质量;(3)增加学校财务管理和常规管理的效率;(4)创建良好的学校校风和声誉,提高学生自尊。[1]

我国在学校评估上督与导并重、问责与改进兼顾。我国《义务教育质量评价指南》中明确提出,"坚持以评促建。坚持实事求是、客观公正,强化过程性评价和发展性评价,有效发挥引导、诊断、改进、激励功能,促进义务教育优质均衡发展","要运用好县域义务教育质量评价结果。引导县级政府落实法律法规要求,督促政府履职尽责,为办好义务教育提供充分的条件保障和良好的政策环境。将县域义务教育质量评价结果与县级党政领导履行教育职责评价、义务教育优质均衡发展认定等工作挂钩。对质量评价结果不合格的,不能评优评先,不能认定为优质均衡发展县(市、区)。对履职不到位、落实政策不力、违反有关规定、县域教育教学质量下降且整改不到位的,要对县级党政主要领导和分管负责人、相关部门主要负责人进行问责"。

(二) 评估任务:目标导向与实践创生结合

目标导向的评估是最常见的评估模式。泰勒的目标本位评估模式是当今世界上最有影响力的评估模式,该模式认为,评估就是考察预定目标达成度的一种手段。比如在发展性学校评估中,评估者首先要明确学校发展的目标,然后收集必要的数据和信息,评判学校朝目标发展与变化的程度。日本的"义务教育学校评估指南"对学校开展自我评估提出的建议主要有:自我评估报告应该简明陈述各种具体目标及计划、目标的达成状况,各学校应该根据预先设定的指标,利用收集到的证据,来整体把握目标的达成状况及工作进展情况,从而说明目标达成状况与所做工作之间的因果关系。

但是,学校实践是丰富的,除了目标导向的评估外,还建议关注学校其他方面的突出表现。在一轮学校发展规划期间,随着教育形势发展,学校可能形成了某个非规划

---

[1] Ofsted. The Ofsted Handbook: Guidance on the Inspection of Secondary Schools [M]. London: The Stationery Office, 1995:1.

领域的亮点和特色,造成了较大的社会影响。如果仅仅从目标导向进行评判,可能会忽视这些发展成就。

为此,随着评估理念的转变,评估不仅应该关心目标达成度,还应关心目标定位的合理性,以及学校积极响应和解决实践中问题的需求。CIPP评估模式以及斯塔克的应答模式则是对以上问题的改进。CIPP评估模式强调了目标达成的背景与过程,帮助学校及时发现问题,并进行必要的调整。应答模式则更加关注学校的实践创新。为此,在开展学校自评时,学校可以在外部评估指标基础上,自主设定新的评价要素,将统一性与自主性结合起来,从而解决"用一把尺子衡量所有学校"的问题,体现出学校的差异性和多样性。

(三) 评估指标:以学生发展成就为核心与整体办学质量结合

学生的成长是学校成功的标志,在基础教育质量监控体系中,我们应当强调学校为学生作了多少贡献、学生取得了多少进步,而不是学生最终达到了什么水平。[①] 以学生发展成就为核心,"聚焦学生发展"这一共同的价值诉求,[②]并以此为核心设计评估指标体系,这是各国学校评估中的一个共同特点。在这个指标体系中,领导与管理、教育教学、教师队伍建设、家校合作、办学条件等其他指标,都以学生发展为中心,都服务于学生。美国2001年颁布的《不让一个孩子掉队》法案高度重视在校学生的学业成就表现,并以此作为问责依据。美国的"蓝带学校计划"将学生学业表现作为蓝带优秀学校申请的基础性条件。英国教育标准局于2005年启用的"每个孩子都重要"视导框架以学生发展为中心,考察有关教育、服务及管理对学生发展的支持与促进作用。它对学生发展的重视不限于学业成就,而是关注学生在精神、道德、社会和文化等方面的全面发展。新加坡1999年正式启动卓越学校模式,将"学生第一"确定为卓越学校模式的基本设计原则。中国香港教育局2002年推出的学校表现指标,以学生表现为中心,其他指标都围绕"学生表现"而展开,外层包括"管理与组织""学与教""校风及学生支援"等。[③] 北京师范大学李凌艳等提出了基于学生发展的学校自我诊断模型,将指标体系确定为"一个中心、八个要素",即围绕"学生发展"这一中心,包含与学生发展密切相关的"同伴""教师""教学""课程""资源与支持""组织与领导""文化""安全"等八

---

① 陈玉琨.学生的成长才是学校成功的标志[J].江西教育,2010(34):1.
② 鲍银霞.聚焦学生发展:现代学校评价的价值诉求——基于国际中小学校评价的启示[J].教学与管理,2014(04):4—6.
③ 香港教育局质素保证分部.香港学校表现指标2008[S].香港:香港教育局质素保证分部,2008:3—7.

个要素,每个要素下再细化出若干可测量的观测点。① 由此可见,以学生发展成就为核心的学校评估,并不意味着只看学生的发展成就,而是要关注与学生发展成就相关的学校内涵建设的各个方面,将学生发展纳入学校整体办学质量评估之中。

(四)评估方法:量化指标与质性专业判断结合

强调指标的操作化,采用量化指标收集数据,这是评价发展的一个趋势。只有指标具体、可操作,才能够进行定量分析。因此,在确定学校评估框架时,往往会将评估指标逐级分解,一直分解到三级甚至四级指标,有时还提供更为具体的观测点,以保证评估指标的可操作性。

但是,学校教育实践是复杂的,评估指标的操作性是有程度的,学校在设计评估方案时不能盲目追求操作化,评估者在评估时不能追求简单量化,而要充分考虑各种条件、证据,从而作出综合判断,这就需要评估者基于专业经验进行主观判断,以达到对学校发展情况更加深入及全面的理解。建构主义者认为,教育评估的本质是一种主观意义建构的过程。评判必须以事实为基础,必须重视数据的收集和分析,注重评估结果的客观性、全面性、准确性。

(五)评估过程:常态数据收集与现场调研结合

学校评估中往往需要收集多种数据,评估方法多样。传统上,学校要应付评估工作,会做很多准备工作,甚至会临时整理出很多非真实材料,耗费大量时间,影响评估的信度、效度与实效性。因此,想要避免学校的应付现象,给学校减轻评估负担,多采用过程数据就是一个很好的办法。这些过程数据是平时伴随教育过程发生的,不需要特别准备,具有真实性、客观性,不易更改造假。

现场调研评估是现场搜集材料、印证数据分析和主观判断的一种方法,已经成为大多数学校评估活动的重要一环,现场收集的证据及整体感知是质性判断的重要依据。

(六)评估模式:自我评估与外部评估结合

最常见的学校评估方式就是外部评估,由教育行政部门推动实施,主要目的是对学校办学情况作出综合判断,并以此作为奖惩学校、资源配置、校长考核等的依据。欧洲共有31种教育体制实行学校外部评估。外部评估将学校视为一个整体,旨在监督和提高学校质量。② 外部评估往往由不同领域的专家构成一个评估团队,评估专家的

---

① 李凌艳,陈慧娟,李希贵.基于学生发展的学校自我诊断[J].教育研究,2017,38(01):124—131.
② 刘明珍.保障教育质量:欧洲学校评估政策和方法[J].世界教育信息,2015,28(17):46—47+55.

经验丰富,除了会对学校办学绩效有一个相对专业的判断,同时还会帮助学校找到新的亮点或发展方向。

随着评估理念的发展,学校自我评估得到越来越多人的重视。欧洲27种教育体系强制要求学校进行内部评估。[①]美国"不让一个孩子掉队——蓝带学校计划"、英国"每个孩子都重要"视导框架、日本"义务教育学校评估指南"都明确要求学校在接受外部评估之前,先进行自我评估。自我评估是学校基于评估指标,对学校各项工作进展及成果进行自我分析与判断的过程,它有助于学校梳理学校发展中的亮点和经验,并及时发现学校面临的困难及不足。自我评估能力也体现了学校管理水平。

因此,在学校评估中,将学校自我评估与外部评估结合起来,是当前最主要的方式之一,自我评估成为整个评估流程中的一个环节。往往在具体操作时,评估组织实施者会提前将评估指标与标准告知学校,然后学校首先进行自我评估。接下来,外部评估者才会到学校现场实施评估工作。在欧洲,有31种教育体系采用内部评估和外部评估相结合的方式。在大多数情况下,外部评估员将内部评估结果作为参考信息,以便更好地了解学校相关情况,以及锁定需要特别关注的领域。[②]

由于自我评估是学校自己组织开展的评估,学校对自己的情况比较熟悉,因此,对问题的把握和理解可能更加深刻。自我评估材料也有助于外部评估更快更全面准确地了解学校情况。也由于是学校自己开展的评估,难免会出现主观偏差,对一些常见问题熟视无睹。因此,将学校自我评估与外部评估结合起来,可以充分发挥两者各自的优势,达到更好的评估效果。

第二节 公办初中强校工程绩效评估指导思想与指标框架设计

作为一项政府推动的民心工程,其实践成效受到各方面的关注。科学评价强校工程的实践效果,不仅是对参与学校的工作认可,也是一个有效经验发现的过程。强校工程绩效评估过程是分析强校工程实验校四年多来在规划落实、学校管理、课程教学、队伍建设、学生培养和社会满意度等方面的发展变化情况,发现并总结区域和学校强校工程建设经验、初中学校提升质量的一般规律及有效做法,通过经验提炼和推广,整

[①] 刘明珍.保障教育质量:欧洲学校评估政策和方法[J].世界教育信息,2015,28(17):46—47+55.
[②] 刘明珍.保障教育质量:欧洲学校评估政策和方法[J].世界教育信息,2015,28(17):46—47+55.

体提升全市公办初中办学水平,从而营造更加健康的教育生态。

强校工程绩效评估整合了当前学校评估主要模式的优点,并顺应学校评估的发展趋势,开展了一项具有上海特点的评估模式探索。

一、强校工程绩效评估的指导思想

(一) 增值评估,看见成长的力量

强校工程是一项学校改进项目,采取增值评估的方法,不仅适合强校工程这个项目,也适合强校工程实验校这批学校。这批学校原先大多数底子较弱,经过四年多的发展也许还达不到优质学校的标准,但是我们可以从学校的进步程度,感受到学校的努力及强校工程的效果,通过增值评估,我们可以看见成长的力量,相信教育的奇迹。这里的成长,不仅是学校的成长,也包括教师的成长、学生的成长,以及由此带来的家长对学校的满意度提升。强校工程绩效评估聚焦学校内涵发展,重点关注实验校三年发展规划的落实程度、针对问题的创新实践和社会满意度的提升情况。

(二) 常态数据,让学校安安静静地办学

强校工程是一项攻坚战,其难度之大可以想象。为此,强校工程启动之初,市教委就明确提出,尽量少打扰学校,给学校充足的时间,让学校安安静静地办学。为此,市教委基教处明确提出,整合使用学校及相关部门已有资料与数据,如学业质量"绿色指标"评价、实验校"一校一档"、招生入学相关数据等,避免学校为准备评估材料花费大量精力,甚至出现造假现象。强校工程绩效评估重视过程性评估与表现性评估,同时结合学校自评、座谈会、查阅资料等多种形式,全面考察学校发展绩效。

(三) 三级评估:强化教育主体责任

强校工程绩效评估将内部评估与外部评估相结合,同时满足形成性评估功能以及总结性评估功能。内部评估能够更好地履行形成性评估的功能,而外部评估则可以更好地履行总结性评估的功能。为此,强校工程绩效评估方案提出,坚持市区协同、以区为主的原则,强化区域教育主体责任,激发区域办学积极性。市级层面设计总体评估方案和评估指南,并对各区评估结果进行复核指导。各区结合区域特色形成本区评估方案并组织开展区级评估认定工作,突出区域特色指标。学校层面要根据市区级评估要求,开展自主评估与总结工作。

(四) 以评促建:增强学校自主发展能力

强校工程重视发挥学校评估的问责与改进双重功能。从问责角度,要关注各项政策落实程度及改进效果;从改进角度,要关注学校改进中的亮点挖掘与问题提炼,为实验校后续发展提供指导。评估具有导向作用,强校工程绩效评估指标一经发布,必然会成为各实验校乃至其他同类学校的办学参考。强校工程坚持以评促建,评估着眼于完善工作机制,促进学校持续发展,开展基于证据的强校行动,激发实验校工作的积极性与主动性,提供改进的专业诊断,为学校进一步发展寻找新的生长点,为实施新一轮强校提质工程提供政策建议。

二、强校工程绩效评估的指标框架设计

2022年下半年开始,市教科院"强校工程推进"项目组与市教委基教处联合研发强校工程绩效评估方案。评估方案突出区域办学主体责任,突出增值评价原则,突出过程评价方法。项目组召开了区教育局相关领导座谈会、专家咨询会、校长座谈会,征求各方意见,最终确定了由4个一级指标(强校政策落实、办学绩效增值、自主发展能力、区域特色指标)、12+X个二级指标、44+X个三级指标构成的评估指标体系,评估总分为420分(基础分值)+50分(区域特色分值)。其中,基础分值420分由强校政策落实(110分)、办学绩效增值(220分)、自主发展能力(90分)三部分指标构成;区域特色指标由各区自定,可以有X个,最多50分。

评估结果分为优秀、良好、合格、需努力四个等第。实验校所有指标得分占指标总分80%及以上为优秀,70%—80%为良好,60%—70%为合格,60%以下为需努力。

(一)重视改进效果评估,也重视改进过程评估

强校工程评估指标体系包括四个一级指标:强校政策落实、办学绩效增值、自主发展能力和区域特色指标。其中,"强校政策落实"指标主要考察强校工程各项政策的落实情况,是从工作过程角度考察各区教育局、实验校、牵头校(支援校)、区级指导专家、区级研训机构等相关责任主体的参与程度与相关效果,重点选择了"双名工程"有机融入落实度、优质品牌支援校带动力度、区级专家指导力度、教育资源配置力度、激发学校活力程度、特色建设情况等六个方面指标。"办学绩效增值"这个指标主要考察强校工程期间实验校的改进程度,重点选择了教育教学状态改善程度、整体办学质量改善程度、学生与家长满意度等三个方面指标。"自主发展能力"这个指标主要考察实验校可持续发展能力,重点选择了规划与管理能力、教师专业发展能力、新课程准备与实施能力等三个方面指标。"区域特色指标"由各区自主确定,各区可以根据本区初中强校工程工作特点及过去几年区域教改要求,设置几个特色指标,反映强校工程实验校在

落实本区教改重大任务方面的进展情况。

这个指标框架,既强调实施过程,关注强校工程政策落实程度,对照强校工程的政策要求,判断各区对强校工程实验校的支持力度;又强调改进效果,突出强校工程的增值效应,将强校工程绩效评估的问责功能与改进功能有机整合,这也体现了CIPP评估模式所倡导的"背景—输入—过程—结果"的理念。

(二)重视学生发展成效,也重视整体办学水平提升

强校工程评估指标体系,将学生发展成就作为核心指标,比如"绿色指标"中的学科学业水平进步指数、优质高中招生名额分配到校计划指标完成情况、毕业班学生学业考试合格率等;也关注学生全面发展成就,比如毕业年级学生探究性学习报告完成率、毕业年级学生社会实践课时完成率等综合评价任务完成情况,以及学生作业与睡眠时间等。

同时,强校工程还关注学校整体办学水平的提升。学生成绩不应该是唯一的学校办学质量判断标准,还要通过他们的教育目标设定、课程开发与实施、教育教学方法、教育计划、教育教学设施等体现出来。在强校工程的工作目标设定中,有四个"明显"的提升目标,为此,强校工程绩效评估指标必须关注整体质量提升,比如学校教师发展情况、课程建设情况、教学改革情况、特色建设情况、管理优化情况等,都进入了评估指标框架。

(三)重视量化证据收集,也重视质性证据收集

评估要有依据,量化证据和质性证据都是学校评估中不可或缺的。首先,强校工程评估指标中,设立了很多量化指标,这些指标包括一些硬数据,比如教育事业统计数据、学生学业考试数据、学生身心健康发展数据、教师队伍数量与结构数据等,这是最核心与最基础的数据;也包括一些调查数据,比如"绿色指标"评价中关于学生及家长的问卷调查数据,如教师教学方式、校长课程领导力、家长满意度、学生参加课外补习,等等。在量化证据收集中,强校工程特别重视常态数据的收集和应用。

除量化数据外,强校工程评估指标也设计了一些质性数据指标,需要通过专家经验来判断实验校发展进步情况,比如学校三年发展规划实施情况、特色建设情况、教师参与教研与科研及相关获奖情况、学校参与教育综合改革情况等,都是反映学校整体发展情况的重要指标。

(四)重视目标达成度,也重视创新实践亮点

强校工程是一项政府推动的在限定时间内完成限定任务的学校改进项目,每所强校工程实验校在启动之初都在专家的支持下形成了三至五年的强校工程发展规划。因此,强校工程的绩效评估一定要关注工作目标达成度,即四个"明显"提升的目标是否有效达成,以及各实验校预定的发展规划目标与任务是否有效完成。目标达成度是强校工程指标的重要内容。在强校工程绩效评估指标框架中,既设计了学校发展成效增值方面的指标,也设计了学校三年发展规划完成情况的指标。

同时,在强校工程绩效评估中,还特别关注学校典型经验的挖掘,关注学校近几年中的实践创新亮点。这种评估指标设计充分弥补了目标本位评估的不足,更加关注鲜活的学校实践,符合目标游离模式的评估思想。

(五) 重视全市统一评估指标,也重视区域特色实践

强校工程评价指标在一级维度设计了四个,其中前三个是全市统一指标,第四个指标是"区域特色指标",主要考察区域教改重点项目在实验校的研究落实情况,区教育局可根据区域和学校实际情况设定。区域特色指标的设计要求各区坚持科学的评价导向,破除唯分数论,防止片面追求升学率。采取全市统一指标加区域特色指标的方法,符合学校评估的协商原理,也符合义务教育办学以县域为主的特点。

第三节 强校工程绩效评估模式设计

上海公办初中强校工程绩效评估过程包括学校自评、区级评估认定、市级复核指导三个环节。这三个环节依次展开,各有侧重,共同构成了强校工程绩效评估模式。2022年11月,市教委发布通知,正式启动强校工程绩效评估工作。

一、学校自评

(一) 学校自评的定位

学校自评是强校工程绩效评估的第一步,也是最重要的一个环节。通过学校自评,实验校可以对照预定目标与任务,全面梳理近五年来的强校工程进展情况,提炼典型经验,总结发展成效,同时发现新的问题,寻找新的发展方向。

(二) 学校自评的方法

学校自评主要任务有三项:一是对照本区公办初中强校工程评估指标与标准,为各项指标自主打分,填写《上海市公办初中强校工程实验校绩效评估表》;二是分类整理强校工程工作档案,以备区级评估认定审核;三是撰写自评报告,全面回顾五年来学校实施强校工程的历程,对相应工作举措的有效性和目标达成度作出自我判断,总结学校发展的典型经验和案例。

市教委特别强调,强校工程实施过程中要让学校安安静静办学,尽量减少对学校办学的干扰。为此,市教委基教处在开展强校工程绩效评估时,采用过程资料呈现与表现性评估相结合的方法,整合使用学校及相关部门已有资料与数据。在设计评估工具时,主要采用已有的数据表,内容包括:上海市加强初中建设实验校情况表(简称"一校一表");各区教育局对学校的年度综合考评结果;上海市中小学校"绿色指标"评估结果;初三毕业生学业考试合格率;优质高中招生名额分配到校指标完成率;等等。

学校自评结果分为四个等第:优秀、良好、合格、需努力。

二、区级评估认定

(一)区级评估认定的定位

强校工程推进过程中,采取的是"市级统筹与以区为主相结合"的机制,在绩效评估设计方面,明确了区教育局组织开展区级评估认定的责任,要求开展对"实验校"的办学绩效增值评估和牵头校(支援校)的辐射引领效果评估。

从三级评估体系的设计角度看,区级评估认定是其中最重要的一环,具有重要的意义:

首先,从强校工程推进主体看,我国教育法规明确规定,区教育局承担着义务教育举办者的责任,强校工程是以区为主进行推进的,强校工程的成效受益者也是各区初中学校,因此,由区教育局组织绩效评估符合责权一致的原理。

其次,区教育局全程参与强校工程的推进工作,对强校工程实验校的发展成效与可能存在的问题等情况更为了解,区级自主评估认定有助于各区系统梳理与总结强校工程经验与问题,从而为学校后续改进提供更有针对性的指引。

第三,强校工程实验校改进成效及区教育局的评估认定结果最终由各区教育局自行承担责任,不需要在全市范围内进行比较,不需要在全市评出等第,因此可以更好地发挥以评促建的作用。

第四,区教育局组织强校工程绩效评估认定的方法多样,可以通过督导室组织专家进行评估,也可以借助第三方专业评估机构进行评估,区教育局可以自主选择评估方式,这有利于激发区教育局的主动性。

(二)区级评估认定的方法

1. 制定本区强校工程绩效评估方案

各区教育局根据市教委提供的强校工程绩效评估方案和《上海市公办初中强校工

程绩效评估区级评估指南》,制定形成本区强校工程绩效评估方案,明确本区的评估要求、方式、流程和工作安排。各区评估方案应符合市级评估方案的基本原则和要求。

在评估指标方面,各区可在遵照统一评估指标的基础上,基于本区初中强校工程工作特点及过去几年区域的教改要求,设置几个区域自定指标。最终,全市16个区中,有13个区提出了本区特色评估指标,体现出区域发展的积极性和主动性。

表6.2 各区特色指标情况汇总表

区域	总分	区域特色指标及分值
松江区	470	2018学年—2021学年学校办学行为与办学质量评估情况(50分)
黄浦区	470	参与教育综合改革项目(满分10分);推进教育综合改革项目(满分30分);深化教育综合改革项目(满分10分)
青浦区	470	单元作业设计能力(满分10分);新课标背景下课堂教学改进(满分15分);教研活动组织(满分15分);家校合作(满分10分)
静安区	470	教与学的方式变革(满分30分);专业指导情况和成效(满分20分)
宝山区	470	劳动教育(满分30分);数字化转型(满分20分)
虹口区	470	区域课改项目的参与度和成果(20分);区域德育重点项目的参与度和成果(18分);区域教科研的参与度和成果(12分)
长宁区	470	学区化集团化引领(满分25分);学校特色品质提升(满分25分)
徐汇区	470	学校发展模式(30分);党建引领(20分)
普陀区	470	学业质量增值评价(区教育直接赋分);学校特色指标(学校自主拟定)
金山区	465	五育融合有效实施和推进(满分45分)
浦东新区	450	"后强校时代"学校可持续发展情况(满分30分)
嘉定区	450	"一校一策"落实情况(满分30)
杨浦区	420	无
崇明区	420	无
奉贤区	420	无
闵行区	100	自定指标:强管理、强人才、强课程、强资源、强特色、更满意

注:基础分值为420分,区域特色分值为50分,含强校政策落实(110分)、办学绩效增值(220分)、自主发展能力(90分)、区域特色指标(各区自定,最多50分)。

2. 组织实施本区强校工程绩效评估工作

各区根据本区评估方案和指标,组建评估团队,基于区教育局自强校工程以来对实验校的过程性考察结果,结合实验校自评和现场评估情况,判断实验校四年来的发展成效及牵头校(支援校)的辐射引领水平。

区级评估认定工作的方式没有统一规定。有的区是委托第三方教育评估机构进行评估,有的区是由区级教育督导部门组织实施评估,有的区则由区教育局与区教育学院具体组织实施评估。但是,不论采用哪种形式,都应该非常强调专业性。评估专家团队构成、评估指标与评估过程都是按照市教委的要求进行的。

区级评估认定工作一般采取入校评估方式,大致内容包括听取学校汇报、课堂观摩、教师和学生访谈、满意度问卷调查等。评估专家一般由 3—5 名不同领域的专家构成,通过多元数据来源达到对学校发展情况的全面、深入、客观的了解,形成对实验校办学绩效的综合判断。

浦东新区"评价促进发展"的成功探索

浦东新区有 18 所初中被列为市级强校工程"实验校",数量位居全市各区之首。为促进 18 所实验校基于证据开展学校改进工作,浦东新区教育局提出了"评价促进发展"的思路,通过开展以"过程性、增值性评价"为主体的"增值评估",促进"强校工程"有序推进。2018—2021 年的三年中,共组织了四次"评估",分别是:2019 年上半年的"初态评估",以及 2019 年 11 月、2020 年 10 月、2021 年 10 月等三次"增值评估"。每次评估结束后,学校根据评估报告(一校一报告)撰写"整改方案(计划)",并将其作为下一次评估的依据之一。

浦东新区的增值评估思路有两个要点:一是"基本框架"与"增值要求"相结合,制定好"标准"。遵循"指标标准导向""注重实证数据""促进扬长补短""突出增量发展"等原则,紧扣"教育教学状态明显改善""学校办学特色明显增强""整体办学质量明显提高""家长对学校的满意度明显提升"四大目标,编制由"七大领域 20 项内容"构成的《浦东新区初中强校工程建设督导评估方案》,将市、区进行强校工程的工作要求进行细化和具体化。二是"评估"与"整改"有机融合,引导学校有序发展。以"强校工程"启动时各校的"初态"为基准,以年度为单位,通过"实践—交流—评估—整改—实践"的过程,督促学校以"落实自己确定的发展规划为导向,关注发展中的新情况新问题,提出相应整改方案或年度计划"。

(资料来源:浦东新区教育局提供的强校工程典型案例"'评价促进发展'的成功探索",经笔者编写)

3. 设立市级观察员制度

在区级评估认定阶段，为掌握各区评估情况，市教委委托上海市教科院强校工程推进项目组安排 1 名评估观察员，随机抽查至少一所实验校，全程观摩其区级评估认定过程。观察员不发表评估意见，不参与具体评估意见的撰写，主要任务是对区级评估方案的科学性、评估过程的规范性进行整体把握。

为做好以上工作，在区级评估认定阶段，各区将实验校入校评估时间安排提前报送至市教科院项目组，市级项目组安排观察员，随机选择被评估学校，以线上线下结合的方式，现场观摩区级评估认定工作的内容、程序以及组织实施情况。

区级评估认定从 2022 年 12 月启动，正赶上新冠疫情的暴发阶段，有些区只能采取线上评估的方式，评估期间有些评估专家和学校老师坚持带病工作，线上参与评估过程，非常感人。总体来说，各区都非常好地完成了区级评估认定工作。

4. 撰写区级评估认定报告

区域评估认定工作一般要形成三份材料：一是撰写一校一报告，由区级评估专家团队形成对每所实验校的强校工程实施情况的评估意见；二是完成对每所实验校各项评估指标打分表，做到定量与定性相结合；三是形成区级评估认定工作情况说明，介绍整个区级评估组织过程及各校评定结果。这三份材料也是后续市级复核指导工作的核心参考依据。

区级评估给实验校的评估反馈报告（一校一报告）一般包括：实验校总体情况、区级评估组织与实施概况、评估结果（分领域呈现实验校发展的主要经验与问题、特色与亮点）、评估结论（分数、等第）。

区级评估情况报告一般格式如下：区域内实验校的数量、区级评估组织与实施概况、评估结论、问题与思考等。

实验校评估指标打分表是各区参照市教委评估意见形成的评估表格。

三、市级复核指导

（一）市级复核指导的定位

区级评估认定结束之后，市教委基教处与上海市教科院项目组负责组织市级专家组分四个片区开展复核指导工作。

市级复核指导工作有三个目的：

一是复核,对各区绩效评估过程与结果重新进行审核,从评估方案的科学性、评估方式的有效性、评估过程的规范性、评估结果的可靠性等方面进行复核,形成对各区开展强校工程绩效评估工作的复核意见,并重点提出各区评估工作的亮点与建议。

二是指导,对各区强校工程实施情况进行认定与指导。对各区强校工程推进情况的评估认定工作主要从任务落实和发展成效两个角度进行,形成对区域推进强校工程的指导意见,并重点指出亮点与建议。

三是展示,复核指导活动一般由各区选定一所具有代表性的学校举行现场展示活动,展示活动采取线上与线下结合的方式,面向本片区公开展示与交流,以此促进互相学习与借鉴。

(二)市级复核指导的方法

市级复核指导工作采用展评结合的方式,具体做法如下。

第一,复核指导团队由3—5名市级指导专家构成。

第二,采取片区推进方式进行。全市分四个片区,每个片区的评估专家组组长不变,分别由四位市教委老领导担任,专家组成员则根据需要合理安排。复核指导工作面向本片区的四个区公开展示。

第三,采取线上与线下结合的方式进行。一般本区强校工程实验校及相关人员到会议现场参会,其他区实验校及相关人员则以线上形式参会。

第四,典型展示与面上汇报结合。所谓典型展示指的是各区推荐一所有代表性的实验校进行现场展示与交流,内容包括课堂观摩、资料查询、工作汇报、校长与教师访谈等,其他强校工程实验校则仅仅做工作汇报。

第五,展示交流与专家指导结合。在区域工作交流与学校工作交流之后,市级专家组进行点评指导,既归纳提炼出亮点举措,又结合教育发展新形势,梳理整理出后续努力方向,为实验校持续改进提供发展建议。

对区级评估结果的市级复核指导工作主要通过资料审阅、课堂观摩、汇报答辩、专家点评等方式进行,一般流程包括区域和实验校强校工程推进经验展示交流、区级评估认定情况汇报、专家点评、专家与校长访谈、课堂观摩、专家组形成并反馈复核意见。

表 6.3 公办初中强校工程市级复核指导工作日程安排表

议程	具体内容	范围与要求
1. 区和实验校强校工程推进经验展示交流活动	可通过课堂教学观摩、实验校报告、区强校工程推进情况报告、专家点评等方式	1. 展示活动向所有强校工程实验校开放 2. 区教育局、支援校、区级专家代表及其他相关人员参加
2. 区级评估认定工作情况及各实验校绩效评估结果复核	主要包括区级评估认定工作情况汇报、专家组提问与区和校答辩、资料查阅与专家合议、评估结果反馈等环节	1. 本区教育局、区内各实验校及支援校、区级专家代表参加 2. 市级复核专家组在合议基础上完成评估意见表

第四节 强校工程绩效评估的主要结果

在市区校三级协同努力下,历经五年的强校工程顺利结束,评估结果显示,八成以上实验校取得了明显的进步,强校工程政策"组合拳"起到了预期的增值效应。

一、各区强校工程区级评估结果汇总

经 16 个区评估认定,全市 120 所实验校中,有 95 所被评为优秀,占 79.17%;23 所被评为良好,占 19.17%;2 所被评为合格,占 1.67%。16 个区中,有 8 个区的所有实验校均被评为优秀。结果表明,强校工程对实验校发展的增值效应显著。

二、强校工程实验校总体进步情况

2023 年上半年,市教委组织开展了强校工程绩效评估工作。评估结果显示:本市公办初中"强校工程"实施四年来,128 所"强校工程"实验校普遍取得积极进步,学生、教师的精神面貌焕然一新,教学质量得到提高,中考名额到校计划完成率 100%,对口生源逐步回流,其中超过 80% 的学校进步特别明显,走上了又好又快的发展之路。据统计,家长和学生对"强校工程"实验校的平均满意度超过 90%。"强校工程"实验校在"绿色指标"学业水平达标度上普遍提升或保持较好的学业水平,平均提升了 2 个等级,教育教学状态不断向好。[①]

---

① 今年上海将启动新一轮强校工程,70 多所初中力争未来 3 到 5 年实现高质量发展[EB/OL].(2023-02-15)[2024-03-01]. https://www.jfdaily.com/staticsg/res/html/web/newsDetail.html?id=583003&v=1.2&sid=67.

（一）实验校教学质量与家长满意度提升明显

一百多所"强校工程"实验校的学生、教师精神面貌焕然一新，教育教学状态不断向好，教学质量显著提高，中考名额到校计划完成率100％，"绿色指标"学业水平达标度普遍提升或保持较好学业水平，平均提升了2个等级，家长和学生对"强校工程"实验校的平均满意度超过90％，对口生源逐步回流，超过80％的学校进步特别明显，走上了又好又快的发展之路。

（二）实验校办学条件得到明显改善

所有实验校的校舍环境都得到了改善，部分学校异地重建，校容校貌焕然一新。所有实验校教育教学设施设备都得到了明显改善，尤其是重点保障听说测试教室、理科实验室、创新实验室建设。所有实验校教师队伍建设都得到增强，新评上一批正高级教师、特级教师，教师职称结构、学历结构、年龄结构、骨干结构等得到优化。

（三）实验校自主发展能力提升明显

实验校办学理念更加先进，课程方案更加完善，教学方式更加多样，教师发展活力明显激发，教育教学状态明显改善，办学特色明显增强，学校治理机制更加优化，家校社合力育人机制更加完善。

（四）强校工程社会影响力巨大

强校工程作为一项市政府的民心工程，纳入16区督政范畴，受到社会广泛关注。市教委利用政务官微"上海教育"进行了"家门口的好初中"系列报道，连续报道18期，介绍了23所发展效果较好的实验校。上海教育、第一教育、中国教育报、学习强国等主流媒体进行了大量的宣传报道，社会影响广泛。各区教育局也通过各种媒体，做了大量的宣传报道，比如杨浦区成立了"初中强校工程实验校"协作组，建立了"杨浦区初中强校工程建设"微信公众号，累计发布推文1500余篇次，展现了杨浦区强校工程的风采与成果。此外，借助"上海杨浦教育"微信公众号，累计向市、区级媒体推送190篇次，形成了系列宣传。

第七章　亮点特色：公办初中强校工程的典型经验

强校工程是上海市教委推动义务教育优质均衡发展的一项重要举措。2018年，强校工程正式启动，2023年，市教委组织专家组对各区强校工程绩效评估进行了复核指导，评估结果表明，强校工程取得了显著成效，超过八成的学校进步明显，学校校舍条件、师生精神面貌、学生学业质量及教师队伍发展等各个方面都有较大改善。强校工程对上海初中教育优质均衡发展起到了强有力的推动作用。这些成绩的取得，得益于市、区、校三方协同努力和智慧工作。本章分三节内容，分别呈现区域推进、实验校改进与支援校帮扶的典型经验和做法，为同类学校发展提供策略借鉴。这些经验均来自各区和学校在绩效评估时提供的总结材料。

第一节　区域推进的典型经验

在公办初中强校工程的政策文件中，提出了很多支持实验校发展的配套政策，包括优质品牌带动、"双名工程"融入、专家全程介入等。这些政策的落地，需要各区教育行政部门的积极行动，并对区域教育工作提出了一些新的要求和挑战。然而，由于历史原因和经济社会发展水平存在差异，以及各区对强校工程的重视程度有差异，部分区域在实施过程中也会遇到一定的困难。如何解决这些困难，区域的创新实施与强力支持起到了至关重要的作用，一方面体现出区域的教育主体责任的发挥，另一方面也反映出区域政策执行的主动性与创新性。

一、创新工作推进机制
（一）建立工作推进机制

奉贤区提出了"五强十机制"的政策导向，十所强校工程实验校从"强学校管理"

"强课程教学""强教师队伍""强设施设备""强监管考核"五方面推进工作,创新"校长培养""集团支援""名师引领""教研联动""聘用流动""考核奖励""培训晋升""资金配套""项目推进""增值评估"十大机制。崇明区根据"实验校"校情、学情差异和各校项目规划,在区级层面确立了"7+X"重点发展项目:"7"指学校干部培养、教师发展、学生成长、资源配置、课程教学、教育科研、特色建设7个指定项目;"X"指根据学校实际发展需要,自选的1—2个项目。

(二) 形成以点带面整体提升格局

嘉定区将提升12所市实验校的办学质量扩展到激发全区所有初中改革发展的内生动力,以点带面,打好区域初中强校组合拳,形成区域"初高中贯通,集团学区内通,公民办互通"的全方位支援格局。

(三) 形成经验共享机制

嘉定区开展了12次智慧传递活动,每季度推出一所学校的阶段性改进成果展示,以"确立明确智慧传递的目标—协商预期的传递结果—注重参与活动者体验的过程—通过互动生产丰富的成果—反思活动并不断改进"为基本模式,进行"同题异构"研讨,及时分享传递有价值的改革经验,形成互相学习的机制,同时将有效经验及时通过媒体传播,让社会和百姓知晓。

(四) 建立实验校自查与年度推进机制

黄浦区制定了《黄浦区加强初中建设实验校自查与规划》,要求每个实验校在自查的基础上,从6个层面18个维度重点选取2—3个点思考现状与问题、目标与对策、技术与实施。每个实验校在制订整体行动计划的基础上,制订分年度推进计划,并进行季度交流与分享,逐段推进实施。

(五) 建立跨校的大协作机制

松江区努力建立跨校的大协作机制、经验共享机制和个体教师的平台搭建机制。为了有效推进"强校课程"共享,松江区"强校工程"资源共享平台建设项目投入运营,为在线教研、移动听评课、资源共享等提供了信息交流平台。

(六) 重点项目引领机制

松江区实施薄弱学校教学质量提升"攻关项目"。项目由基教科牵头正式启动,经专业推荐、学校支持,在全区范围内遴选出一线骨干教师组成攻关小组,根据薄弱学校需求,开展定点驰援。该项目前后开展了四轮。

（七）专家指导机制

宝山区聘请本区优秀教师为实验校学科指导专家，对实验校发展规划进行指导。崇明区充分整合外区优质教育资源，跨区域建立"核心技术"移植机制，在区内外联系了8所优质学校（其中黄浦区2所、静安区3所、浦东新区1所、崇明本区2所）结对签约，借鉴"城乡携手共进计划"的合作经验，移植优质学校内涵发展的"核心技术"，孕育学校持续发展的"造血"机制。浦东新区建立蹲点机制，组建了57人的专家团队，成员涉及课程、科研、学科、德育等领域。专家团队进入实验校（每校配备不少于3名）进行针对性蹲点、个性化指导，帮助推动实验校进行交流、评估与推广相关工作。实验校设立科研、教研、德研联络人，加强工作联络和信息沟通，提高工作效率。

（八）设置实验校发展"直通车"机制

宝山区开展"宝山区德业发展支持计划"，助力教师职业发展。该计划为强校工程实验校搭建教师成长直通车平台，优先考虑各强校工程实验校的名校长名师"种子教师计划"人选。

二、创新校长与干部队伍培养机制

（一）加强实验校校长配备

松江区选派有丰富学校改进经验的校长担任薄弱学校校长，赋予校长更大办学自主权，包括人事自主权（使用权、选择权、副校长任命权等）、专业领导权（课程建设、教学改革、教师发展）、经费使用自主权等。黄浦区选派市实验性示范性高中学校书记、校长蹲点进驻实验校，支持实验校发展。长宁区将特级校长流动到实验校。金山区支援校蒙山中学将副校长调动至实验校朱行中学，以支持实验校的发展。

（二）建设"初中校长研修共同体"

嘉定区建设"初中校长研修共同体"，由分管副区长担任共同体的研修顾问，区教育局局长、副局长分别担任研修共同体的班主任、副班主任，通过三年系统性、个性化、沉浸式的学习设计，以愿景描绘、目标驱动、平台搭建、促进学习共同体形成为主线，完成五个迭代，提升校长胜任力，探索校长培养新机制。

（三）成立名校长工作室实训基地

崇明区聘请市级专家上海市静安区教育学院附属学校张人利校长担任"强校工程"校长工作室导师，并成立张人利名校长工作室崇明实训基地，每月聚焦校长管理问题开展主题研修,通过各校现场巡回指导、"校长面对面"专题研讨、寒假暑期主题研训、外省市考察学习等活动,提升校长办学治校能力。"强校工程"校长工作室分年度进行不同主题的跟岗研究和课题研究。

(四)强化后备干部培养

金山区强化集团后备干部培养,实行后备干部校际交流制度,统一调配校级干部和中层干部。实验校每年至少有1位教师流动到引领校跟岗学习,推动实验校的学科建设和教师专业发展。静安区优化干部"选、管、用、育"机制,"逐级培养、梯次使用"的格局进一步完善,加强储备干部培养,遴选支援校中优秀干部到实验校担任校级领导。

三、聚焦课程教学质量提升

(一)定期开展教学调研

金山区教育学院教研室对6所实验校全部进行1次初三教学专项调研和2次整体调研,做到全覆盖听课和指导,科研室科研员每年到各校作相应指导。

静安区建立了"义务教育阶段学生学业质量检测、分析与改进指导"机制、"学生学习生活质量"常态调研机制。静安区教育学院按照"调研—问题—改进"进行循环教研支持。每学年坚持对实验校开展一次课程与教学调研,调研内容包括:课堂教学的观察与反馈、教研组建设的对话与交流、作业实施的观察与分析。调研结果围绕"聚焦教学环节的规范性、课堂教学的实效性、作业测验设计的科学性"进行分析并提出问题,再按照"专业引领—以点带面—实践反思—全面推进"的路径,蹲点实践研究,精准指导,提升教育教学质量。

(二)开展区域教改项目

青浦区教育局发布《青浦区中小学教学改进工作任务清单》,实施"五强"提质行动,各实验校对照"强课堂、强作业、强教研、强底部、强评价"提质行动要求进行自查,填写《国家课程(基础课程)高质量实施——"五强"提质行动自查表》,创新举措、重点突破,在落实各项任务的过程中,进一步提升学校教育教学管理水平,推动教学工作高质量发展,促进学生全面发展、健康成长。奉贤区依托"奉贤区中小学教学工作品质提升"项目,南桥中学、四团中学、西渡学校、金汇学校、平安学校、胡桥学校六所实验校加入该项目,区教育学院教研中心受区教育局委托,组织初中学段的全体教研员对品质提升校定期开展教学视导工作。嘉定区结合区域初中教育短板和学校发展的共性问题,实施四大重点项目:①基于中考新政的"学科融合"研究和实践;②基于课程标准的"学生学习"探索和变革;③基于大数据的"学业质量"分析与评价;④基于共享互惠的"学区资源"配置与优化。在重点项目框架下,各初中学校确立区、校两级重点研究课题,形成具体实施项目"一校一策",打造学校办学"一校一特色",深入开展提升学校办学效能的创新发展行动。杨浦区教育学院作为教师专业支持中心,组织教研员指导实验校积极开展基于标准的教学与评价实践研究。

(三)建设学科发展高地

金山区建设学科发展高地,组建集团学科专家团队,建立学科名师工作室,共同开展学科研讨,整体谋划集团学科建设与发展。依靠集团学科组专家的力量,规范集团学科教学基本环节,深化课堂教学改革,强化教学过程管理。宝山区聘请本区优秀教师为实验校学科指导专家,切实提高课堂教学质量。

(四)加强学校特色建设

浦东新区帮助实验校扬长补短,聚焦德育、科技、艺术、体育等领域,每校确立1个区级以上的特色项目,力争三年达到区级以上水平。所有市级实验校都制定了"一校一特色"的方案,并根据所制定的方案有序推进,取得了阶段性的成果。其中,创艺术特色8所、创科技特色4所、创体育特色5所、创德育特色1所。搭建区级平台,给实验校的学生创设更多展示机会,提升实验校艺术、科技、体育、德育水准。徐汇区加大区教育学院对实验校特色办学工作的指导,鼓励相关院所和专业机构参与实验校的特色品牌打造,帮助完善特色课程,聚焦特色项目。

(五)加强优秀科研成果转化与应用

徐汇区将实验校作为区的教育科研基地校。由区教育学院教育发展研究中心组织建立健全区、校两级的教育科研模式,推进本区优秀教科研成果在实验校的转化应用。杨浦区组织有关科研人员深入实验校,开展实践研究,推进优秀教科研成果在实验校的转化应用与合成再造。

(六)健全教育质量保障体系

嘉定区制定《关于嘉定区教育质量保障体系建设的实施方案》《嘉定区中小学教育质量评价实施方案(试行)》,建立以"五育并举"为基本导向,以提高教育质量为核心的评价体系,充分发挥评价的引导、诊断、改进和激励功能,以评价改革撬动学校变革,引导学校树立正确的人才观和质量观。

四、着力加强教师队伍培养

（一）开设教研组长研修工作坊

静安区教育学院开设"初中强校工程教研组长研修工作坊"培训项目，33位来自实验校的教研组长参加研修，增强了各学科教研组长的校本研修方案设计能力，提升其专业水平。

（二）建立分层分类教师培养体系

徐汇区通过对教研组长、骨干教师、青年教师三个层面开展点面结合的研修活动，以"公开课展示""作业、命题设计指导""基于课程标准的教学与评价""研制学科教学指导手册""建立学科质量保障体系"等具体工作为抓手，搭建实验校教师发展平台、拓展视野、提升能力、确保实验校的骨干教师强起来。静安区构建骨干教师发展序列和"三级五层"教师培养体系，重点关注实验校教师队伍培养。

（三）建立集团内教师队伍"蓄水池"

金山区实行职数统筹管理制度。按标准核定集团中高级职数总额度，集团各等级岗位总额度，以及集团内各学校动态调整使用额度。静安区在教师招聘中，试点建立"强校工程"实验校和支援校内部教师的"蓄水池"，逐步建立双方学校之间的教师流动机制。

（四）开展教师流动

金山区建立干部教师流动机制，集团内教师申报高级职称需有在集团内流动三年及以上的经历，流动期间岗编一致，流动期满编制需变动。浦东新区完善了教育系统区内流动管理办法，在常规流动的基础上，增加教育系统内学区集团流动、新开办学校定向流动，鼓励并引导骨干教师向初中强校工程实验校流动。

（五）实施联合培训、联体研修、联动科研

崇明区举办教研员学校指导能力研修班，优化校本教研、联片教研、区域教研三级联动深度教研机制，结成不同层级的研修共同体，合作研讨解决不同层面的问题。杨浦区实施联合培训、联体研修、联动科研，多渠道提升实验校干部和教师的专业能力，统筹选派强校工程实验校中层干部和教师参与挂职、轮岗锻炼，通过优秀年轻干部培养和多岗位历练，为实验校干部培养提供多渠道成长空间。

（六）高级职称评审政策适当向实验校倾斜

黄浦区在教师专技职务评审上，针对初中学段特点，在评审过程中，对初中学段尤其是"强校工程"实验校申报教师给予重点关注。浦东新区推进了中小学高级教师评

审权下放、中级教师优化聘任工作,在中、高级职称评审上,向初中强校工程实验校倾斜。静安区在教师高级职称评审中,探索初高中分开评审,并适当向初中倾斜,对流动到实验校的优秀教师在职称评审中予以优先考虑。

(七)加大优秀教师评优政策倾斜

嘉定区在 2020 年区第十届学科带头人、第七届骨干教师、第三届学科新星评选中,向 12 所市级实验校的优秀教师适当倾斜,以上三类评选分别增加 2 人、13 人、10 人。

(八)发挥高端教师引领作用

普陀区发挥骨干教师引领作用,鼓励特级教师、学科带头人等深入实验校设立工作室,开展教师带教和学科教研组建设,强化实验校学科指导力量。

(九)实施高级教师倍增计划

浦东新区启动了"十四五"高级教师倍增计划,18 所市级实验校和 10 所区级实验校均参加了该计划,有效激发了实验校教师专业发展动力,2022 年实验校有 81 名教师申报高级教师。

五、加大优质资源帮扶力度

(一)支援校、集团校的精准帮扶

徐汇区由本区的市实验性示范性高中、市区新优质初中学校、本区的优质民办学校作为支援校支持实验校的发展,在区内初步形成优质学校与实验校"一对一"帮扶的工作模式。一是匹配度决定磨合程度。在选择支援校时考虑的因素包括三个"最"。首先是最佳搭配,其次是最佳经验,最后是最强阵容。二是调整角色定位。将支援校的校长或书记流动到实验校,并担任实验校校长,原实验校校长担任常务副校长,增强实验校的领导班子,两者形成合力,发挥出"1+1>2"的效果。三是开展深度合作。支援校通过与教育局签署协议,明确了物理意义上的紧密联结。而两校的深度合作产生了更多的化学反应,甚至是生物学意义上的创生。通过教师柔性流动、联合教研,尝试"交叉型"同课异构研讨,支援校和实验校双方教师"易子而教"、追求"有教无类"的目标达成,双方都在尝试打破支援校和实验校教师原有的教学舒适区,真正实现教的课堂向学的课堂转变。

杨浦区采取三种模式:一是建设初高中衔接贯通培养模式,二是创新公民办合作协同育人模式,三是探索集团化办学可持续发展模式。

普陀区以"紧密型集团化"带动实验校发展,通过托管、承办、联办、协办、集团化等模式,组建"一带一"的紧密型办学联合体。

崇明区学区、集团内各"实验校"因校制宜加强教育教学设施、骨干智力资源、优质课堂范例、校际专题研修等资源的运用,同时开展资源共享、管理方式互补以及在课程、教学、活动等方面的有效衔接。

黄浦区每个实验校至少有一所市实验性示范性高中和一所优质初中共同支持带动。集团和学区将实验校的后续推进发展列入年度重点工作,市实验性示范性高中的校长作为实验校的区级指导专家之一,全程参与实验校的相关工作。

金山区成立蒙山和罗星两大教育集团,以"一带三"的集团化办学模式加强6所实验校建设。利用蒙山中学、罗星中学市级教师发展基地学校资源,切实发挥好骨干教师的引领作用,促进集团内青年教师成长。组织实验校教师参加集团的学科研修、质量分析、经验交流、课堂展示、校本培训等联合培训、联体研修、联动科研活动。

静安区探索"一带一"精准对接:五四中学作为静教院附校的课程教学改革实验基地,整体推进课程与教学两方面建设;华灵学校和新中高级中学、新中初级中学形成联合办学体,提升短板学科,做强优势品牌;彭浦三中被优质民办学校托管,区教育局和田家炳中学签订托管项目协议,给予保障;彭浦四中和市北初级中学北校分别被纳入彭浦初级中学和市北初级中学教育集团进行管理。

(二)成立"强校工程"专业化协作共同体

青浦区成立"强校工程"联合培养办学集团。第一集团:青浦高级中学——金泽中学、颜安中学。第二集团:朱家角中学——珠溪中学、沈巷中学。第三集团:上海工商信息学校——毓华学校、佳信学校。同时成立"强校工程"专业化协作共同体,第一共同体:青浦区教师进修学院、青浦实验研究所——金泽中学、颜安中学、沈巷中学、珠溪中学。第二共同体:实验中学、青浦实验研究所——毓华学校、佳信学校。

青浦区通过区教师进修学院、青浦高级中学、朱家角中学、上海市工商信息学校、青浦区实验中学、青浦实验研究所等支持校的带动,建立校际联动的互助机制,六所实验校成立了自主联动的初中联动发展共同体,定期开展专题性"强校工程"推进情况的交流活动。

(三)以"基因式植入"方式全方位助推强校

奉贤区以支援校鼎力相助、集团联合助力强校、不同学段协同发展、各路专家同频把脉、互助项目多向辐射为特点,以"基因式植入"方式全方位助推强校工程,引领实验校从"粗放型"逐步走向"精细化"发展。

（四）放大上海市城乡携手共进互助项目和精准委托管理项目效应

奉贤区积极放大上海市城乡携手共进互助项目和精准委托管理项目效应，让名校入驻实验校。弘文学校为平安学校引入静教院附校和静安区教育学会的资助项目；阳光学校为胡桥学校引入世界外国语学校教育集团的优质资源。

六、优化评价与奖励机制

（一）完善与创新评价机制

浦东新区提出了"评价促进发展"的思路，探索以"过程性、增值性评价"为主体的"增值评估"，促进"强校工程"有序推进。2018—2021年的三年中，浦东新区共组织了四次"评估"，分别是：2019年上半年的"初态评估"，以及2019年11月、2020年10月、2021年10月的三次"增值评估"。这四次评估的流程相对稳定：首先是学校根据方案自评，撰写"自评报告"；接着以教师、家长和学生为对象，组织网上问卷调查；再接着组织"实验校"开展多种渠道的校际交流；然后组织专家进入现场评估，与校方深度交流；再接着形成由"专家意见书""量化报告"构成的"一校一报告"；最后学校根据"一校一报告"，撰写"整改方案（计划）"，并作为下一次评估的依据之一。整个过程成为完整的"链条"，形成了"学校主动、标准引领、顶层设计、层层推动"的机制，与推进强校工程其他举措相呼应，有效促进"强校"目标的落实。

（二）加大强校工程绩效奖励力度

静安区教育局在区域教师绩效工资统筹部分根据"强校工程"实施情况，设立专项奖励项目，对每所实验校和支援校每年给予4万元的奖励。同时，对流动到实验校的教师给予工作量补贴，充分发挥绩效工资保障激励的作用。

松江区出台激励政策，通过较好的薪资待遇与福利吸引优秀教师到薄弱学校任职，每学年给予9800元补贴。与集团化办学相结合，提高骨干教师流动到实验校的比例，2018学年柔性流动到实验校的骨干教师共12人，2019学年19人，2020学年21人，2021学年23人，骨干教师流动到实验校人数不断增多。

金山区对参与教师交流、师徒带教、名师工作室、学科发展组长等的相关人员给予一定的工作津贴。及时下拨专项经费，指导实验校经费使用，明确经费主要用于推进实验校建设相关工作，确保实验校课程教学改革、师资队伍培养、特色建设及相关设备添置的经费需求。保证市级专项经费足额到位，区级专项经费也同步跟进。两级财政对"强校工程"各校的投入，普遍在200万—400万元。

徐汇区通过教育局与支援校签约的方式，每年给予每所民办支援校150万元、每所公办支援校50万元的资金，提供支援校帮扶实验校的经费保障。

第二节　实验校发展的典型经验

上海市百所公办初中强校工程自2018年7月启动至2023年3月各区完成绩效评估工作，前后近5年时间，一百多所实验校在市、区两级教育行政部门的政策支持下，一方面充分借助外部支持力量，丰富和拓展办学资源，改善学校办学条件，营造良好育人环境；另一方面聚焦学校内涵发展与质量提升，积极挖掘内在潜力，激发师生发展活力，探索适合本校的改进策略。所有实验校均在原有发展基础上取得了较大进步，探索了一批学校改进的典型经验。

上海市教育科学研究院普通教育研究所项目组通过审阅各区和各实验校的自评总结报告，以及申报的典型案例材料，整理归纳了实验校在第一轮强校工程实施期间的典型做法，提炼出70个实验校改进策略，分为强管理、强课程、强教学、强师资、强特色、强资源等六个方面。这些典型经验不是学校改进的全部经验，不是传统优质学校的办学经验，而是代表了优质均衡背景下，相对薄弱学校努力突破发展困境、实现跨越式发展的可贵探索。在梳理提炼时，不求面面俱到，但要突出经验的针对性、操作性和实效性。这些经验可以为新一轮强校工程实验校及同类学校发展提供借鉴，拓展学校发展思路，开展基于证据的学校改进行动。

一、优化学校治理方式

（一）强化校际合作

实验校充分利用牵头校（支援校）、学区、集团的优质资源，积极探索跨校一体化办学，建立校际联合行政机制，健全校际资源共享机制。静安区五四中学[①]、徐汇区龙苑中学等学校在区教育局的支持下，联合支援校和对口小学组成紧密型教育集团，建立校际联合行政机制。校级班子定期召开联合校长会议，研讨学校发展。嘉定区华江中

[①] 注：为方便读者了解各学校所处区域，本书所列学校名称一般是按照"区域＋学校简称"方式进行。比如，"静安区五四中学"全称为"上海市五四中学"，隶属于静安区；"徐汇区龙苑中学"全称是"上海市龙苑中学"，隶属于徐汇区。

学、宝山区求真北校等学校与牵头校(支援校)探索跨校一体化办学,以联合会议、联合培训、联合教研、联合项目研究等形式,同步开展学校德育、教学、科研等工作,共用两校顾问专家、特色课程、校舍空间等资源,促进两校同频共振、同步发展,使学校迅速步入健康发展轨道。奉贤区西渡学校借助学区、集团、支援校优质资源,组建以区名教师、优秀骨干教师为主体的教学视导团,制订教学视导计划,每学期至少一次开展单学科或多学科综合教学视导,重点加强对毕业班教学专项视导,为薄弱学科、青年教师、毕业班等的工作进行诊断与指导,同时指导学校教研组规范、定期、有效地开展教研活动。杨浦区三门中学利用支援校共享的优质课程资源,组织学生参与课程、活动、竞技等领域项目,拓展学生发展机会。

(二)优化管理方式

实验校积极探索现代管理方式,完善学校治理体系,加强学校宣传推广工作。闵行区浦江第一中学探索走动式管理,包括过程管理、现场管理、细节管理、问题管理。从学校中层条线做起,下沉教育教学一线,让管理发生在身边,主动发现问题、解决问题,培养管理人才。闵行区所有实验校管理重心下移,落实年级部"包干负责制",年级部受校长室直接领导,同时将党小组和工会小组设在年级部,由三人共同领导开展年级部日常管理。奉贤区胡桥学校探索"3+3"模式的管理机制,开展三级常规检查、三级学科视导,努力提高课程领导力。松江区华实初中在管理团队成员从"关注事务性工作"到"关注发展性工作",从"被动应对问题"到"主动解决问题"的优化管理思路下,建立"1+N"现代化管理体系,其中"1"是学校党总支,"N"是学校"N大中心",为师生主动发展提供全面的支持。静安区彭浦四中办好校园开放日,开展"传播蓬思好声音"系列活动,讲述师生之间、教师之间、师生与学校之间的正能量故事。

(三)提升精准改进能力

实验校借助专家力量,精准分析校情,加强学校发展规划研制,明确重点发展项目。奉贤区珠溪中学、闵行区颛桥中学等采用SWOT分析法,从地理位置、学校规模、硬件设备、课程建设、教师资源、学生发展等方面,剖析了当前办学中存在的主要问题、潜在优势以及发展前景,并充分利用地域特点和周边资源,完善课程建设,围绕导向深度学习的课堂改进实践,探索教学转型的路径,以提升办学品质。很多实验校都参与区域重大教改与研究项目,在研究中发展教师,提升质量。

(四)完善家校社协同育人机制

实验校探索家校社协同育人机制,一方面打造家庭教育课程赋能家长,另一方面积极提升教师家教指导能力,强化家校互动,提升家长满意度,以"家长评"发挥共育功能。青浦区毓华学校、闵行区罗阳中学等将行规教育和家庭教育结合,打造家庭教育指导课程,开发线上家长学校系列课程,参与家庭教育示范校建设。宝山区泗塘二中派送教师参加"国家职业培训·家庭教育指导师"高级培训和上海市家庭教育指导骨干教师培训班,获得上海市家庭教育指导者证书,形成一支由班主任、心理老师等组成的学校家庭教育指导教师团队,以及由校外辅导员、社区代表、优秀家长组成的兼职家庭教育指导团队。宝山区泗塘二中开展"五有"好家长的评选工作。建立"班级—年级—校级"三级家委会,按职能分三个部门:督学部、研学部、助学部。学校每学期定期召开家委会会议,精心策划组织校园开放日、家长接待日、家长会,邀请家长走进校园。青浦区沈巷中学在劳动教育中融入"家长评"活动,学校德育处做好《评价邀请函》和《评价表》,积极发挥家校共育功能。

二、提升课程开发与实施能力

(一)完善规划,全面落实国家课程

实验校在专家指导下,积极完善学校课程顶层设计,加强新课程新教材实施研究与培训,推进国家课程校本化实施,并重点开展新中考改革研究与对接。嘉定区方泰中学构建"方圆课程",嘉定区启良中学构建"三大学堂"课程图谱,静安区彭浦四中形成了"蓬思·守正"课程体系。杨浦区三门中学每个教研组在学校的课程计划下,完成"四件套":学科课程实施纲要、学期课程实施方案、单元教学计划、每课的教学设计,将学校的课程理念、核心素养培育细化落实到每个学科、每个学期、每个单元、每节课。黄浦区清华中学开展"双新"专题研究、"双新"教师培训。黄浦区金陵中学开展"初中跨学科教学与课程研究""中考改革背景下的地理和生命科学跨学科校本课程建设"等项目研究。

(二)拓展优化,提升校本课程设计实施水平

实验校积极建构校本特色课程群,开展学习空间再造,提升校本课程实施水平,重点加强职业体验课程开发,积极探索适于学情的长短课程制、一贯制衔接课程等。徐汇区南洋初级中学形成"特色南洋"五大课程群,青浦区颜安中学形成"四色颜安"课程体系。徐汇区田林二中、徐汇区龙苑中学、青浦区佳信学校、青浦区毓华学校等随迁子女较多的学校积极开发职业体验课程。嘉定区华亭学校利用九年一贯制学校优势,落实学校育人理念和育人目标,针对某些课程领域,校本化设计一贯制衔接课程。杨浦区鞍山初级中学改变原有按照学期设计的长周期课程,建立长短课程制,短周期课程为半学期制,学生可自由选择,这使得课程实施"活"了起来。

三、提高课堂教学质量
(一) 建立教学质量问题诊断及反馈机制

实验校聚焦课堂教学质量提升,改进教学质量调研与质量分析模式,对质量达标异常的学科开展质量督导,建立教学质量诊断与分析的大数据平台,积极利用教育学院与督导室的专业指导与评估结果改进教学。嘉定区华江中学与支援校联合开展各年级质量调研,改进质量分析模式,精确比对年级、班级、学科、教师个体、学生群体的差异化表现,及时诊断发现问题,持续改进课堂教学,关注薄弱年级、班级、学科、教师,采取有效措施,促进均衡发展。嘉定区启良中学、嘉定区华亭学校、金山区松隐中学、松江区华实初中、松江区新桥中学等学校,积极探索对质量达标异常的学科、班级进行专题督导诊断,构建"一校一策""一班一策""一生一策""一科一策"办学质量保障体系。嘉定区启良中学形成比较稳定和完整的质量跟踪与分析平台,为质量提升提供了科学可靠的数据支撑。崇明区裕安中学邀请教育学院教研室来校进行调研指导,对学校教师进行了课堂教学、教学设计、分层作业等诊断评估,为每一位教师开出详细的评估诊断书,以此推进学校课堂教学变革。

(二) 建构好课标准、落实机制及评课指标

实验校积极形成本校好课标准与教学特色,落实好课推进机制。普陀区兴陇中学围绕"学生心中的好课观",确定四大实践主题,即从"表达能力培养、问题链设计、信息技术整合、作业设计优化"四个方面持续推进"好课"研究。黄浦区金陵中学"灵动课堂"、青浦区金泽中学"三疑三探"教学、嘉定区启良中学"成长课堂"、闵行区浦江三中"有氧课堂"等诸多学校建构本校好课指标,探索具有本校特色的教学方式,引领教师行为转型。金山区吕巷学校探索实践"四点六步"教学设计(四点即薄弱点、兴趣点、成功点、拓展点;六步即记忆、理解、应用、分析、评价、创造),利用"预习单""导学单""作业单",探索形成"三问一展"深度学习的课堂模式("三问"即课前让学生提出自己在导学中的问题与困惑、教师在课堂上围绕核心问题的解决进行追问、课堂结束前学生提出尚存在的问题与困惑,"一展"即学生在课堂上展示自己的学习成果)。金山区朱行中学构建811教学改进策略的实践模型,探索生态的811教学评价指标体系,实现教、学、评一致性,同时延伸与强化校本教研和师资队伍建设。嘉定区练川实验学校聚焦

"基于问题自建构,设计会问的课堂"的操作策略,提升课堂教学质量。嘉定区启良中学以PDCA四单循环(计划单—任务单—评估单—优化单)推进实行课例研究模式,提升教研品质。徐汇区紫阳中学的分层教学模式从1.0版逐步优化至2.0版,更贴合学生的发展,逐步培养学生的自适应学习能力。杨浦区杨教院附中研制学习认知行为分析工具,开展"基于学习认知行为分析的教学实践与课堂观察",梳理基于学习认知行为分析的教学设计框架与实施策略。

(三)编制校本作业,发挥作业功能

实验校着力提升作业品质,完善校本作业体系,探索个性化作业。静安区彭浦三中、嘉定区启良中学等学校将作业设计纳入教研体系,自编从六年级到九年级各主要学科的校本作业,以育人为本质、以素养为导向、以课标为依据、以学情为基础、以单元为基本单位,系统设计符合本校学生年龄特点和学习规律的课后作业,统筹作业的设计、布置、批改、分析、讲评和辅导各要素,初步形成具有本校特色的高质量作业体系,建设校本学科作业题库。普陀区宜川附校通过"专题作业设计与实施",构建"课后作业B本"的"迭代"长效机制,形成考试科目作业"日常备注、假期修订"的动态升级机制;开展"作业+"行动研究,以"三阶段两反思"的校本化课例研究,探索形成以"课前—课中—课后"作业关联性设计为线索的"问题导学"教学研究范式;确立"个性化定制"三种形态,实施"作业个性化定制"教研组分级项目研究;坚持作业"零缺交"制度,学部统筹作业来源、设计、布置等环节管理,从"学习基础素养视角"到"学科核心素养视角"不断深化有效作业的设计研究。

(四)加强教学研究,构建校本教研机制

实验校积极构建多维立体的校本教研网络,加强学科备课组和教研组建设,建立与完善听评课制度。嘉定区金鹤学校以"一组一项目"为抓手,引导教研组长针对教研主题开展顶层设计,进行整体规划,各个教研组聚焦问题或主题进行深度研讨。嘉定区徐行中学、嘉定区华亭学校、金山区亭新中学、青浦区佳信学校、静安区五四中学等学校以重点课题为抓手,开展理论学习、观摩学习和课例研究实践活动,构建主题式教研、项目式校本研修与日常课程教研等多维立体的校本教研网络,形成"一课全备三磨"教研模式,完善课例研训机制,形成"反思·实践"互证式课例研究。架构反思行动框架,形成四级对话机制与教学反思机制,开展日常教学反思、微格教学反思、年度总结反思,编制出了符合学校实际的学程手册,助推教学行为的改进。青浦区沈巷中学依托团队听课,形成"一听"(听课堂常规在教学中的落实情况)、"二查"(查备课笔记和作业布置、批改情况)、"三反馈"(定时间、定地点按规定主题开展听课后的面对面交流并形成书面评课意见反馈给执教老师)、"四反思"(由执教老师围绕评课意见撰写教后反思)、"五上传"(汇总上传相关材料)的流程。

(五)提高教学针对性,推动个体辅导精准化

实验校积极探索因材施教的方法,探索"一生一策",实施课后个别化辅导,研究生涯发展指导策略,开展小初衔接教学研究,探索分层教学方法,利用数字赋能教学精准改进。长宁区省吾中学推行学生学业分析表,立足数据分析学生各学科的掌握程度、学习优势与不足,找准学生的学科学习起点,形成可操作的个性化分阶目标,利用课余时间开展针对性辅导,让学生在一次次达成目标的积极体验中收获更高的学习效能感。崇明区港沿学校根据学生的学习能力和学习进度,安排相应的教师进行个别化辅导。崇明区长兴中学、崇明区横沙中学、静安区五四中学等学校重视初中起始阶段与小学学习内容的衔接,开发衔接教材。徐汇区长桥中学针对学生差异性的学习需求,给不同层次的学生以学习指引。徐汇区紫阳中学对不同层次的学生提出不同的培养目标,提供更多的个性化资源,培养学生的自适应学习能力。嘉定区华江中学、嘉定区启良中学、松江区新桥中学、闵行区多所实验校用好学校质量分析系统,采用网上分析、阅卷系统进行数据跟踪和后续改进,构建"智慧课堂"模型。

四、加强师资队伍建设

(一)借力优质资源,增强教师发展实效性

实验校加强教师柔性流动与沉浸式育人,探索集团跨校研修机制,与支援校骨干教师开展一对一结对签约带教活动。奉贤区青村中学、杨浦区十五中学、徐汇区紫阳中学等学校派出教师到支援校跟岗学习。普陀区兴陇中学、奉贤区青村中学在集团的助力下,积极参与集团"1＋N"的跨校教学研修模式。形成"多维导师制度",探索需求—证据驱动的研训模式。崇明区大新中学中青年教师与支援校骨干教师一对一结对签约,每月开展听课、评课等互动活动。

(二)分层分类培养,提高教师发展针对性

实验校研制针对不同职业发展阶段教师的发展规划,针对青年教师、骨干教师、品牌教师与领军人物、班主任等各类教师的需求,开展多种形式、针对问题的校本培训与研修,开展匹配"双新工程"实施的教师能力培养,鼓励与支持教师积极参与课题研究。黄浦区清华中学、普陀区兴陇中学、青浦区珠溪中学等学校探索了"部门式""主题式"

"订单式""诊断式""引领式""混合式""问题导向式"等富有针对性和实效性的校本培训、主题教研活动。多所实验校针对不同职业发展阶段的老师,制定不同的任务清单。研制教师发展专题规划实施项目,以"量身定制、分层分类、任务推进"为工作方法,完善教师专业发展机制,施行《教师专业成长积分认定方案》,探索不同教师群体的差异化评价标准,发挥学校对师资队伍的导向功能,实现师资队伍水平整体提升的目标。在青年教师培养方面,建立青年俱乐部,实施"新秀工程",制定《师徒结对工作细则》,编制"2—5年青年教师校本化培训课程科目纲要",开展青年教师基本功大赛,加强教研员指导力。在骨干教师培养方面,建立骨干教师工作坊,深入研究课堂转型过程中学与教的方式转变,重点研究基于课程标准的教学、信息技术和学科教学的深度融合、学生问题解决能力和可持续学习力、中考改革后的教学应对。优秀骨干教师每学年完成四个"一"任务,即带教一名徒弟、一次教学展示、一项教育研究、一个单元设计。聘请专家对成熟的骨干教师指导进行"教学风格"提炼培养。加强品牌教师与领军人物培养,出台《学校品牌教师评选与管理办法》。成立班主任工作室,提升全员育德能力。徐汇区长桥中学为匹配"双新工程"的实施,倡导教师能力培养的"五个导向"及"一个工具箱",有机结合教学、科研、校本培训,以适应新形势发展的需要。闵行区华漕学校鼓励与支持教师积极参与课题研究,设立校级"人人项目",随后归并相近课题,采用"集群研究"方式。

(三)创新研修模式,激发教师发展主动性

实验校力抓教师团队建设,创新研修方式,创新干部选拔机制及轮岗顶岗制度,激发教师发展主动性。徐汇区长桥中学、嘉定区南翔中学调整中层干部选拔机制,实施各层面的"轮岗顶岗",实现"岗位锻炼人"的人才发展模式。建立后备干部"储备库",制定后备干部队伍梯队建设规划,通过部门挂职、干部带教、专家指导等方式促进其管理能力和综合素养的提升。金山区亭新中学推出"自愿、无薪"跟岗制度,为教师提供多样的学习和锻炼平台。杨浦区三门中学、嘉定区戬浜学校、崇明区裕安中学等以专业共同体建设助推职业认同与专业发展,成立学科教师发展团队、班主任发展团队、骨干发展团队、跨学科教学研究室等教师专业发展团队,指导教师提升专项专业能力和凝聚力。崇明区裕安中学根据学校发展的需要和教师的需求,确定研修主题,以长期研修和短期研修相结合、攻关研究和常规研修互补的方式进行。嘉定区戬浜学校、崇明区裕安中学实施"双重激励",加强对团队绩效的捆绑式评价。

五、做强学校特色品牌
（一）借力校外资源强特色
实验校一方面充分利用本地文化资源，做强学校特色项目；另一方面，积极借助校外资源，探索馆校合作、与职业院校合作、与高校或科研院所合作，丰富学校特色内涵。松江区新浜学校、松江区小昆山学校、嘉定区华亭学校、闵行区颛桥中学、松江区叶榭学校、嘉定区启良中学、嘉定区马陆育才联合中学、嘉定区南翔中学、青浦区珠溪中学、崇明区正大中学、虹口区霍山学校、金山区金卫中学、金山区亭新中学、普陀区兴陇中学、青浦区颜安中学、杨浦区三门中学等学校利用所在地文化资源，如古镇特色文化、农耕文化、名人文化等，开发合适的校本特色课程与活动。松江区泖港学校、嘉定区叶榭学校、黄浦区清华中学、青浦区金泽中学、奉贤区胡桥学校、奉贤区四团中学等学校利用所在地拥有的国家、市、区等级别的非物质文化遗产，开发合适的校本特色课程与活动，助力学校特色建设与发展。奉贤区头桥中学、松江二中（集团）初级中学、金山区亭新中学、闵行区吴泾中学、普陀区兴陇中学、奉贤区头桥中学等学校积极探索馆校协作，开发符合学校特色的课程与活动。青浦区佳信学校、青浦区毓华学校针对随迁子女多的特点，通过与职业院校合作开发学校特色课程与活动，助力学校特色建设与发展。松江区立达中学、普陀区兴陇中学、杨浦区三门中学、杨浦区市十五中学、闵行区颛桥中学等学校利用高校/科研院所的资源，共同开发学校特色课程与活动，形成或发展学校特色。

（二）借助本校资源强特色
实验校基于校情，充分利用校内场馆等空间资源，借力科研、教改等项目，营造校园特色文化，做强本校传统特色。徐汇区龙苑中学、徐汇区田林二中、崇明区大新中学、青浦区毓华学校等随迁子女比例高、随班就读学生多的学校，建设符合校情的学校特色课程或活动，形成特色文化。宝山区陈伯吹中学、宝山区大场中学、宝山区泗塘第二中学、虹口区澄衷初级中学、闵行区七宝第二中学、杨浦区市十五中学等学校在建设和发展学校特色的过程中，有了很多特色课程或活动，学校结合育人理念统整形成学校的特色文化，丰富本校传统特色内涵。宝山区求真中学、崇明区长兴中学、虹口区教育学院实验中学、金山区张堰第二中学、普陀区怒江中学、青浦区珠溪中学、杨浦初级中学等学校积极申报各种科研课题，在研究的过程中逐渐形成学校自己的特色。

第三节　支援校帮扶的典型经验

根据市教委文件要求,要为每所强校工程实验校配备一所优质品牌学校作为支援校(牵头校),形成更加紧密的学校发展共同体,一方面利用优质学校的先进办学理念和办学经验为实验校发展提供策略指导,另一方面利用优质学校的教师、课程、场馆、发展平台等各类优质资源,弥补强校工程实验校的资源不足,拓展实验校的发展空间。各区教育局主动作为,探索了多种帮扶模式,优质品牌学校包括优质公办初中、优质民办初中、优质高中、优质中等职业学校等各种类型,匹配模式也考虑到了学校实际及发展需求。各支援校(牵头校)也积极行动,探索了管理赋能、资源赋能、策略赋能、平台赋能等多种经验。本节呈现的是部分支援校的帮扶亮点和特色。

一、管理赋能

(一) 互派干部,"沉浸式"育才

西南位育中学作为牵头校,先后有书记、校长、教研组长、主干课程骨干教师等各类干部共计8人到实验校进行阶段性指导。同时,组织7名干部开展小项目研究,将在教学管理实践中发现的问题变为常规教研管理的小课题和主要内容,改变目前教研活动重工作布置、轻教学研究的现状。

支援校进才实验中学的一位校长兼任实验校进才中学南校校长;先后两任进才实验中学副校长调整至进才中学南校任党支部书记。三位校级领导为两校的融合发展奠基,带去了办学理念和管理模式的根本性改变。进才实验中学连续两年分派课程教学处主任深扎进才中学南校,主抓教学质量。选派区英语学科带头人、区心理学科中心组成员、区语文教学骨干各支教一年,发挥示范引领作用,派区音乐教学骨干、区青年新秀根据学生活动需要到进才中学南校进行工作指导。

(二) 构建专业共同体,共同提升管理文化

支援校进才中学北校与实验校育民中学双方建立了管理学习会制度,每月双方的管理队伍共同学习学校管理方面的理念和策略,提升行政干部的领导力和执行力。双方的管理团队构建了专业共同体,各职能部门相互对接,定期分条线交流学校宏观管理、德育工作、课程教学、教师专业发展、工会及后勤保障等多方面的经验。双方的管理团队通过持续改进机制,共同提升学校的管理机制和管理文化。每学期初学校各部门负责人将干部培训内容与负责的工作相结合,撰写学习体会,规划本部门新学期的工作计划。育民中学的中层干部学习进才中学北校成熟的管理经验和具体举措,并结合学校自身特点逐步推进。

(三)构建交流研讨机制,共享优质管理资源

进才实验中学构建管理团队结对帮带、交流研讨机制。进才实验中学管理团队按工作条线一对一结对帮带进才中学南校管理团队成员。双方的管理团队每学期组织不少于一次的集体交流研讨,相关成员每月开展不少于一次的互动交流。共享优质管理资源,共建学校管理文化。

东昌南校与吴迅中学相应部门的5位行政管理人员结对,以便交流工作和提升管理水平。

(四)共同制定实验校改进方案

松江区叶榭学校与民乐学校举行"实验校和引领校"校际联动工作会议。民乐学校协助叶榭学校内省自身文化底蕴,挖掘自身特点,查找短板,排摸瓶颈,"以问题为导向",从需求出发拟定合作方案,进行整体规划,内容涉及学校管理、教研组建设、青年教师引领指导等多个方面。民乐学校发挥引领校的作用,邀请上海名师名校长、华东师大教授、上海师大教授等专家为叶榭学校的管理把脉,以"实证追因"提升办学质量。

(五)共同治理,提升现代管理水平

松江区三新学校作为引领校,将"求真启善、以美立人"的办学理念与松江区佘山学校"奠基终身发展,成就精彩人生"的办学理念相关联。三新学校以"共同治理"为核心,帮助佘山学校完成由管理到治理的转化。佘山学校以现代化学校制度建设为抓手,健全规范的教育管理保障系统;完善了学校章程、教代会制度、家长会制度等现代管理模式,充分调动起全体教职员工及家长的工作积极性。佘山学校还深化了全员育人导师制,构建人人参与的民主管理模式,全面保障教育质量。

闵行区罗阳中学采用协同化雁阵式治理方式,领头雁为集团管委会,下设专家组和六大职能中心、十大学科工作室。大家在同一个平面上抱团协作,互利共生。

(六)辐射管理成果,营造管理文化

浦东新区侨光中学聚焦"学校管理",进一步形成"实验校"学校管理文化。一是管理团队互动交流,侨光中学与实验校蔡路中学签订协议书,制定帮带共建工作方案,管理团队团结协作、互相交流和研讨,定期召开工作会议,确定分阶段工作内容和工作要求。二是优化管理制度建设,侨光中学帮助蔡路中学进一步修订完善学校管理制度;

进一步实现科学化、精细化管理,发挥制度的管理效益;进一步完善和健全管理与评价制度,来加强激励措施,激发教师发展的内驱力。三是辐射优质管理成果,侨光中学邀请蔡路中学的行政人员与教师观摩本校开展创建的浦东新区新优质学校成果展示活动与新优质学校评审活动。

二、资源赋能

(一) 教师柔性流动,"一体化"育师

徐汇区西南位育中学制定《两校教师双向流动实施办法》,共计14位教师参与流动,涵盖语、数、英等主要学科,柔性流动教师以问题为导向,做到双向流动"三必须"(必须深入课堂教学,必须参与年级组、教研组、备课组活动,必须推进教师专业发展)。

闵行区罗阳中学建立了"按需、精准"的靶向式教师流动机制,按"岗编一致和柔性流动"两种方式推进,全部实行属地化管理,促进了师资在集团内的合理流动和最优化配置。

松江区三新学校骨干教师积极在佘山学校帮扶流动。2018年至2020年间,两位区学科名师先后在佘山学校流动支教,分享教学常规建设,将三新学校的教研范式带去那里,激发佘山学校的校本研修活力。更重要的是,名师流动带教加速培养年轻骨干力量,使她们站稳、站好讲台,在区级青年教师的各级各类评比中崭露头角,获得佳绩。

(二) 利用专家资源,带教青年教师

徐汇区西南位育中学面向实验校青年教师开展专门规划、专人带教与专家辅导。通过专家讲座、专题报告和教学展示研讨活动,把教师特别是青年教师培训工作分层次、有计划形成上下互动序列,全面全方位进行岗位能力实训,历时五年,实验校已有近40位青年教师受益。其中,5位教师获评一级职称,2位教师获评高级职称;9位教师获区骏马奖、园丁奖等荣誉,3位教师参与区级以上课题申报,2位教师在市(区)强校工程、教师队伍建设经验交流会上发言,7位教师参与区空中课堂课程录制,2位教师走上校级领导岗位。

浦东新区东昌南校以"师徒结对青蓝工程"及创建"青年教师学习工作坊"为抓手,与吴迅中学部分教师开展师徒结对,正式签订师徒结对协议。结对分为三个层面,包括青年教师5位、潜力教师3位,涉及数学、英语、历史、体育等学科。

松江区民乐学校通过构建骨干教师研修工作室等,促进叶榭学校教师专业发展。

2019年4月8日下午,在民乐学校举行"强校工程'青蓝结对'"的师徒结对仪式,为青年教师的快速成长搭建了学习平台。学校强化教师的内外循环,优化教师专业发展环境。各结对教师开展有计划的集体备课、跟踪观课、专题磨课活动,教学设计、作业设计等教学研究,共同学习,共同反思,促进双方教师专业成长。

松江区三新学校建立了教研组长领衔骨干教师的评课团队,组团听课,细致打磨,为学科建设出谋划策。通过线上线下的听课、评课,确保佘山学校的展示课顺利呈现。三新学校还将和美作业(校本作业)与佘山学校共享,为佘山学校进行作业设计乃至优化作业库建设提供必要支持与帮助。

浦东新区侨光中学除将本校优秀师资"送上门"作为师资培训常态外,还邀请专家以"请进来"形式开展联合师资培训,如:共同聆听区语文教研员的专题讲座"初三语文作文辅导";共同聆听全国优秀小学校长、上海市特级校长、市名校长培训基地主持人的专题报告"新时代教师的职业素养",每学期两校教师通过联合师资培训,共同成长进步。

(三)采用同步课堂,让实验校学生感受名师风采

普陀区曹杨二中2020年指导兴陇中学(现为曹杨二中实验学校)开展线上线下融合式教学,学校以"技术教学深度融合,赋能教师研磨好课"为案例在当年全市校园长暑期培训会上进行交流。2021年采用"云平台·同步直播"的新形式,实现一间主讲教室上课、多间互动教室同步、优质教育资源共享,兴陇中学的学生同步享受到了名师课堂,这在很大程度上解决了义务教育不均衡的痛点和难点。

(四)课程资源共建共享,形成特色校本课程共享

杨浦区教育学院(牵头校)领衔组建"明德·修身"课程团队。由牵头校研训人员和成员校校长、德育主任组成的课程领导核心组,主要负责顶层设计,包括规划课程架构,编制课程纲要,系统部署整个课程的开发与实施。由成员校校长领衔、德育主任具体负责、学校教师组成的学校课程研发组,主要落地编制学校课程方案、设计课程活动、实施学科德育融合等任务。由复旦大学、华东师范大学专家组成的课程指导组,全程跟进指导。实验校德育课程建设特色凸显,教师在课程研发中实现专业成长,育人成效在家校社协同推进中显著提升。

闵行区罗阳中学以作业云为平台,推进集团好作业的研发。集团管委会提出研发"集团好作业"的要求。一是立足课标,系统设计。二是立足学情,分层而建。三是立足素养,善于融合。如探索综合实践类作业、跨学科作业等。四是整合技术,开发"作业云"空间,并不断促进云作业的生成、发展、应用和管理。

松江区民乐学校整合已有资源构建了"三乐·六美"课程群。作为"强校工程"引领校,做到了经验、课程资源共享,送经验、送课到校。课程资源包括国家课程、校本课程等。在国家课程方面,民乐学校将优质道法、历史中考课程送教到校。在新中考背景下,民乐学校将跨学科案例分析资源与叶榭学校共享。在特色校本课程方面,将法治教育配套读本《明理尚法》作为课程资源与叶榭学校共享。将《晨诵夜读》人文学本作为课程资源与叶榭学校共享。民乐学校还分享了外购优质课程资源等。

普陀区曹杨二中积极向曹二实验学校辐射最优质的社会实践和国际理工课程。

(五) 空间资源共享,探索育人新模式

杨浦区控江中学将科创课程和科创中心与集团内各初中共享,在集团内各初中营造科创氛围、夯实科创基础,为学生的长期发展做好积淀和储备。通过集团化办学,各成员校之间的关系更加紧密,教学活动也更加丰富,逐渐形成了"高中生带初中生""大孩带小孩"的混龄同伴教育新模式,形成了良性的志趣互培、学习互助、实践互动的效应,而各种各样的活动共享对健全学生人格具有重要意义。

三、策略赋能

(一) 经验分享

松江区三新学校精选骨干,专题把关,为中考做足准备。三新学校派遣九年级语文、数学、英语骨干教师前往佘山学校进行经验分享,为他们在专题复习课的授课精度和准度上把关。不仅如此,两位九年级组的领军教师还亲自在佘山学校上示范复习课,为培优贡献力量,为专题复习提供指导,同时这也为佘山学校的中考质量保持稳定提供了保证。

(二) 听课指导

浦东新区侨光中学作为支援校,坚持选派学校骨干教师去蔡路中学以听课评课与微型讲座的方式定期指导青年教师,提高青年教师的课堂教学能力,提升教师的专业能力。

(三) 联合研究

静安区教育学院附属学校与五四中学联合开展教师命题研究,提升教师命题素养。对命题开展基于学情的差异化发展研究,贯穿教育教学全过程成为两校教师的普遍共识。具体做法包括:一是以点带面的试探性试卷命题研究。确定六年级的两个班级开展试探性试卷命题研究,静教院附校提供了六年级的全学科作业、单元练习、期中期末试卷,五四中学教师结合学生的学情特点,在此基础上做修改之后使用,形成了以下实施路径:"试卷异构—独立命题—组内研讨—专家审阅—技能展示—修改矫正—检测实施跟进"。逐年跟进,帮助五四中学积累了六年级到九年级的学科试卷资源库。逐步将经验推广到全校各年级期中期末的试卷命题。同时还完善了《五四中学考试命题管理要求》,明确了双向细目表、期望值及质量分析等具体的要求。二是以校际联合研修发展教师命题能力。牵头校初三年级各学科教研组长和备课组长与五四中学初三全体教师定期开展校际联合研修。各学科组织教学设计和专题复习设计,以及作业设计、命题设计等专题研修活动。其他学段的学科教师参与观摩学习。数学教研组在联合研修中还运用"循环实证"的研究方法,采用"收集—分析—评估—反馈—改进—实践"多次往复、不断循环的操作路径开展试卷命题的研修,基于证据帮助五四中学的教师发现试卷命题中的问题,展开研究分析,提升教师对学情的把握力、课标的理解力、命题的设计力。三是依托成果推广交流平台开展教学设计的改进研究。以平台上传的静教院附校教师撰写的教学设计为学习资源,组织五四中学教师以学科为单位开展课堂问题设计、小练习、课后作业等研修,并组织全校教师开展线上评价。之后,五四中学教师开展校内教学设计评优活动,挑选最好的 3 份上传平台。

浦东新区进才中学北校 2017—2020 年完成了"教师专业发展共同体的培育及运行机制的实践研究"课题。该课题带领两校教师开展教育科研,将实践经验提炼升华为研究成果,出版了《大成有道——教师专业共同体的学校实践研究》一书,从而提升教师的科研意识与能力。在共同努力下,育民中学于 2019 年确立了区级重点课题"基于积极心理学原理,促进中学生主动发展的实践研究"。

松江区民乐学校的市级课题"指向学生高层次思维培养的课堂研究"于 2019 年正式立项。民乐学校与叶榭学校通过专题培训、教研活动、评比课、展示课等活动交流培养学生高层次思维的课堂教学策略。例如,2019 年 10 月 18 日,叶榭学校 11 位教师参加民乐学校主题为"立足思维提升,助推课堂转型"的访学交流活动;2020 年 8 月 24—26 日,参加民乐学校"唤初心 启思维 激活力"暑期培训。学校在各学科的课堂教学过程中注重培养学生的批判性思维等高层次思维。两校共育指向学生高层次思维培养的学科精品课例,为两校教师提供了学习与参考的课例。例如,2021 年 6 月,叶榭学校 8 位老师参加 2020 学年民乐学校紧密型集团高层次思维课堂教学评比活动。此外,"指向学生高层次思维的三元三度测评体系"中的课堂观察量表为教师们提供了一个课堂观察工具。高层次思维测评资源库为中小学学科教师评价学生高层次思维提供了辅助手段和参考案例。在民乐学校"科研兴教、科研兴校"氛围的带动下,叶榭学校以"信息化背景下研究型教师团队建设的实践研究"为龙头课题,运用e帮手信息化平台,完善校本资源库建设,带动学校教育教学工作循证提升。

(四)同步研修

浦东新区进才实验中学从帮教共建开始,发挥区级校本培训学校的优势,与进才中学南校开展同步校本培训。连续三年,进才中学南校老师全员参加了进才实验中学为期三天的暑期校本研修,聆听专家报告,参与教学论坛、德育论坛,参加年级组、教研组会议,他们在一个个舞台上快速成长、成熟……共建三年来,从线上到线下,两周一次的校本研修活动同步推进,促进了进才中学南校教师专业素养的提升。

(五)同步教研

浦东新区进才实验中学与实验校各备课组开展同步教研。科任教师加入同一备课组的微信群,参与备课组讨论活动,共同使用进才实验中学校本习题集,教学工作实行"四同步",即教研同步、作业同步、考试同步、质量分析同步,后期又加入了德育活动同步。两校多次召开教研组长联席会议,举办联合教研组活动。进才实验中学分享拓展型、探究型课程开发成果(精品校本教材、探究课优秀案例集),委派外聘课程专家高建中到进才中学南校指导课程开发工作,促进了进才中学南校的三类课程建设。

(六)联合教研

徐汇区西南位育中学与实验校联合开展深入、有主题、有系列的专题教学研究。两校的教研活动蓬勃开展,每周、每月、每季度都有调研活动开展,现已有208次调研。两校通过联合"走出去",学习消化融合后的"引进来",实现共同进步。

杨浦区鞍山实验中学探索"执行长制"联合教研,助推教师专业成长。鞍山中学确定了以"培育强校工程实验校教师整体职业幸福感"为宗旨,将目标达成融合到两校"教师专业素养提升过程"中的基本思路,建立了"1套制度、2个系统"的"1+2执行长制"联合教研模式。"1套制度",即基于支援校已建构的稳定而有效的校本研修基本制度,将实验校的教师培养纳入支援校的共培机制,发挥两校教师特长,互动共赢,助力教师专业成长。"2个系统",即内容系统(两校教师共研平台)、运行系统("执行长制"联合教研)。"执行长制"联合教研,成立项目实施领导小组和三大工作中心(管理中心、事务中心、执行中心),将目标任务逐层分解。

浦东新区侨光中学与实验校开展联合教研活动。每学期,两校定期开展多层次、多维度、多主题的联合教研活动，以研促教，激发教师交流合作的积极性和主动性，促进教学环节的规范与优化，夯实教师课堂教学技能，提升课堂教学质量，促进教师的专业发展。两校每学期的联合教研活动不少于6次。

（七）学生讲师

闵行区罗阳中学自2019年开始，实施基于学法分享的"智慧接力"项目。罗阳中学遴选学生讲师，建设分年段、分种类、分学科的学法智慧接力课程，向实验校低一个年段的小伙伴传递有效学习方法、示范良好学习习惯。成功"输血"后再实施"造血"工程，帮助实验校组建本校的小讲师学法课程。

浦东新区建平实验中学向实验校传播优秀学习经验，助力实验校学生学业质量提升。

四、平台赋能

（一）共享学校发展平台

普陀区曹杨二中于2023年5月启动"群星"计划——暨创新人才贯通培养。曹杨二中牵头成立"星云"俱乐部，作为创新人才培养和发展的主要实践载体；建立"银河"创新营为主要交流平台，加强创新人才跨级交流；整合教育集团优质资源，以育人为核心，以"发现天赋，点燃智慧，促进发展"为理念，帮助曹二实验中学构建创新人才学习与发展平台。

松江区民乐学校作为"五区五校初中数学联盟校"，在数学教学方面一直与建平西校、格致初级中学、育才初级中学、徐汇中学等学校开展交流。秉承资源共享的原则，2019年5月15日，民乐学校与叶榭学校初中数学组全体教师赴徐汇中学，参加了上海市五区五校初中数学主题为"基于单元设计、关注思维过程、促进教学表达"的教研联合体教学研讨活动。民乐学校与静安区静教院附校有着深度合作关系，2020年11月12日，民乐学校与叶榭学校教师们共同参加静教院附校研修活动。此外，民乐学校作为区级项目化学习种子校、数字化教材实验校，也以项目的形式为叶榭学校共享贡献相关经验。

（二）共享教师发展平台

浸润式培训。浦东新区进才中学南校选派新教师来进才实验中学开展为期一年的浸润式培训。

"跟岗"培训。浦东新区蔡路中学派两位青年教师到侨光中学"跟岗"培训，在侨光中学两位骨干教师的悉心带教下,两位青年教师收获满满。

德育名师送教。松江区三新学校德育名师人才济济,其中包含了区级班主任工作室。佘山学校的青年班主任们虚心好学,积极参与工作室的各类活动,如班会课后现场研讨、模拟情景演绎、"心灵之窗"读书交流。青年教师们在此取经,将学到的经验和智慧用于工作实践中。"大咖"班主任手把手指导"小"班主任,为她们日后的工作指点迷津。

设立学科基地。普陀区曹杨二中的特级教师、学科带头人优先考虑在曹二实验中学设立基地,指导教学,开展专题研究,先后设立了8个学科基地,曹二实验中学共有9位青年教师成为学科基地成员,受到曹杨二中名师手把手的指导。

设立学科工作室。闵行区罗阳中学以学科工作室为载体,引领教学设计的优化。在深度研读和领悟学科课程标准的基础上,通过"实践—反思—再实践"的迭代完善,确定了实施"大单元教学设计"的总体优化策略和四大关键性驱动任务。

开展集团研修。普陀区曹杨二中与兰田中学、曹杨二中附属学校、曹二实验中学,组成年级联合大备课组,开展集团"1+3"的教学研修模式,让集团内的初中学科名师担任大备课组长,对教学的各个环节进行科学研究;通过同课异构的形式开展听评课,助力教师的专业提升;通过命题研究开展联合调研,借助数据分析找到教学中的问题,再通过联合备课解决问题,形成一个质量改进的动态闭环。

(三)共享学生活动平台

杨浦区控江中学设计的"学生萌芽计划"着力从课程、活动、竞技三个领域形成初高中学生衔接培养项目,为学生综合素质培养开拓路径。形成共享课程清单,推动学校校本课程建设;设计共享主题活动,形成特色校园文化共育;遴选初高中可共同参与的比赛,合力推进竞技水平。课程、教学、科研、师资、招生、场馆各方面的有效链接,产生了集成效应。指向培养科技创新素养的初高中衔接教育的"前滩计划",以控江中学科创中心为牵头,联合校外优质合作伙伴,共建"控江教育集团学生科创活动基地",兼顾课程服务、课题指导、跨学科教育、综合实践活动等刚需。2021年以春季党史教育活动、夏季创客夏令营、秋冬"科创节"为主题主线,形成集团文化共育系列。一年一度的科技嘉年华是集团实施创新素养教育的主要渠道,通过一系列适合集团校情与学生当下实际的科技创新活动,培养学生的综合创新素养。

第八章　五位一体：实践共同体视角下公办初中强校工程实验校改进模式分析

进入高质量发展时代，初中教育问题仍然是基础教育最为关注的问题之一。上海实施的公办初中强校工程已经进入第二轮实验，必将进一步推动上海初中优质均衡发展进程。为此，我们需要加强对第一轮强校工程经验的梳理，以更加理性的态度开展第二轮强校工程。本章简要梳理了政府主导型学校改进的主要模式，并基于伙伴协作与实践共同体理论，重点分析了强校工程学校改进模式的运行架构。

第一节　政府主导型学校改进的主要模式

上海市基础教育在多年发展过程中探索了郊区农村义务教育委托管理项目、城乡学校携手共进计划、学区化集团化办学、新优质学校建设项目等多个学校发展项目，每个项目都有一套政策工具，这些项目一般情况下都是以单一形式作用于某所学校，形成了各自的学校改进模式，对学校发展起到了一定的促进作用。

一、郊区农村义务教育委托管理项目

2007年，上海市教育委员会在总结借鉴浦东新区通过委托管理推动教育领域"管办评"联动改革经验的基础上，在全市层面实施义务教育学校委托管理工作，充分发挥优质教育资源的示范、辐射作用，加速农村学校内涵建设。

委托管理的基本做法是：由政府出资购买服务，以签订契约的形式，委托中心城区优质教育资源（学校或教育专业机构）对农村薄弱学校进行管理。同时，引入第三方教育评估机构，对托管工作进行绩效评估，形成绩效问责机制。最终构建起"市区两级政

府管理、支援方自主办学、第三方教育评估机构独立评估"的三者分离联动的基本框架。①

学校委托管理主要有两种模式:一是教育专业机构委托管理模式,即把学校委托给具有一定资质的教育专业机构进行管理。该模式的特点是充分发挥较为成熟的优质教育中介组织(教育专业机构)的专业优势,从学校办学理念的明确、管理制度的构建、组织成员的发展到文化的培育等多个方面,帮助薄弱学校实现全方位的蜕变。比如,浦东新区教育主管部门委托上海市成功教育管理咨询中心对上海市东沟中学进行管理,托管机构在明确托管理念、厘清思路和制定目标的基础上,委托管理团队设计和实施了包含学校管理、课堂教学、师资建设、学生发展和文化建设等五个层面的操作化委托管理方案。② 二是优质品牌学校委托管理模式,即把学校委托给中心城区的优质品牌学校进行管理。该模式的特点是在"合作、共享、共建、共赢"原则下,优质品牌学校将自己的先进管理理念和管理模式进行移植、转化,并集中自己的优质教育资源,帮助薄弱学校实现全方位的改进。

委托管理的特点可以归纳为以下六点③:(1)契约式的教育资源输出。市教委立项拨出专项经费,供郊区教育行政部门向支援机构购买服务,以委托全权管理的方式,实现办学责任的转移。区县教育行政部门与支援机构签订托管协议,支援机构输出先进办学理念和管理教学资源。(2)着眼于学校内涵提升的全面托管。支援机构着眼于学校长远发展,又立足实际,制定委托管理方案,选择相应的管理模式。通过建立管委会或直接向受援校派出校长等形式,落实托管责任。(3)转型中的学校文化重塑。托管机构从转变观念入手,长规划、短安排,潜移默化地推进学校文化的重塑。(4)积极培育教育专业机构。委托管理设置了托管资质审定的准入机制,提供专项经费保障机制和全程评价监督机制,为教育专业机构的培育提供平台,积极拓展教育服务形式。(5)专业化的全程评估。上海市教委委托第三方专业教育评估机构负责对两年托管工作进行整体设计和全程实施。整个评估过程分为四个阶段:一是对受援校进行初态评

---

① 上海市教育委员会关于印发《以教育内涵建设项目推进郊区义务教育优质均衡发展的实施方案》的通知[EB/OL]. (2007 - 03 - 27) [2024 - 03 - 01]. https://edu. sh. gov. cn/cmsres/35/3500e770af6a4ff8aebc40e4bee894ef/f55457825b19384bc126d91888cb283c. htm.
② 陆玲娣. 规范实践 提升有效性——基于上海市成功教育东沟实验学校的实践与思考[J]. 教育发展研究,2011,33(20):58—63.
③ 陈效民. 探索突破体制障碍 复制放大优质教育——义务教育阶段学校委托管理的实践与思考[J]. 教育发展研究,2011,31(06):12—17.

估;二是对托管方案进行论证评估;三是中期评估;四是绩效评估。(6)联动中的鲶鱼效应。托管的目的不仅在于改变一所学校的面貌,更在于形成学校之间的良性竞争态势,形成优质资源流动辐射的大循环,增强学校的造血功能。

学校委托管理是上海推动义务教育均衡发展背景下的一项提高农村薄弱学校质量的创新实践举措,通过现行体制内外各种不同模式资源的"流动"、"嫁接"、"碰撞"和"共享",改变学校的管理效能和学校文化,从而提高学校办学水平。作为一项促进薄弱学校质量改进的制度设计,其旨在为薄弱学校发展提供各种必需的理念、规范、信任、制度、网络关系等资源,进而在资源的合理流动、有机共享和主动创生中,实现学校跨越式、内涵式发展。[①]

二、城乡学校携手共进计划

为适应从"基本均衡"向"优质均衡"新阶段转变,着眼于持续缩小城乡学校办学水平差距,市教委在总结五轮郊区义务教育学校委托管理经验的基础上,启动了义务教育"城乡学校携手共进计划",从2017年起每三年实施一轮,市教委将该计划作为基础教育综合改革重点项目予以推进。具体包括两项核心内容:一是实施郊区学校精准委托管理。委托管理的受援学校原则上为郊区新开办的义务教育公办学校和提升办学质量意愿比较强烈的义务教育公办学校。从办学规范、学校管理、教师队伍、课程教学、学生发展、校园文化等各个方面推进受援学校的内涵建设,建立学校持续发展的"造血"机制。二是实施城乡学校互助成长项目,针对内涵发展、办学水平等方面存在的瓶颈问题,如课堂教学效益、教育教学研究、学校管理效能、师资队伍建设、特色课程开发、教学质量评价、家校社联动等,形成基于核心问题的具体实施项目。

相比2007年开始的委托管理,"城乡学校携手共进计划"凸显四个典型特征:一是内涵"丰富";二是强调"精准";三是注重"合作";四是强化"保障"。[②]

三、学区化集团化办学

2015年,《上海市教育委员会关于促进优质均衡发展、推进学区化集团化办学的

---

① 张建.薄弱学校委托管理:动因、价值与深化策略——基于社会资本的视角[J].教育发展研究,2013, 33(20):12—17.
② 上海首轮城乡学校携手共进计划启动!共涉及76所郊区义务教育学校[EB/OL].(2017-11-15) [2024-03-01].https://mp.weixin.qq.com/s/WYhGfNfQFu29oj2NZH7JSg.

实施意见》提出,创新办学体制机制,通过集群式办学,加强校际合作,加大优质教育资源的辐射力度。2019年,上海市教委发布《关于推进本市紧密型学区和集团建设的实施意见》,计划通过两轮创建,加强紧密型学区、集团建设,提高义务教育优质均衡发展水平。2021年,全市建有学区和集团238个,覆盖约80%的义务教育学校,年内将建设紧密型学区、集团57个,覆盖18%的义务教育学校。[①] 2023年,上海市教委印发《上海市示范性学区和集团建设三年行动计划(2023—2025年)》,提出以提高学校育人质量为核心,以优质资源共享、教师有效流动、一体化评价为重要抓手,创新学区和集团管理及运行机制,提高学区和集团治理能力与水平,激发学校办学活力,营造良好的学区和集团发展生态。

四、新优质学校建设项目

2011年初,上海成立"新优质学校推进"项目,重点研究一批不挑生源、不争排名、不集聚特殊资源的普通学校走向优质的轨迹,树立新时期好学校的标杆。新优质学校坚持立德树人,回归教育的原点,关注每一个学生的健康成长,办"家门口的好学校",更加凸显上海对均衡和优质的全部理解和深刻认识,推动教育系统内部的主动作为和专业自觉,提升社会公众对义务教育的满意度。新优质学校不再以学业成绩排名和升学率论英雄,而是改变了评价的目标、标准和尺度,这不仅提升了薄弱学校的发展自信,更让这些学校看到了希望。[②] 2021年,市、区两级新优质学校集群覆盖义务教育阶段学校382所,约占全市义务教育学校总数的25%。普陀区在开展新优质学校认证试点的基础上,形成了新优质学校认证工作方案和认证标准(试行),组织召开专家培训会,首次对10所学校开展新优质认证。[③] 2023年,上海市启动《上海市新优质学校高质量发展引领计划》,确立了"五个任务",即引领办学价值取向、引领育人方式变革、引领治理方式优化、引领师资队伍建设、引领信息技术赋能。计划通过3至5年的努力,培育一批发挥明显价值引领作用和办学示范效应的新优质项目校,树立新时代家门口好学校的价值标杆,探索学校变革新路径,创生学校发展新方式,形成普通学校优质办

---

① 2021年上海义务教育优质均衡发展情况[EB/OL].(2021-11-16)[2024-03-01]. https://edu.sh.gov.cn/xxgk2_zdgz_jcjy_06/20211116/2cb041ddce454323843e11ef8a16496f.html.
② 新优质学校项目为学生提供优质的义务教育[EB/OL].(2012-06-19)[2024-03-01]. https://www.edu.cn/edu/yiwujiaoyu/201206/t20120619_794216.shtml.
③ 2021年上海义务教育优质均衡发展情况[EB/OL].(2021-11-16)[2024-03-01]. https://edu.sh.gov.cn/xxgk2_zdgz_jcjy_06/20211116/2cb041ddce454323843e11ef8a16496f.html.

学路径。计划到 2028 年,形成一批有影响力、本土特色的新优质项目校及一大批引领高质量发展的典型项目和案例,为推动普通公办学校走向高质量发展作出新贡献。

第二节 从伙伴协作到实践共同体:学校改进的典型模式

一、伙伴协作支持下的学校改进研究进展

(一) 大学与中小学的伙伴协作(U-S模式)

自 20 世纪 70 年代以来,大学与中小学的伙伴协作逐渐成为国际教育界学校改进与教师专业发展的关注热点,大学和中小学的伙伴合作被看作是解决中小学教师成长和学校改进的有效途径。[1] 通过大学与中小学之间建立伙伴协作的关系,基于中小学教师的教学实践,由大学专家提供切实而及时的专业指导,以帮助一线教师提升自身的专业知能,进而达到提高教育整体素质的目标。[2]

在美国,无论是进步主义的"三十校实验",还是基于新制度主义的"特许学校"制度改革,都离不开 U-S 伙伴合作关系的建立[3]。U-S 伙伴合作的形式有结对合作、团队合作、咨询合作、项目研究合作、实验推广合作等不同的模式[4]。贝克(P. J. Baker)以明茨伯格(Henry Mintzberg)的组织结构框架为理论依据,对 36 项 U-S 伙伴合作的结构性构型进行了研究,他认为美国学校改进的 U-S 伙伴合作关系在发展水平或运行模式上大体可以分为三种层次类型。一是限制型伙伴合作关系(Restricted Partnership),大学与中小学的合作范围较小,合作内容较单一,合作领域比较局限;二是协调型伙伴合作关系(Coordinated Partnership),涉及横向协调,合作数量有所增加,积累了一定的合作经验,但合作内容没有涉及学校改进的整体范围;三是共生型伙伴合作关系(Mutualism Model),伙伴关系紧密耦合,强调互动共生,采用基于共识的管理系统,有了固定的合作流程与组织实体。[5] 以上三种伙伴合作关系作为 U-S 伙伴合作的基本构型,分别代表了 U-S 伙伴合作关系的层次性运行特征,并不代表孰优

---

[1] 操太圣,卢乃桂. 伙伴协作与教师赋权——教师专业发展新视角[M]. 北京:教育科学出版社,2007:98—99.
[2] 操太圣,卢乃桂. 伙伴协作与教师赋权——教师专业发展新视角[M]. 北京:教育科学出版社,2007:4.
[3] 程晋宽,方蒸蒸. 教育改革的制度创新为什么这么难——基于"八年研究"与"特许学校"制度同构的分析[J]. 南京师范大学学报(社会科学版),2019(03):31—40.
[4] 彭虹斌. U-S 合作的困境、原因与对策[J]. 教育科学研究,2012(02):70—74.
[5] Baker P J. Three Configurations of School-university Partnerships: An Exploratory Study [J]. Planning and Changing, 2011,42(1-2):41-62.

孰劣。①

　　大学与中小学的伙伴协作的兴起,一方面是由于大学功能的转变。U-S伙伴合作的动力首先来自高等院校教育理论研究的实践转向。协作使双方都能获得收益和成长,其建立起的合作、信任、共生关系也能促进大学人员的专业发展,使得大学人员的专业研究"更贴近教育实践"②。另一方面是由于学校改进的行动研究热潮。美国教育研究学者对学校改进开展了大规模的行动研究,掀起了学校改进的行动研究热潮,行动研究极大地推动了U-S伙伴合作的形成。③

　　然而,大学与中小学合作也面临一定的挑战。由于大学与中小学先天的组织文化差异以及大学教师与中小学教师专业生活经验的不同,两个群体之间的矛盾与冲突不可避免。④ 大学与中小学合作首先面临的问题是大学教师和中小学教师的核心诉求不同,导致双方的目标出现矛盾。构建伙伴协作情境的最大困难在于它既要求双方采用不同的视角、使用不同的话语,从而保证双方视角的互补、话语信息的完整性以及由此体现出的体验的独特性,同时又要求双方能够不断地调整、变换各自的话语方式,以便相互理解、沟通与交流,以维持并推进伙伴关系下的协同工作。⑤ 大学与中小学合作中另一个突出的问题是地方教育行政部门的作用发挥得不充分。⑥ 此外,大学与中小学合作容易给中小学教师造成额外负担。有研究者通过数据调查发现,在大学与中小学的合作项目中,一半以上的教师表现出消极、被动、沉默与低效参与的现象。⑦ 因此,一方面,如何建立大学与中小学之间良性的伙伴关系,探索有效的大学与中小学的协作模式,并为双方的共生发展提供制度性支持,已成为大学与中小学伙伴协作过程中面临的现实挑战。另一方面,如何激发更多主体参与学校改进,使得学校改进由单一支持走向多元支持,教育理论与实践结合更加紧密,⑧这也成为探索多元伙伴协作

---

① 黄丽,程晋宽.美国基础教育学校改进U-S伙伴合作路径:动力、构型与经验[J].世界教育信息,2020,33(01):64—71.
② 李伟,程红艳."U-S"式学校变革成功的阻碍及条件[J].高等教育研究,2014,35(06):68—75.
③ 楚旋.美国学校改进历史演进及启示[J].外国中小学教育,2010(01):1—7.
④ 张景斌.大学与中小学的伙伴协作:动因、经验与反思[J].教育研究,2008(03):84—89.
⑤ 苏尚锋.大学与中小学伙伴协作的情境构建与伦理自觉[J].首都师范大学学报(社会科学版),2022(02):144—156.
⑥ 吕翠俊.基于实践的U-D-S三位一体合作模式构建——以太原师范学院外语系服务榆社基础教育行动为例[J].现代英语,2021(05):123—126.
⑦ 鲍传友,李鑫.从"局外人"到"局内人":中小学教师参与"U-S"合作的角色困境及其转变——基于北京市"U-S"合作项目的调查分析[J].教育发展研究,2019,39(08):73—78.
⑧ 王枬,王彦.大学与中小学伙伴协作共同体的构建[J].教师教育学报,2014,1(01):76—82.

模式的重要推动力。再者,在多元主体的协作活动中,如何处理主体(Subjects)与客体(Objects)、主体与主体以及活动系统的工具性与沟通性之间的关系,成为决定协作活动成效的关键。[①]

随着研究与实践的深入,世界各国在学校改进实践中逐渐产生了多样化协作模式,学校改进中的伙伴协作范围逐步扩大,从大学与学校之间的双主体合作拓展到联合地方政府、教育行政部门、专业研究机构、地方教师研训机构、社区、非政府组织等多主体的合作,形成了 U(大学)-S(学校)、U(大学)-D(地区)-S(学校)、U(大学)-A(第三方机构)-S(学校)[②]、U(大学)-G(政府)-S(学校)、U(大学)-N(非政府组织)-S(学校)、U(大学)-G(政府)-S(学校)-S(学校)[③]、U(大学)-G(政府)-I(学区教师进修院校)-S(学校)、U(大学)-G(政府)-C(社区)、U(大学)-D(行政机构)-S(学校)-P(一线实践教师)[④]等多种基于伙伴协作的学校改进模式。

(二)学校之间的伙伴协作(S-S模式)

在英国,自20世纪80年代以来,与关注个体学校的改进相比,学校之间的伙伴关系与合作成为英国教育图景的重要组成部分。英国试图采取"结构性策略"(Structural Solutions),即改革领导力和治理结构来促进学校之间的合作。描述学校之间合作关系的词汇有集群(Clusters)、协作(Collaboratives)、连锁(Chains)、联盟(Federations)、网络(Networks)、伙伴关系(Partnerships)、学校"家庭"(School Families)、配对学校(Twinned Schools)等。将学校改进的控制权交给最好的学校和支持者,推动跨越学校边界的合作,是十几年来英国教育改革的关键特点。[⑤]

随着我国教育进入内涵发展阶段,以教育资源流动与共享为特征的校际合作成为教育均衡进程中的"新动向"。[⑥] 2019年6月23日,中共中央、国务院颁布《关于深化教育教学改革全面提高义务教育质量的意见》,意见提出要"发挥优质学校示范辐射作

[①] 魏戈.大学与中小学伙伴协作的三种模式及其拓展性转化[J].首都师范大学学报(社会科学版),2022(02):157—166.

[②] 吕翠俊.基于实践的U-D-S三位一体合作模式构建——以太原师范学院外语系服务榆社基础教育行动为例[J].现代英语,2021(05):123-126.

[③] 程红艳.学校变革新模式:从U-G-S到U-G-S-S[J].北京教育学院学报,2018,32(06):1—7.

[④] 赵可云,杨鑫.教研员区域信息化教学引领力发展的U-D-S-P路径探索[J].中国电化教育,2019(12):109—115.

[⑤] 杜芳芳.英国中小学校际合作研究及对我国共同体办学模式的启示[J].基础教育,2021,18(04):94—102.

[⑥] 闻待.校际合作共同体的典型实践及特征[J].教育发展研究,2008(24):21—25.

用,完善强校带弱校、城乡对口支援等办学机制,促进新优质学校成长",以及"实施义务教育质量提升工程……促进县域义务教育从基本均衡向优质均衡发展"。①

校际合作通常表现为优质学校与薄弱学校、城郊新校、农村学校的联合,本着以强带弱的思路,前者通过输出品牌、师资、办学理念、管理方式等资源带动后者共同发展。但是,由于多数学校的联合是政府的"规定动作",当阶段性任务完成时,合作亦告终止。在这个过程中,基于任务型的合作虽然能有效促进合作双方的交流,促进先进的教育理念、管理思想和教学模式的传播,但合作双方的关系是不对等的,后者通常被看成是简单的资源获得者,自身拥有的个性化资源得不到充分尊重和有效开发,因此难以激发自身的改革动力。

合作的价值是能够利用其他行动者拥有的资源。"学校—学校之间的网络可以使学校汇集资源,改善专业发展的供应,可以使得学校在自身的特长和技能上弥补'结构差距',形成共同扶持的机制,帮助他们克服过度的向内方法。"②有证据表明:"学校与学校之间的合作会带来:教与学的改进;所有水平强有力的专业发展形式,而不仅仅是校长层面;更有能力管理变革和实施革新;有效的引导新任命的校长;创造更具合作性的环境,外部支持员工,包括来自其他机构的人,更能有效地工作。"③越来越多的研究证据表明:学校与学校之间的合作可以促进改进,主要通过加强现有的专业能力和对学习者的多样性作有意义的回应来实现。教育中的伙伴关系建构正逐渐成为学校变革与重构的重要方式之一,国际教育界将校际合作网络视为学校改进的关键因素之一。④

(三)我国学校改进中的伙伴协作典型模式

随着我国经济社会发展,人们对高质量教育的需求越来越大,实现义务教育优质均衡发展成为我国重要的教育发展目标,为此,推动薄弱学校改进成为我国政府的重要任务。在此过程中,我国探索了多种类型的学校变革模式。

G(政府)-S(学校)模式。这是最传统的一种学校改进模式。政府常常利用输血

---

① 中共中央 国务院关于深化教育教学改革全面提高义务教育质量的意见[EB/OL].(2019-06-23)[2024-03-01].https://www.gov.cn/gongbao/content/2019/content_5411564.htm.
② Hargreaves D H. A Self-Improving School System and Its Potential for Reducing Inequality[J]. Oxford Review of Education, 2014(06):696-714.
③ National College for School Leadership. Review of the School Leadership Landscape[R]. Nottingham: NCSL, 2012.
④ 高振宇.中小学校际合作网络构建的成效、类型与策略[J].教学与管理,2015(01):11—14.

疗法对薄弱学校进行资源注入,或利用手术疗法对薄弱学校关停并转。G-S模式下,政府常常采取单向化、强制化、运动型的方式干预学校变革,设置指标,甚至急于求成,直接从形态上取缔薄弱学校,其效果往往难以持久。

S(学校)-S(学校)模式。这是学校之间的自发合作,既有优质学校对薄弱学校的帮扶支教,也有同类学校之间建立的学校联盟。S-S模式下,以一所中心学校带动其他学校发展,往往影响有限,难以持续,需要政府的介入与支持。

G(政府)-S(学校)-S(学校)模式。这是政府主导下的校际合作,往往有行政资源与政策支持,较有代表性的如上海市义务教育学校委托管理项目、名校集团化办学、学区化办学等。G-S-S模式利用优质学校资源与经验优势,在政策支持下推动合作学校共同发展、共同进步,是一种行之有效的模式。然而,"复制经验"既是其长处,又是其软肋。经验具有条件性和有限性,并非放之四海而皆准,因此需要结合校情,不断反思经验,突破经验的局限性,激发学校创造新的经验。

U(大学)-G(政府)-S(学校)或U(大学)-D(地方政府)-S(学校)模式。即大学与中小学在政府的支持保障下合作进行教育行动研究,较有代表性的如华东师范大学新基础教育研究项目、首都师范大学教师专业发展学校项目等。在政府力量的支持和推进下,利用大学的专业力量指导中小学的发展,促进大学与中小学之间的利益共赢和文化共融,以此推动中小学变革。

以上多种基于伙伴协作的学校改进模式各有其背景与意义,在一定时期和一定范围内起到了积极的作用,也形成了一定的经验。

(四) 伙伴协作的内涵与特征

"协作"通常被界定为:人们为了相同的目标而一起工作、共同劳作。[1] 协作是一种关系,在这种关系中,伙伴之间通过共享资源来实现共同商定的目标。从这个意义上看,协作是不能被授权的,必须建立在愿意分享差异的关系基础上。[2] 所谓"伙伴协作"是指两个或多个独立的实体为了某一共同的目标,并基于平等的地位而共同努力、相互协作的一种关系。其显著特征是"一起工作"和"相互支持"。伙伴协作并非一方服务一方、一方雇佣一方的关系,而是一种合作共赢、共同成长的关系。

学校改进是一项系统工程,也发生在更大的社会系统之中,需要相关主体(包括学

---

[1] 操太圣,卢乃桂.伙伴协作与教师赋权——教师专业发展新视角[M].北京:教育科学出版社,2007:4.
[2] Wasonga C O, Rari B O, Wanzare Z O. Re-Thinking School-University Collaboration: Agenda for the 21st Century [J]. Educational Research & Reviews, 2011,6(11):1036-1045.

校、政府、社区、家长等)广泛合作,发挥各自的优势,相互激发,相互支持。[①] 伙伴协作基于共享的目标与共同的责任承担完成着由任一单方均无法单独实现的工作。[②] 学校与不同组织的协作,有助于突破其自身的能量阈限,拓展资源调配与服务的空间及领域。[③] 伙伴协作的目标指向教师发展和学校变革;性质是构建学习共同体;宗旨是强调平等、协作、互利互惠的关系;模式主要有三种,一是依托实验学校,二是依托课题研究,三是依托专业发展学校。[④]

第一,伙伴协作是一个互惠共赢的过程。多元主体聚焦学校改进、教师发展、学生成长等关键问题和重点任务,在伙伴协作中充分发挥自身作用,并获得自身发展,达到预定合作目标。在此过程中,大学、研究人员一方面将教育理论与实践进一步联系,另一方面在学校改进实践中形成和发展新的理论;学校则在此过程中获得了更多的支持资源,尤其是专家经验对学校和教师发展起到很好的引领与指导作用;地方政府与教育行政部门也由此进一步推动了区域基础教育优质均衡发展。合作意味着双方相互依靠,是一个持续的给予和付出的过程;双方要跳出自己已有的思维定式,考虑对方的意见,共同寻求解难的方法。合作也包含共同的决策,对于未来的发展方向,大家共享责任。而且合作是一个逐渐出现、发展的过程,透过彼此的协商和互动,双方建构未来协作的规范和原则。[⑤]

第二,伙伴协作要发挥能动者的主动性。学校改进离不开"人"的参与。"学校改进,始终是以'人'为开始,以'人'为依归,以'人'为改变的单位。"[⑥]校长、中层领导、教师等与学校改进有直接联系的学校内部教育工作者,以及与学校合作并给予帮助和支持的大学工作者,都可能成为促进学校改进的能动者。其中,政府、高校教师、专家学者等校外变革能动者作为"技术专家"在学校中引入改进的理念并支持学校改进的实现,学校教师等内在变革能动者则执行学校改进的具体措施并扮演模范

[①] 鞠玉翠.大学与中小学伙伴合作要点分析——基于学校改进的目的[J].中国教育学刊,2012(04):38—41.
[②] Callahan J L, Martin D. The Spectrum of School-university Partnerships: A Typology of Organizational Learning Systems [J]. Teaching and Teacher Education, 2007,23(02):136-145.
[③] 王丽佳,黎万红,麦君荣,等.学校伙伴协作中的边界跨越者:概念、角色与能量建设——以U-B-S协作中的大学人员为例[J].教育发展研究,2016,36(22):63—68.
[④] 王枬,王彦.大学与中小学伙伴协作共同体的构建[J].教师教育学报,2014,1(01):76—82.
[⑤] Gray B, Collaborating: Finding Common Ground for Multiparty Problems [M]. San Francisco: Jossey-Bass, 1989.
[⑥] 汤才伟.中层教师在学校改进过程中的领导和参与[M].香港:香港中文大学出版社,2003:1.

角色。①

第三,伙伴协作构建了新型的学习与实践共同体。学习与实践共同体成员围绕学校改进的任务,利用各自专业优势,展开平等对话,形成对教育问题的多角度、全方位理解,从而更加准确地把握问题的关键,提供更多的解决策略,有力支持学校发展。学校改进是基于学校、政府和教育研究者共同需求基础之上的专业协作,研究者与学校、政府之间是一种专业共生的伙伴关系。②

二、实践共同体视域下学校改进的研究进展

(一) 实践共同体理论的基本内涵

"实践共同体"概念初见于1991年人类学家琼·莱夫(Jean Lave)和埃蒂纳·温格(Etienne Wenger)合著的《情境学习:合法的边缘性参与》,它被用来分析人类的非正式学习——学徒制。莱夫和温格把新手的发展轨迹称为"合法的边缘性参与"。从个体学习者来说,"合法的边缘性参与"是新手逐渐成为内部人或老手的过程,新手通过参与共同体的社会文化实践从而获得一个共同体内的合法成员资格。从社会结构来讲,"合法的边缘性参与"是一种社会实践生产与再生产的过程,随着新手逐渐向老手的转变,新手自然而然地被整合到共同体的社会文化实践中,从而使得共同体的社会文化实践得到维持和固化。在这里,实践共同体被看作一种通过与他人一道参与实践再生产已有知识和已有社会实践的机制,学习在本质上是参与者被社会化到共同体的实践中的一种持续发展过程。③

之后,实践共同体概念引起大量学者关注,各领域的学者开始开展实践共同体研究与实践,提出了诸如学习共同体、知识共同体、文化共同体、教学实践共同体、学校发展共同体等多种类型。然而,实践共同体概念一直未得到规范的、可操作化的界定,导致它被学界以一种完全不同的,甚至有冲突的方式采纳或使用。④ 温格在其所著的《实践共同体:学习、意义和身份》中界定了一个更加明确的实践共同体概念:"人类的

---

① 黄琳.影响持续学校改进的因素:变革能动者的角色[D].香港:香港中文大学课程与教学系,2013.
② 徐志勇.专业共生的协作伙伴:教育研究者在学校改进中的角色分析[J].教育理论与实践,2009,29(31):40—43.
③ [美]埃蒂纳·温格.实践共同体:学习、意义和身份[M].李茂荣,欧阳忠明,任鑫,等译.南昌:江西人民出版社,2018:6.
④ [美]埃蒂纳·温格.实践共同体:学习、意义和身份[M].李茂荣,欧阳忠明,任鑫,等译.南昌:江西人民出版社,2018:4.

生活意味着我们持续不断地参与到各种事业的追求中——从保证我们的生存到追求最高贵的娱乐。当我们界定这些事业,并共同参与到追求中的时候,我们相互互动,与世界相互互动,我们相互协调关系,协调与世界的关系。换句话说,我们相互学习。随着时间的推移,这种集体学习产生了实践——它既反映了我们合作事业的追求,又反映了因此产生的社会关系。所以,这种实践是在共享事业的追求中创造的共同体属性。因此,有理由把这种共同体称为实践共同体。"[1]简言之,实践共同体指的是这样一群人,所有成员都拥有一个共同的关注点,共同致力于解决一组问题,或者为了一个主题共同投入热情,他们在这一共同追求的领域中通过持续不断地相互作用而发展自己的知识和专长。[2]

(二) 实践共同体的结构要素与特征

温格进一步提出了实践共同体彼此相关的三个结构要素:相互卷入(Mutual Engagement)、合作事业(Joint Enterprise)、共享智库(Shared Repertoire)。

"相互卷入"是实践作为共同体一致性源泉的第一个特征,它意味着成员彼此之间的互动,通过这种互动成员产生了对于某一事物或问题的共享的意义。温格认为,实践共同体中的成员资格是相互卷入的问题,这是界定共同体的条件。地理上的邻近性不足以发展实践。形成一个共同体是因为他们在围绕着所做的事情的过程中维持着相互卷入的密切关系。实践共同体中的每个参与者都能找到独特的位置、获得独特的身份,并且这些还会随着参与实践的进程得到进一步的整合与界定。通过相互卷入,这些身份与其他人的身份相互连锁、彼此连结在一起,但是他们并不融合在一起。[3]实践共同体的相互卷入,不一定需要同质性的共同体。事实上,在促使参与实践成为可能和高产这方面,多样性和同质性是同等重要的问题。[4]

"合作事业"是实践作为共同体一致性源泉的第二个特征,指所有的参与者一起朝着共同的目标迈进,努力工作,分享自己的经验和故事。温格认为,事业能够合作不在

---

[1] [美]埃蒂纳·温格.实践共同体:学习、意义和身份[M].李茂荣,欧阳忠明,任鑫,等译.南昌:江西人民出版社,2018:8.
[2] 赵健.从学习创新到教学组织创新——试论学习共同体研究的理论背景、分析框架与教学实践[J].教育发展研究,2004(Z1):18—20.
[3] [美]埃蒂纳·温格.实践共同体:学习、意义和身份[M].李茂荣,欧阳忠明,任鑫,等译.南昌:江西人民出版社,2018:71.
[4] [美]埃蒂纳·温格.实践共同体:学习、意义和身份[M].李茂荣,欧阳忠明,任鑫,等译.南昌:江西人民出版社,2018:70.

于每个人都相信同样的事情或赞同一切,而在于它是被公共协商的。① 事业是一个集体协商过程的结果,它反映了相互卷入的充分复杂性。事业是在参与者追求它的过程中得到界定,是对他们所处情境协商的回应。事业不只是一个被确定的目标,它还在参与者之间创造了相互问责的关系,这些问责关系成为实践的组成部分。② 实践共同体不是独立的实体,它们在更大的具有特定资源与限定的历史、社会、文化、制度的情境中被发展。实践共同体是为了回应某些外部命令而出现的,实践共同体也会按照共同体自己对那种命令的回应而不断演进发展。③

"共享智库"是实践作为共同体一致性源泉的第三个特征,它包括惯例、词语、工具、处事方式、故事、手势、符号、体裁、行动或概念——共同体在存在的过程中生产或采用了它们,它们已经成为实践的一部分。④ 共同体的智库是意义协商的资源,它在动态、交互的意义上得以共享。

温格通过使用这三个要素把共同体和实践概念整合到一个统一的结构中,并且这三个要素被看作为实践共同体凝聚力的来源。这三个要素成为实践共同体的构成性或确定性维度,它们在群体中的出场是实践共同体存在的必要且充分的条件。⑤

温格认为,实践共同体无处不在。我们所有人都归属于各种实践共同体。实践共同体是我们日常生活中不可或缺的一部分。判断一个已经形成的实践共同体的指标应当包括:⑥(1)可持续的相互关系(和谐或冲突)。(2)卷入共同做事的共享方式。(3)快速流动的信息和创新传播。(4)引导性介绍的缺失,好像对话和互动仅仅是这种持续过程的连续。(5)被讨论问题的快速设定。(6)参与者所描述的归属的大量重叠。(7)知道别人所知道的、他们所能做的和他们怎么才能为事业做共享。(8)互相界定身份。(9)有评估得体行为和产品的能力。(10)特定工具、表征和其他人工制品。

---

① [美]埃蒂纳·温格.实践共同体:学习、意义和身份[M].李茂荣,欧阳忠明,任鑫,等译.南昌:江西人民出版社,2018:74.
② [美]埃蒂纳·温格.实践共同体:学习、意义和身份[M].李茂荣,欧阳忠明,任鑫,等译.南昌:江西人民出版社,2018:72.
③ [美]埃蒂纳·温格.实践共同体:学习、意义和身份[M].李茂荣,欧阳忠明,任鑫,等译.南昌:江西人民出版社,2018:75.
④ [美]埃蒂纳·温格.实践共同体:学习、意义和身份[M].李茂荣,欧阳忠明,任鑫,等译.南昌:江西人民出版社,2018:77.
⑤ [美]埃蒂纳·温格.实践共同体:学习、意义和身份[M].李茂荣,欧阳忠明,任鑫,等译.南昌:江西人民出版社,2018:8.
⑥ [美]埃蒂纳·温格.实践共同体:学习、意义和身份[M].李茂荣,欧阳忠明,任鑫,等译.南昌:江西人民出版社,2018:118.

(11)本土化知识、共享做事、内部笑话和知晓笑声。(12)交流的行话与捷径以及产生新行话与捷径的便易性。(13)被认可的展现成员资格的特定风格。(14)反映特定世界观的共享话语。

(三)实践共同体视域下学校改进的研究进展

我国在推进义务教育均衡发展战略的过程中,各种共同体治理模式纷纷呈现,有"帮扶式共同体""联盟式共同体""集团式共同体"①,有区域在线教学研究实践共同体②、信息化教学应用实践共同体③、教育集团学科教研共同体④等。实践共同体理论得到了较多应用。

马佳宏和周志炜开展了城乡义务教育学校共同体的价值分析、内容架构与建设策略的研究⑤,认为城乡义务教育学校共同体的建设对于促进城乡义务教育"一体化"和"优质均衡"发展,振兴乡村教育进而推动乡村振兴实现,加快农村教育现代化及推进全国教育现代化,都具有十分重要的价值。构建城乡义务教育学校共同体,重点是要打造教师资源城乡共享联合体、教学研究城乡交流分享体和学校文化城乡互鉴融通体。在建设过程中,可考虑以"双向共享"推进教师优质资源的合理配置,以"对话沟通"搭建城乡教育研究平台,以"文化互融"促进城乡义务教育学校共同体深度合作。

高佳开展了基于农村小规模学校发展的区域教育实践共同体构建的研究,以"抱团取暖"的方式有效营造了农村小规模学校向好发展的环境,在共同体激励、共同体交互以及共同体协作中,疏通了农村小规模学校教育资源的获取途径,对其教育资源进行了优化配置,真正为农村小规模学校的长远发展提供稳定且长效的助力。⑥

纪德奎和杨英杰从组织变革视角分析了城乡学校共同体的难题与治理⑦,认为城乡学校共同体的发展本质上是一场组织变革。当前城乡学校共同体组织变革依然存在权利上移、自身耗散与文化"失根"等难题。鉴于此,以共同体自主变革需求为起点,

---

① 杜芳芳.英国中小学校际合作研究及对我国共同体办学模式的启示[J].基础教育,2021,18(04):94—102.
② 冯玉琴,丁书林.区域在线教学研究实践共同体的构建与实施[J].中国电化教育,2021(07):114—121.
③ 梁林梅,沈芸,耿倩倩.信息化教学应用实践共同体:本土实施与机制创新——以教育部2018年度和2019年度"教育信息化教学应用实践共同体"项目为例[J].中国电化教育,2022(02):114—121.
④ 金丽君.教育集团学科教研共同体建设的行与思[J].中小学管理,2021(08):21—23.
⑤ 马佳宏,周志炜.城乡义务教育学校共同体:价值分析、内容架构与建设策略[J].教育理论与实践,2022,42(28):20—25.
⑥ 高佳.基于农村小规模学校发展的区域教育实践共同体构建[J].中学地理教学参考,2023(23):95—96.
⑦ 纪德奎,杨英杰.组织变革视角下城乡学校共同体的难题与治理[J].社会科学战线,2023(11):234—243.

实现优质化治理与帮扶；以团队建设为主要手段，唤醒共同体两类学校的变革活力；以弘扬乡土文化为核心，稳固共同体组织变革的根基，有利于治理当前的难题。研究结合伯克-利特温组织变革模型，形成了一个城乡学校共同体组织变革模型。

杨朝晖分析了UDS合作实践共同体促进知识创生与实践转化的新机制。[①]"UDS合作实践共同体"是由大学(University)、地区(District)和学校(School)三方成员构成的合作实践共同体，它一般是以共同的愿景为目标，以实践改进为首要指向，以各方的利益需求为动力，以项目为依托的临时性合作组织。

在以上各种类型的实践共同体中，关注最多的还是学校与学校之间的横向关系。不论是一所学校的发展，还是学校群落的发展，实践共同体更多关注的是如何在学校网络之间建立一种更加紧密的联系，围绕学校质量提升，探讨资源共享共建及相互帮扶的机制。

然而，学校办学实践处于一个更加复杂的社会网络之中，教育行政、教育研训机构、兄弟学校、家长及社会（社区、专家、场馆）等资源都会在不同场景下与学校发生联系，而且这些不同利益主体的需求既有相同之处，也有不同之处。如果不能有效整合以上多元主体的资源优势，很难帮助到学校的持续改进。

第三节 实践共同体视域下公办初中强校工程"五位一体"学校改进模式分析

上海公办初中强校工程是由政府推动的一项学校改进项目，以政策"组合拳"方式，支持薄弱初中改进。从这个意义上说，上海的公办初中强校工程与以往任何一个学校改进项目都有所不同，其涉及的主体多元，主体间关系多元，在学校改进之中起到的作用也很多元。笔者以为，这正是强校工程的独特之处，它形成了具有上海特色的"五位一体"学校改进实践共同体模式。

一、"五位一体"(G-E-I-S-S)学校改进实践共同体的基本框架

所谓"五位一体"学校改进实践共同体，就是指教育行政支持(Government，上海市教委、区教育局)、专家智力支持(Expert，市级专家组、区级指导专家)、研训机构支持(Institute，市教科院、市教师教育学院、区教院)、校际合作支持(School，学区/集团

[①] 杨朝晖."UDS合作实践共同体"：教育学知识创生与实践转化的新机制[J]. 南京社会科学，2012(04)：133—137.

牵头校、支援校)与实验校(School)等五类教育主体角色,以强校工程项目为载体,聚焦强校工程实验校的内涵发展与质量提升这一实践主线,利用各自职能与专业和资源优势,坚持问题导向,注重精准施策,激发实验校发展活力,提升实验校自主发展能力,办家门口的好初中,形成一个"五位一体"协同合作促进实验校改进的实践共同体(简称 G-E-I-S-S)。

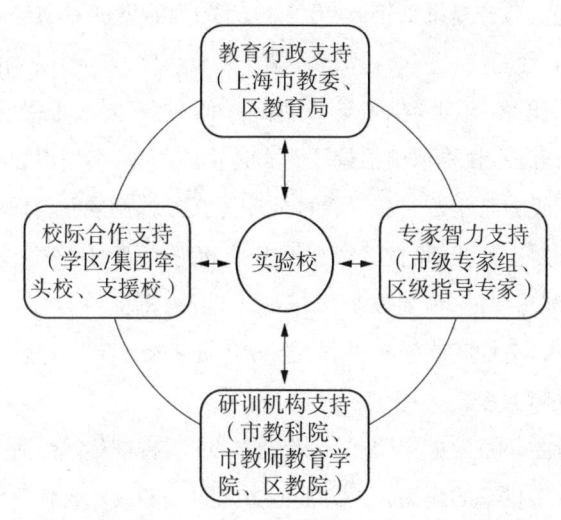

图 8.1 强校工程"五位一体"学校改进实践共同体结构

下面从实践共同体的三个结构要素(相互卷入、合作事业、共享智库)角度,对"五位一体"强校工程实验校改进实践共同体进行具体分析。

(一)相互卷入

"五位一体"中的"五位"指的是五类教育主体角色,包括教育行政支持、专家智力支持、研训机构支持、校际合作支持等四类教育支持主体方,以及作为强校工程实施对象的"实验校"主体方;"一体"指的是学校改进实践共同体。"五位一体"学校改进实践共同体是指五类教育主体聚焦于学校改进这个共同事业,市区校三级联动、多元伙伴协同合作,形成一体化的学校改进力量,以实现单一主体或少数几个主体无法达成的改进目标,从而提升学校改进效果。

具体来说,教育行政支持角色由上海市教委与各区教育局共同承担,市区联动,协同推进,这是推动公办初中强校工程的最大力量。上海市教委作为项目发起单位、政策制定单位、资源分配者、绩效考核者,主要发挥工作推进、资源配置、培训指导、评估奖励与宣传推广等作用。第一,市教委承担着强校工程的工作发起与组织实施责任,

165

每年召开强校工程推进会,按计划开展相关活动。第二,市教委承担着资源优化配置的任务,包括政策资源及专项经费资源的统筹配置。在政策资源方面,通过将强校工程与"双名工程"、学区化集团化办学、优质高中入学招生名额分配等中考改革政策、市级教改项目(课程领导力项目、"绿色指标"助力项目、高质量作业基地项目等)结合,为实验校营造良好的教育环境,提供更多办学资源和发展机遇。在经费支持方面,市教委为每所强校工程实验校提供每年25万—30万的内涵发展专项经费。第三,市教委组织开展校长培训、经验交流与研讨活动,提升校长领导力。第四,市教委承担强校工程督导评估与奖励任务,组织专项督导,开展绩效评估,对强校工程成效显著的区域和学校进行奖励。第五,市教委承担强校工程宣传推广工作,利用市教委政务微信,宣传报道强校工程典型经验与学校。各区教育局作为义务教育承办责任主体,一方面要发挥上述与市教委相对应的职能,在区级层面开展相应活动,有序推进区级强校工程的实施;另一方面更加重要的是,要发挥区域的主动性、积极性与创造性,结合区情、校情,统筹各方资源,创造性实施强校工程,全面贯彻落实各项支持政策,并着力提升政策支持精准度和保障力度。

校际合作支持主要是发挥集团/学区牵头校、支援校等优质品牌学校的理念提升、专业引领与优质资源供给的作用。一方面双方通过创新校际合作机制,以更加紧密的合作办学方式,发挥牵头校(支援校)先进管理理念与管理经验的引领辐射作用,优化实验校办学理念与管理能力。另一方面,根据实验校发展需求以及自身资源供给情况,为实验校提供教师队伍建设、课程与教学改革、特色品牌建设、学校治理结构优化、场地资源共享、学生发展平台等方面的教育策略供给与教育资源支持。

专家智力支持包括市教委成立的市级专家组以及各区教育局为实验校配备的不少于3名的区级指导专家的专业指导与咨询建议。指导专家主要发挥理念提升、策略供给、教师培训、学科建设、质量监控等作用。其中,市级专家组由22名资深专家构成,主要发挥三方面作用,一是对全市及各区的强校工程的推进工作提出咨询建议;二是根据市教委的安排,采取入校调研方式(包括听课评课、听取汇报、开展座谈访谈、查看资料、视察校园等),对强校工程实验校的发展情况进行诊断与指导,为实验校发展把准方向,提供建议;三是根据市教委安排,开展市级层面的强校工程绩效评估工作,包括中期评估与终期绩效评估复核指导工作。区级指导专家则根据实验校发展需求,全程参与实验校的强校工程推进工作,指导实验校的发展规划研制与实施、学科建设、课堂改进、课题研究、教师发展、校本研修等。

研训机构支持包括上海市教科院、上海市教师教育学院(原上海市教委教研室、原上海市师资培训中心)与各区教育学院(教师进修学院/教育发展研究院)两个层面。上海市教科院成立"公办初中强校工程推进"项目组,主要任务是协助市教委推进强校工程各项任务,开展强校工程经验梳理与研究工作。原上海市教委教研室主要通过"课程领导力项目初中百校工程"和中小学"绿色指标"评价等项目,支持实验校的课程教学改革。原上海市师资培训中心主要通过推进"双名工程"支持实验校的教师队伍建设。各区教育学院发挥着重要的专业引领作用,通过蹲点指导、教学视导、教研活动、教学展示、学科建设、科研指导等工作,促进实验校快速发展。

以上四类教育支持力量,都以强校工程实验项目为载体,共同卷入到强校工程实验校的改进项目之中。强校工程实验校是学校改进的主体,要整合各种支持资源,发挥主观能动性,做好学校发展问题诊断,制定三年发展规划,并加以有效落实。以上五类教育主体形成了一个实践共同体,在学校改进过程中各自发挥作用和功能,实现各自的发展价值。

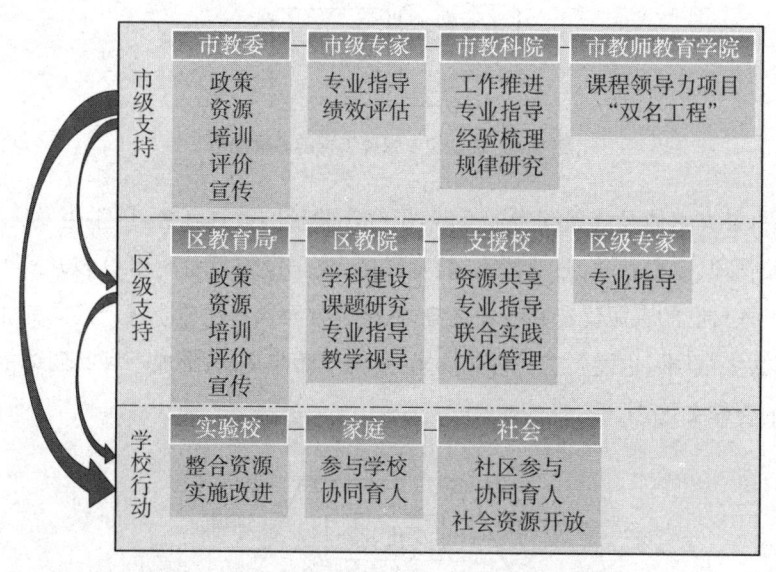

市级支持	市教委 政策 资源 培训 评价 宣传	市级专家 专业指导 绩效评估	市教科院 工作推进 专业指导 经验梳理 规律研究	市教师教育学院 课程领导力项目 "双名工程"
区级支持	区教育局 政策 资源 培训 评价 宣传	区教院 学科建设 课题研究 专业指导 教学视导	支援校 资源共享 专业指导 联合实践 优化管理	区级专家 专业指导
学校行动	实验校 整合资源 实施改进	家庭 参与学校 协同育人	社会 社区参与 协同育人 社会资源开放	

图 8.2 市区校三级联动、"五位一体"、协同推进格局

(二) 合作事业

合作事业是实践共同体得以存在的必要条件。公办初中强校工程是一个具有明确发展目标与任务导向的学校改进实验项目,各方主体围绕实验校改进这个共同事业

进行合作。合作事业意味着实践共同体的多元主体在共同价值认同、共同目标愿景下,开展共同专业实践,最终实现强校工程实验校整体办学质量提升的目标。

首先,各方主体具有共同的价值认同。强校工程作为一项推进义务教育优质均衡发展的重要举措,其意义和价值得到了社会的广泛认可。人民教育人民办,办好教育为人民。以人民为中心办教育,推进教育公平,提升教育质量,为了学生终身发展,为国育才,为党育人,提高家长满意度,这已经成为我国基础教育的共识。

其次,各方主体具有共同目标愿景。共同目标愿景是实践共同体的动力之源。强校工程的工作目标就是办家门口的好初中,各方主体合作的愿景就是帮助实验校在教育教学状态、整体教育质量、学校办学特色、家长满意度等方面都有明显进步,最终整体提升初中学校办学水平,优化区域内初中教育生态,满足家长高质量的教育需求。

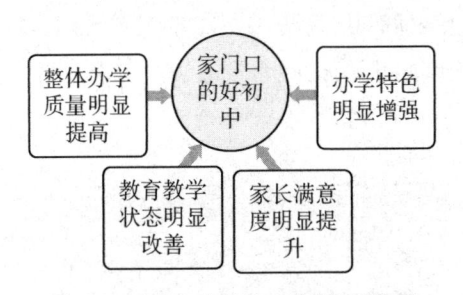

图 8.3　公办初中强校工程的目标愿景

最后,各方主体开展共同专业实践,围绕实验校的改进任务,以学生发展为中心,开展学校管理、课程教学、办学特色、教师队伍、教学设施设备更新等多方面工作。每个主体发挥自己的资源优势和专业优势,从某个方面入手加以改进。共同专业实践需要一种"共生"思维,也需要有一种归属感,强调对话与交流,形成一种共同体成员认可并共享的合作文化。

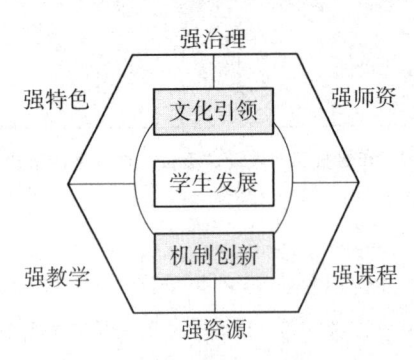

图 8.4　公办初中强校工程的专业实践

(三) 共享智库

学校改进必须符合教育规律。教育规律是在办学实践中逐步形成与把握的,是在经验积累与理性分析基础上提炼而成的。强校工程既是一个学校改进新路径探索的过程,也是一个优秀经验推广与应用的过程。在此过程中,学校管理经验、课程建设经验、教学优化经验、特色建设经验、资源开发经验等,都会在学校改进中得到共享与应用,也会生产新的经验和资源。因此,这样一个过程是一个多方主体意义协商的过程,它既是共享智库的形成过程,不断丰富学校改进的经验;也是共享智库的应用过程,通过优秀经验推广为实验校提供专业支持。共享智库成为强校工程实验校重要的专业支撑。

二、"五位一体"学校改进实践共同体的运行机制

"五位一体"学校改进实践共同体以共同价值认同、共同目标愿景、共同专业实践为基础,以内涵与质量提升为重点,在五类教育主体协同合作下,以问题导向与精准施策为路径,以"六强"行动(强治理、强师资、强课程、强教学、强特色、强资源)为抓手,通过文化引领与机制创新,为实验校激发活力和全面赋能,最终指向办家门口的好初中。

(一) 行动基础:共同价值认同、共同目标愿景、共同专业实践

拥有共同价值观、共同目标愿景与共同专业实践是学校实践共同体的行动基础。强校工程的共同价值观是努力办好每一所学校,教好每一个学生,探索优质均衡与高质量发展路径。强校工程的共同目标愿景是办家门口的好初中,指向实验校四个"明显"提升的工作目标。强校工程的共同专业实践指的是学校改进行动("六强"行动)。

(二) 行动重点:聚焦内涵,提升质量

强校工程的重点在实验校的内涵建设,全面提升教育质量。

(三) 行动主体:市区校三级联动,"五位一体",协同推进

强校工程采取市区校联动、"五位一体"、协同推进的方式进行。

(四) 行动路径:问题导向,精准施策

1. 问题导向:加强初态调研与分析,找准学校发展的撬动点

坚持问题导向是强校工程最重要的行动策略之一。强校工程启动之后的第一件事就是对实验校进行初态调研与分析,找准实验校发展短板,并对学校发展的突出问题进行深入的原因分析,然后制定出符合学校实际的改进策略。

如何做好初态分析,是否能认真对待初态数据,成为实验校开展强校工程的关键

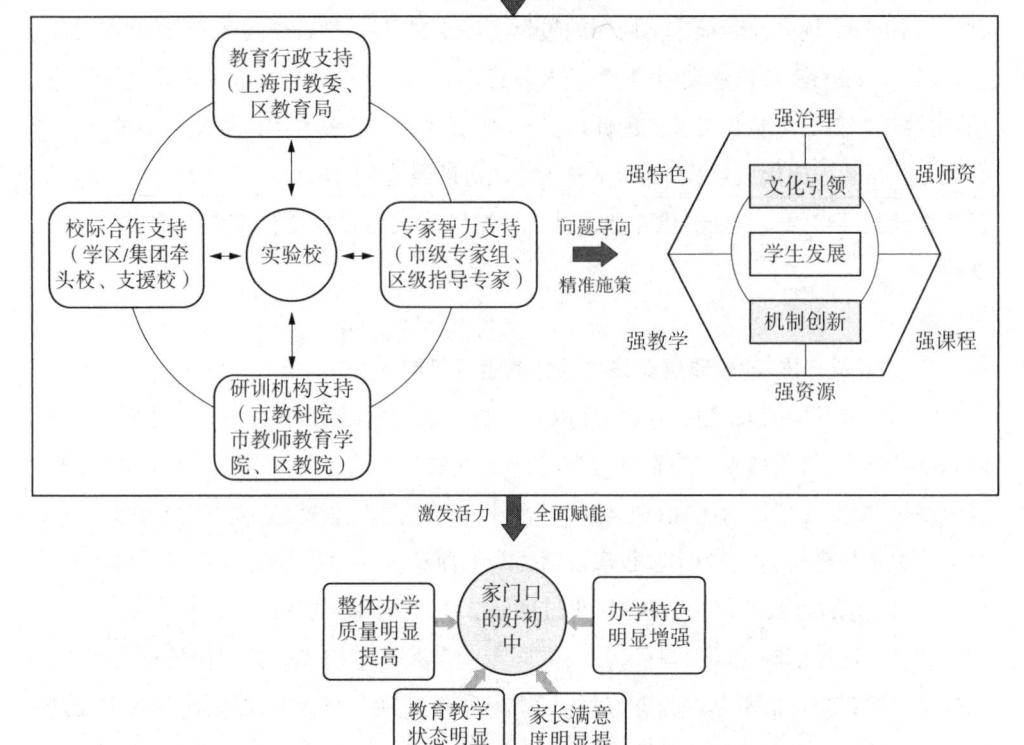

图 8.5　公办初中强校工程实践共同体运行机制图

之一。初态分析要全面、客观、科学,要将定量分析与定性分析相结合,要善于利用各种数据,基于证据进行判断。学校还要发挥初态分析的过程性作用,要发动全校师生参与分析,提高教学民主,激发主体积极性。

根据市教委的强校工程实施意见,实验校除了开展自我诊断之外,还要能够借助区级指导专家的力量。各区教育局也会组织区教研室开展学校的教学视导,通过听课评课,准确把握学校的教学质量与课程教学实施情况,形成教学质量调研报告类资源,反馈给学校加以改进。

实验校要能够整合自我诊断、专家评估、常态化数据、过程性资料等多方面证据,形成对学校发展优势、劣势、机遇与挑战的全面认识,找到阻碍学校发展的关键问题及背后原因,为制定有针对性的改进措施奠定扎实的基础。

2. 精准施策:研制三年发展规划,开展一校一策引领下的学校改进

精准施策是强校工程能否取得实效的又一个关键行动策略。每所学校发展可能都面临不止一个问题,问题导向有助于实验校找到改进的真正突破口,但是怎么改进、采取哪些举措、需要哪些支持和保障,这就需要精准施策。

精准施策首先体现在每所强校工程实验校都要研制三年发展规划,明确未来几年的重点改进任务,即一校一策,探索学校精准改进路径。区教育局也会根据实验校的实际情况,配备更有针对性的优质品牌学校作为支援校,比如针对随迁子女较多的学校,有的区将国家级重点职业学校作为强校工程实验校的牵头校,以便更好地为随迁子女升学服务;区教育学院根据强校工程实验校的薄弱学科,配置相应学科的教研员,帮助实验校进行学科建设;支援校会根据实验校的发展需求,有针对性地进行管理人员与骨干教师的流动,加强教研组、备课组的联合研修活动。

(五) 行动本质:激发活力,全面赋能

"五位一体"学校改进实践共同体的行动效果本质上是激发学校发展活力,为学校发展全面赋能,提升学校可持续发展的动能。

1. 激发活力:以文化引领与机制创新为改进重点

激发学校办学活力是强校工程的重要任务之一,是强校工程实验校可持续发展的基础。学校活力的激发首先要从教师活力和学生活力激发入手,释放人的发展潜能。教师是第一资源,是学校改进的"最后一公里"。教师活力的激发必须让教师体验到教育的价值和幸福感,感受到专业发展的成就感,增强教师对学校的归属感。学生活力的激发必须要充分发挥学生的主观能动性,培育学生自主学习能力,提升学生的学校生活质量,丰富学习生活体验,提高学业质量,培育核心素养。

2. 全面赋能:以"六强"行动助力实验校整体提升

长期处于发展底部的学校一定会在某些方面遇到发展瓶颈,凭借自身力量,难以在短期内得到突破,因此办学质量就长期在底部徘徊。公办初中强校工程给这些学校带来了丰富的资源,实验校要借此机会,增强自身发展能力,实现跨越式发展。

(六) 行动抓手:以文化引领与机制创新为抓手,开展"六强"突围行动

1. 以文化引领与机制创新为抓手

在激发活力的举措中,文化引领是最常用的一种手段,也是最有效的一种方式。校长要通过优化办学理念,明确发展愿景,激发师生正能量,构建积极的教师文化和学

生文化,提升教师和学生精气神,改变教师的教育教学状态,优化学生行为规范和学习习惯。

激发活力要通过机制创新加以实现,以解决常规条件下无法解决的问题。为此,学校要勇于突破自我,开展教学与管理改革,增强发展动力,并把有效经验固化为学校发展的新机制。

2. 开展"六强"突围行动

全面赋能可以采取点上突破,面上推进的方式进行。强校工程作为一项学校改进项目,涉及学校工作的方方面面,包括学校管理、课程建设、教学改进、教师培养、办学特色、硬件改造等六个方面。在刚开始改革时,可以选择其中一个方向进行重点突破,明确一个发展改革项目,并以此项目为抓手,带动学校其他方面工作的优化和改进。随着改革进程的深入,各方面的工作都会涉及,整体提升学校办学质量。

(七)行动目标:四个"明显"提升,办家门口的好初中

市教委强校工程实施意见明确提出强校工程的工作目标是:经过3—5年的努力,实现百所公办初中在原有基础上,教育教学状态明显改善,学校办学特色明显增强,整体办学质量明显提高,家长对学校的满意度明显提升,建成"家门口的好初中"。"五位一体"学校改进实践共同体以此为行动目标,发挥各方主体优势,形成学校改进合力。

三、"五位一体"学校改进实践共同体的基本特征

"五位一体"学校改进实践共同体是一个开放的形态,从组织特征上看,它不是一个有明确边界的组织,它具有以下几个基本特征。

(一)合作主体更加多元

相较于传统的校际合作、学区化集团化办学、学校发展联盟、U-D-S等共同体发展模式,强校工程学校改进实践共同体主体更加多元,基本整合了已有的各类伙伴协作、校际合作与实践共同体形态,因此,其形成的合力必然更大。"五位一体"学校改进实践共同体是一个市区校三级联动、多元主体伙伴协作的过程。如果进一步细分,可以划分为市级支持、区级支持及学校自主发展三个层面。市级层面呈现出"一体两翼"的运行架构,即以市教委为主体,市级专家组和市级研训机构(市教科院、市教师教育学院)作为"两翼",协助市教委推进强校工程各项工作。区级层面是由区教育局、区教院、区级指导专家与牵头校(支援校)协同助力实验校发展。学校层面则整合所有内外部资源,在市区校三级联动下,形成伙伴协作式实践共同体,聚焦重点发展项目,开展

学校改进行动。

（二）合作内容更加明确

强校工程的工作目标是办家门口的好初中，实现四个"明显"的提升效果，这是强校工程学校改进实践共同体的共同愿景。围绕这个目标愿景，开展"六强"行动，每类主体发展自身优势，合作任务比较清晰，作用发挥更有针对性。

（三）合作形式更加正式

作为一项政府推进的学校改进项目，其有相应的政策文件要求，一般有契约规定，比如市区级专家聘任、优质品牌学校安排、"双名工程"安排、课程领导力项目等。因此，强校工程五类主体的责权更加清晰，合作形式更加正式，这营造了一个良好的实践共同体氛围，合作持久性和实效性也更加明显。

（四）合作本质是专业赋能

伙伴协作之所以能发挥作用，最关键的是多元主体聚焦强校工程目标与任务，给实验校提供专业支持，提高实验校专业实践能力和办学品质，并在此过程中，满足多元主体的发展需求，达到互惠互利、和合共进的效果。专业赋能的范围包括教师发展、课堂改进、课程建设、特色品牌建设等多个方面，指向实验校可持续发展能力建设，实现从"输血"到"造血"功能的转变。

第九章　迈向高质量：上海初中教育优质均衡发展的未来思考

毫无疑问,公办初中强校工程在一定程度上提升了上海初中教育优质均衡发展水平,进一步满足了人民群众"上好学"的愿望。然而,从高质量发展要求来看,不得不承认,上海初中教育区域差异、城乡差异、校际差异仍然较大,家门口的好初中仍然不能充分满足人民群众的高质量教育需求。第二轮强校工程自 2023 年 8 月底启动至今,各项工作正在有序推进。展望未来,上海将以实施第二轮强校工程为抓手,探索建立初中教育高质量发展的长效机制,为建立高质量基础教育体系贡献应有的力量。

第一节　加强政策创新研究,在"精准施策"上下功夫

2023 年,作为义务教育优质均衡发展先行创建区,黄浦、长宁、普陀、杨浦、嘉定、奉贤等 6 个区接受了国家义务教育优质均衡发展实地验收。2024 年,其他 10 个区将全力争创义务教育优质均衡发展区,上海义务教育优质均衡发展水平将进一步提升,家门口的好学校将越来越多。上海将进一步加强市区联动,统筹推进公办初中强校工程、新优质学校高质量发展引领计划、城乡学校携手共进计划等工作,进一步深化"双新"课程教学实施和中小学数字化转型,全面实施义务教育项目化学习,推动上海义务教育高质量发展,上海基础教育扩优提质将有更多新期待。

一、加强政策集成创新研究

强校工程是上海市探索教育政策集成创新的一种新的尝试,政策"组合拳"意味着对现有政策工具的重新组合,并形成了一个完整的政策应用体系,具有重要的创新价值。教育高质量发展呼唤更多的政策集成创新。

集成创新可以产生更大的政策组合效应。集成创新是为了更好地解决现实问题，更科学地开展实践探索。经过五年实践，强校工程取得了显著效果，结果表明，强校工程是上海基础教育政策集成创新的一次成功实践，集成创新可以产生更大的政策组合效应，是以人民为中心发展教育理念的重要体现，是上海基础教育治理体系和治理能力现代化进程中的重要进展。

集成创新可以作为破解基础教育发展难题的重要方法论。当前，基础教育优质均衡发展到了关键时期，改革难度更大，制度集成创新作为一种创新方法论的革新，是更注重顶层设计、内部协同、涉及面更广、系统整体性更强的一种新的创新模式，具有系统性、整体性、协同性的特征。[①] 强校工程的成功实践启示我们，要进一步加强制度集成创新研究，优化政策要素组合，形成一个要素齐全、匹配度高、优势互补的政策体系，并把它作为解决基础教育优质均衡发展难题的重要方法论。

集成创新可以促进区域基础教育治理能力的有效提升。与单项制度创新相比，制度集成创新是涉及主体更加多元、要素更加全面、组合更加多样、系统整体性更强的一种新的创新模式，在具体实施时难度也更大，需要更高的治理效能。为此，各区教育行政部门在推动基础教育优质均衡发展过程中，一方面要以主动担当的精神，高点谋划、高位推动，加强顶层设计与资源统筹，增强政策供给能力，更全面科学地开展政策集成创新探索；另一方面要加强区情、校情、学情研究，减少制度集成创新和执行过程中的阻力，增强政策供给的针对性和实效性。

二、加强基于证据的教育政策制定研究

第一轮强校工程总体上是成功的，八成学校办学绩效增值明显。在绩效评估过程中，我们发现，很多学校都在实践中探索出具有本校特色、符合本校实际的学校改进新路径、新策略、新方法，有些已经固化为学校办学的新机制。我们认为，这是一笔宝贵的财富，可以为第二轮强校工程的推进提供典型借鉴。这些典型经验汇集了实验校老师以及各方专家的智慧，是经过验证的办学经验。

在第二轮强校工程实施方案研制过程中，我们特别重视第一轮强校工程经验的推广应用。为此，我们做了三件事情：

第一，全面梳理第一轮强校工程典型经验。我们采取扎根分析的方法，从各区和

---

① 刘允明.当好制度集成创新先行者[J].今日海南，2020(06)：30.

实验校的自评报告中,提炼出具有学校特色的典型经验,形成了学校改进的 70 个策略。

第二,将学校改进的 70 个策略融入到第二轮强校工程方案之中,基于证据开展政策制定。因此,在第二轮强校工程实施方案中,一个显著特点是,每一个重要举措都可以在第一轮强校工程中找到有效证据。

第三,组织专家深入学校,进一步挖掘实验校的典型经验,作为教学成果申报的培育重点,并将优秀成果推广到其他强校工程实验校之中,一方面发挥典型经验的撬动作用,另一方面进一步完善原有经验。

第二节 加强学校发展研究,探索多元学校改进模式

建设高质量的初中教育体系是基础教育强国建设的根本要求。"双减"背景下,上海初中教育生态已经发生重大变化,民办学校比例下降,新的初中入学招生政策在一定程度上缓解了家长择校焦虑,实验性示范性高中学校名额分配政策以及新课程实施为公办初中校发展带来了新机遇,随迁子女异地升学政策有助于稳定学校生源,初中教育考试与评价改革为公办初中优质均衡发展提供了良好环境,有助于探索更加多元的学校改进模式。

一、增强学校自主发展能力

(一)扶上马,还要再送一程

强校工程已经取得显著成效,一些学校的教学质量已经从公办初中底部区域跃升到中上水平甚至顶部区域,五年来学校变化可谓天翻地覆,其中饱含实验校校长及教师团队的实践智慧及辛苦付出。然而,我们也必须看到,学校发展的基础仍不牢固,改进效果仍需持续巩固,尤其是学校的自主发展能力有待进一步提升。第一轮强校工程已经结束,这些学校不再享受那么多的支持政策,"输血机制"基本停止,"造血机制"是否形成并运行良好,这是实验校和市区教育行政部门都必须思考的问题。从实验校校长的反馈看,他们希望能够得到持续的政策关注与支持,这种需求在第二轮强校工程的政策设计中已经有所回应,即"各区教育局要将巩固好第一轮'强校工程'、实施好第二轮'强校工程'作为推进基础教育综合改革、构建优质均衡的基本公共教育服务体系、落实义务教育新课程和中考改革要求的重点任务"。

（二）增强学校自主发展能力建设

强校工程"五位一体"学校改进模式是特定时期的政策集成创新应用，需要集聚大量资源，是一种非常态化的学校改进模式。当政策效果基本达成后，这批学校又将进入一个新的常态化发展阶段，学校是否有能力实现持续提升，还取决于学校自主发展能力的增强。为此，在强校工程实施期间，实验校不仅要关注短期内的改进效果，更要重视有效经验梳理和机制建设，为后续高质量发展奠定扎实的基础。

在增强学校自主发展能力方面，要重点关注三个方面。

一是以教师队伍建设为重点。教师是学校发展的最重要资源。教师队伍的规模适度，结构合理，发展机制健全，是学校各项工作得以顺利开展的基础。其中，规模适度意味着师生比合理。结构合理包括学科结构、年龄结构、职称结构合理，名优教师与骨干教师比例合理。专业发展机制健全包括教师培养序列健全，培养策略有针对性，职称晋升有序。在教师队伍建设方面，尤其要重视教师活力的激发，营造积极向上的教师文化，加强校本研修的实效性。

二是以教学质量提升为核心。要以义务教育新课程改革为契机，加强教师培训，更新教育理念；加强课程与教学研究，探索更多跨学科主题学习、项目化学习、情境学习、综合学习、学科实践、大单元教学等新的教与学方式，切实转变育人方式，丰富学生在校生活，提高学校育人质量。

三是以治理能力优化为抓手。学校要善于激发师生参与学校治理的积极性；充分挖掘和利用各种优质教育资源，建立和完善学校、家庭、社会协同育人新机制。

二、建立学校发展典型案例库

（一）明晰一所学校的迭代发展规律

学校发展是有规律可循的。一所学校的发展历程，既受到外部因素影响，也受到自身因素的影响。强校工程是一项强力政策支持的学校改进项目，与上海市推进的新优质学校建设项目学校的改进历程并不相同。因此，强校工程实验校的发展规律与新优质学校的发展规律肯定不同。其中一定有值得探索的东西。为此，可以选择一些发展较好的实验校，采取典型案例分析方式，详细解剖一所学校突破困境走上发展快车道的规律，为其他同类学校发展提供借鉴。

（二）建立各类初中学校发展典型案例库

第一轮强校工程有一百二十多所实验校，包括农村小规模学校、老城区的老学校、城乡结合部学校、随迁子女较多的学校等多种类型，这些学校的变迁过程与发展境遇不尽相同，在强校工程实施过程中形成的成功经验也各有特色，这是一笔宝贵的研究素材。如果能够对这些成功经验加以整理、分类并形成体系，它们将会是基础教育学校发展的工具库，有助于其他同类学校学习借鉴，赋能学校持续发展。

三、探索更加多元的学校改进模式

上海在推进义务教育均衡发展过程中，探索了郊区农村义务教育委托管理项目、新优质学校建设项目、优秀教师到郊区开展支教工作、学区化集团化办学，建立全市基本统一的义务教育学校功能用房配置、教育装备、教师队伍配置、教师收入和生均经费5项标准、城乡学校携手共进计划等多种创新举措，它们都在一定范围和一定程度上有力推动了上海义务教育均衡发展。这种学校改进的政策创新仍然需要持续开展，从而不断丰富政策工具，助力学校提升质量。

然而，很多学校经历了多个帮扶项目，其教育教学质量仍然没有明显变化，办学水平得不到老百姓的认可，这充分说明薄弱学校改进的艰巨性和长期性。进入新时代，上海市教委启动实施的强校工程采取政策"组合拳"方式，形成了"五位一体"学校改进模式，实践证明，这对一批长期处于区域发展底部的学校具有重要的转变作用。强校工程为打赢义务教育优质均衡发展攻坚战提供了一个新的解决方案。"五位一体"学校改进模式是优质均衡时代学校改进的攻坚利器。

学校发展有自身规律。不同学校面临的问题和挑战不同，不同地区具备的政策资源也不同，这就要求教育部门加强探索多元学校改进模式，以提高学校改进的针对性和实效性。上海强校工程"五位一体"学校改进模式对政策资源要求较高，为此，探索更加常态化办学条件下的学校改进模式成为一种新的挑战，其中，上海探索的新优质学校建设经验可以为更多学校所借鉴。

2023年，教育部、国家发展改革委、财政部印发了《关于实施新时代基础教育扩优提质行动计划的意见》，提出"扩增一批新优质义务教育学校，义务教育优质学位供给大幅增加"的目标和"实施义务教育强校提质行动，加快优质均衡发展"的重大行动。具体来看，有四项行动，一是推进优质学校挖潜扩容，提出"对有条件的、办学水平和群众认可度较高的学校，'一校一案'合理制定挖潜扩容工作方案，通过充分利用现有校舍资源、改扩建教学楼、建设新校区、合并周边薄弱学校、倾斜调配教师编制等方式，在不产生大班额情况下，进一步扩大学位供给"。二是加快新优质学校成长，提出"大力加强城乡学校共同体建设,健全学区和集团办学管理运行机制,促进骨干教师交流轮岗和优质教育资源共享,加快推进学区内、集团内学校率先实现优质均衡"。三是加强寄宿制学校建设,提出"办好必要的乡村小规模学校,适当整合小、散、弱的乡村小规模学校"。四是健全优质均衡推进机制。由此可见,采用多元路径建设优质学校是新时代基础教育扩优提质的基本思路。

四、创建更多家门口的新优质学校

2023年,中共中央办公厅、国务院办公厅印发了《关于构建优质均衡的基本公共教育服务体系的意见》,提出"加快校际均衡发展","促进新优质学校成长,办好群众'家门口'的学校"。新优质学校的办学理念已经从上海的地方探索上升为国家政策要求。

新优质学校"新"在价值理念:回归教育本原(全体学生、全面发展、完整生命)、提升学生学习生活质量(学生喜欢、丰富经历)、强调学校主动发展(内涵建设、主动变革)、坚持为人民办学(有教无类、因材施教、办家门口的好学校)。[①] 新优质学校重在探索常态化条件下的发展之路:常态条件("三不三靠");常见问题;内引式发展(自我诊断、自我计划、自主实施、自我评估、自我改进);持续发展(想探索、肯努力、小步走、不停步,家长满意)。[②] 新优质学校建设提出了多种建设路径:理念引领路径、问题突破路径、优势带动路径、评估促进路径。[③]

站在新的发展起点上,公办初中强校工程实验校要加强学习新优质学校建设经验,探索适合本校的可持续发展路径,真正将学校建设成家门口的好初中。

上海市新优质学校高质量发展引领计划

2011年,上海市教委启动"新优质学校"推进项目。坚持"回归教育本原""育人为本""促进公平"的价值追求,以"新优质教育"实践为着力点,办"家门口的好学校"。"新优质教育"主要是指:在育人观念上,回归教育本原,关注每一个学生的差异发展;在课程建设上,根据学生发展需求建立丰富、可选择的课程体系;在课堂教学上,

---

[①] 汤林春.试论新优质学校的价值追求[J].中国教育学刊,2023(04):43—47.
[②] 汤林春.新优质学校的发展逻辑[J].教育发展研究,2022,42(18):9—15+46.
[③] 汤林春.试论新优质学校的建设路径[J].全球教育展望,2022,51(12):22—31.

满足每一个学生的学习需求,特别关注学有困难学生的成长支持;在质量评价上,突破单一的分数指标,实施以学业质量绿色指标为基础的教育质量综合评价。

2015年,上海市教委启动《上海市新优质学校集群发展三年行动计划(2015—2017年)》。通过集群发展,这类学校要达到本市义务教育阶段学校办学基本标准,"绿色指标"综合评价结果处于全市优良水平,有鲜明的办学特色,家长及社区居民满意度达到90%以上,成为"家门口的好学校"。一批积极探索实践"新优质教育"、有不断变革发展内生动力的公办学校,组成不同形式的实践团队,针对内涵发展的瓶颈问题,深入开展项目研究和实践,不断提升学校的办学水平。

2023年,上海市教委启动《上海市新优质学校高质量发展引领计划》,坚持回归教育本原,发挥新优质学校的价值引领和示范效应,激发普通公办学校的办学活力,促进新优质学校成长,努力办好每一所群众家门口的学校,进一步营造良好的义务教育生态。根据计划安排,到2026年,新优质项目学校明显扩大,其中上海市级新优质项目校扩大到200所左右;到2028年,形成一批有影响力、本土特色的新优质项目校及一大批引领高质量发展的典型项目和案例。该计划确立了"五个任务",引领办学价值取向、引领育人方式变革、引领治理方式优化、引领师资队伍建设、引领信息技术赋能,其中既要守正,坚持回归教育本原;又要创新,促进学校内生发展,办好群众家门口的学校。为保证计划的实施,将从"四个机制"入手,构建协同引领机制、实施项目引领机制、优化评价引领机制、强化交流推广机制。

第三节 加强内涵发展研究,整体提升初中教育质量

上海市中小学教育发展水平总体上处于我国领先地位,上海基础教育经验也得到了世界认可。然而,在上海建设全球卓越城市和长三角一体化发展国家战略的大背景下,在《上海教育现代化2035》的总体目标规划下,上海市要提高初中教育发展水平,实现跨越式发展,就必须进一步聚焦内涵发展和提升教育质量,补短板,提品质,关注每一位学生的发展机会,办好家门口每一所初中,实现上海义务教育更高质量发展。

一、进一步明确义务教育高质量发展的内涵要求

(一)坚持内涵式发展道路

新时代是强调高质量发展的时代。新时代是上海建设全球卓越城市的时代。新时代是重视人人出彩的时代。建设教育强国,走中国式现代化道路,都离不开高质量发展。高质量发展意味着从"有没有"到"好不好"。"好不好"的判断标准是人民群众对教育的满意度,是每个学生的充分发展程度,是人才培养质量满足我国社会经济发展的需要程度。因此,高质量发展是满足人民群众对优质教育向往的发展,是体现新发展理念的发展,[1]是现有发展方式的又一次提升。[2] 高质量发展是教育内涵更加丰富的发展,育人方式更加科学。高质量发展是创新驱动的发展,学校发展活力更强。高质量发展是更高层次和形态的发展,是更加协调与可持续的发展。总之,高质量发展能够产生更大的教育价值和社会效应,能够给人民群众带来更多获得感,能够使学生和教师发展得更加充分、更加健康,幸福感更强。

上海市教委副主任杨振峰提出,上海义务教育的重点已经从强保障、调结构,转向聚内涵、提质量的新阶段。[3] 提高质量要有科学的质量观,走内涵式发展道路。内涵发展强调从外在到内容、从量变到质变的发展过程,突出体现在"有质量""有效益"和"有特色"几个方面。[4] 内涵发展的特征主要表现在如下四个方面:(1)作为一种节约型发展的内涵发展;(2)作为一种创新型发展的内涵发展;(3)作为一种互补型发展的内涵发展;(4)作为一种持续型发展的内涵发展。[5] 在教育发展新阶段,以内涵发展和提高质量为重点,这是教育高质量发展的内在要求。

(二)坚持三个导向

1. 问题导向

问题导向就是聚焦上海初中教育发展的瓶颈问题,思考工作切入点,借鉴国内外先进经验,采取有针对性的举措,破解学校发展难题,推动公办初中优质均衡发展进程。比如,初中教育均衡发展问题主要体现在两个方面,一个是城乡差异,一个是区域内的校际差异。城乡差异主要通过推进城乡一体化发展来逐步改善,区域内的校际差

---

[1] 李双元.深刻理解把握高质量发展的内涵要义和着力点[J].青海党的生活,2018(09):25—26.
[2] 田秋生.高质量发展的理论内涵和实践要求[J].山东大学学报(哲学社会科学版),2018(06):1—8.
[3] 杨振峰.从"强保障,调结构"到"聚内涵,提质量"——基础教育改革发展的关键聚焦与路径思考[J].上海教育科研,2022(04):1.
[4] 马佳宏.义务教育学校内涵发展:时代需要与方略构想[J].教育与经济,2018(06):3—8.
[5] 范国睿,李树峰.内涵发展:教育均衡发展的新趋向[J].上海教育科研,2007(07):14—17.

异对家长的教育焦虑影响更大，需要更加引起重视。公办初中强校工程着力抬高教育底部，正是抓住了初中教育优质均衡发展的突出问题。从教育均衡发展指标看，上海初中教育在生均体育场馆面积、生均教学及辅助用房面积达标率这两个指标方面比较落后，且提升困难，严重制约了上海市义务教育优质均衡发展进程，这就要求各级政府加大资源配置力度，加快解决突出矛盾。当前，总体来说，初中学校办学条件都得到了较大改善，但是离教育现代化要求还有较大距离，在教育理念、办学条件、教育质量、育人方式、评价方式等方面都存在较大的改进空间。

2. 目标导向

目标导向首先要确定一个发展目标。从我国教育现代化2035、上海教育现代化2035、上海基础教育"十四五"规划的目标要求出发，上海初中教育要谋划长远和整体工作思路，办好家门口的每一所初中，为上海建设全球卓越城市作出贡献。为此，一是对标全球卓越城市，建立高质量教育体系，培养社会发展需要的创新人才、领军人才和高素质人才队伍。为此，上海要加强国际比较研究，借鉴世界先进经验，为丰富政策供给提供参考。二是对标国家义务教育优质均衡发展督导评估指标，补短板，强特色，办好家门口每一所初中。基础教育是上海一张靓丽的名片，义务教育优质均衡发展是党的二十大提出的目标。上海要对照国家义务教育优质均衡发展的各项指标，争取早日通过达标验收，走稳高质量发展之路。

3. 效果导向

优质均衡发展的各项政策举措的实际效果，要以学生发展和人民满意为评判依据。具体来说，都要以促进学校实质性发展、学生培养质量、家长满意度、教师生活幸福感为判断依据。在高质量发展时代，基础教育一方面要满足国家和社会对各类人才培育的要求；另一方面要更加突出人们获得感的提升，更加关注每位学生的充分发展和价值满意度，以及学校的可持续性发展能力。

以上三个导向是推进高质量发展的思维路径，在谋划工作和落实工作时要贯通思考，把原则性和灵活性结合起来，切实解决一个个问题，朝着既定目标迈进，不断创造新成就。

二、进一步优化义务教育高质量发展的策略

（一）做好三个结合

1. 抬高底部与整体提升相结合，且重在抬高底部

学校改进具有长期性，一方面，体现在随着教育发展水平提升，学校建设标准不断

提升,优质均衡是动态发展的;另一方面,学校变革是有规律的,学校改进不是一朝一夕之功,影响因素很多。随着社会和教育变迁,一些学校可能会陷入发展瓶颈,成为均衡发展的短板。比如,近四年上海各区初中学校均衡发展指标差异系数总体上呈现向好的趋势,但是也有一些指标出现下滑,这充分说明了均衡发展的长期性和复杂性。

所以,教育发展要坚持底线思维,问题导向,钉钉子精神,长期抓,给予底部学校改进的时间与空间。资源配置要向相对薄弱学校倾斜。与此同时,要整体思考初中教育改革问题,以系统思维完善基础教育招生入学、办学过程、考试升学、学校评价等各个环节的顶层设计,以达到整体提升初中教育质量的目的。

2. 组合施策与精准施策结合,且重在精准施策

薄弱学校大致可以分为两类:生存性薄弱与发展性薄弱。[①] 生存性薄弱主要关注的是硬件条件的改善,发展性薄弱主要关注的是教育质量问题。2014 年,上海已经整体实现国家县域义务教育均衡发展,基本不存在硬件条件绝对薄弱的学校。但是,随着人民群众对高质量教育需求的日益增加,发展性薄弱的问题更加凸显。

发展性薄弱的问题在每所学校可能表现不同,其改变也非一日之功,需要强有力的支持帮扶。强校工程是将现存有效的政策工具以"组合拳"方式实施,切实有效地推动了一批强校工程实验校的跨越式发展。然而我们也必须清醒地看到,由于各区与各学校的发展背景、发展面临的问题以及采取的发展路径不同,政策"组合拳"的效果没有得到充分发挥,因此需要更加精准的政策支持,以校为本精准施策。精准施策的前提是掌握现状。为此,教育行政部门要加强区情和校情分析,找准发展瓶颈问题与突破方向,设计学校发展路径和改进策略,给予学校更加精准的支持政策,帮助学校实现跨越式发展,从而推动区域初中学校办学水平整体提升。

3. 自主发展与帮扶发展结合,且重在自主发展

政策支持为学校发展带来了新资源、新机遇,拓展了学校发展平台。输入式帮扶可以在较短时间内改善学校的办学条件、办学水平。然而,外来的强力政策支持总有离场的一天,一所学校的持续发展更需要学校自身强身健体,具有造血功能。这依赖于学校自主发展能力的建设。为此,在强校工程实施过程中,要关注学校内生力量的增强,形成良性发展机制,将激发活力与用好资源有效结合,提升学校自主发展能力建设,将跨越式发展巩固成持续性发展,使学校沿着现有的成功道路继续保持良好发展

[①] 张军凤. 改革开放以来我国改进薄弱学校的政策回顾和展望[J]. 上海教育科研,2020(03):56—61.

态势,这才是学校改进的长久之道。

三、进一步加大重点领域发展力度

(一) 加大教育经费投入、保障和监管力度,充分发挥政策导向作用

加大教育经费投入是保障义务教育高质量发展的最重要前提。学校资源配置水平、生均经费、教师工资水平的提升都需要有充足的经费支持。上海市义务教育经费投入水平与北京市相比差距较大,严重阻碍了上海义务教育高质量发展进程。《上海教育现代化2035》提出了"教育投入逐年增长,各级教育生均投入满足新时代高质量发展新需求","教师队伍建设适应新时代新需求,教师地位显著提升,教师配置及发展保障更加有力","切实提升教师待遇水平。根据我市实际,不断调整提高教师待遇水平"等目标。为此,一要优先保障教育投入,确保一般公共预算教育支出逐年只增不减,确保按在校学生人数平均的一般公共预算教育支出逐年只增不减,完善生均培养成本核算机制。二要进一步健全教育经费投入机制,加大财政教育经费投入,健全义务教育经费稳定增长机制和保障监管力度。三要进一步发挥财政投入的政策导向作用,形成财政投入向教育优质均衡发展、教师队伍建设重点领域倾斜的调整机制,优化各级各类教育经费投入结构,合理配置教育资源,促进城乡、区域之间教育协调发展。

(二) 加大教育统筹力度,优化教育资源配置

高质量教育对学校资源配置水平和优质均衡发展提出了更高的要求。《上海教育现代化2035》提出"坚持统筹协调"原则,"健全市级教育统筹和协调机制"。为此,一要加大义务教育资源统筹与设点布局,聚焦薄弱之处,优化教育资源配置,进一步缩小城乡之间和学校之间的差距,着力缓解部分区域义务教育学校差异系数过大的问题。二要加快推进义务教育阶段基本建设项目,夯实基础教育优质均衡发展基础。对于生均体育运动场馆面积达标率较低的问题,要采取多用措施,推进学校体育基础设施达标建设,丰富学生体育活动场所。对于生均教学及辅助用房面积达标率不高的问题,更需要政府统筹资源,挖掘潜力。三要加大教育统筹力度,对于区域之间发展不平衡的问题,比如教师高级职称比例、师生比、骨干教师比例等差异较大,要创新编制管理,推动地方盘活事业编制存量;加大教职工编制统筹配置和跨区域调整力度,动态调配。四要深入推进义务教育城乡一体化改革,实现义务教育阶段公办学校建设、设备配置、信息化建设、教师配置与收入、生均经费等标准基本统一,进一步提升城乡和校际优质均衡水平。五要进一步推进学区化集团化办学、新优质学校集群发展、城乡学校携手共进计划、百所公办初中强校工程等现有成功的经验和做法,加大优质学校对口帮扶力度,扩大优质学位供给,切实推进"家门口的好学校"建设。

(三) 加强校长和教师培训力度,优化校长和教师队伍结构

建设高水平校长和教师队伍是奠定一流教育的坚实基础。根据上海校长和教师队伍发展短板,需要在教育家型校长和教师培养、高级职称教师比例、教师信息技术应用能力等方面加大培养力度。《上海教育现代化2035》提出"持续完善师资培养与供给机制","完善教师专业发展支持保障制度","完善教师薪酬待遇和工资收入制度","科学设置、合理优化高级教师岗位结构比例"等目标。为此,一要深入实施基础教育领军人才培养计划,打造优秀校长和教师群体。二要优化校长和教师培训课程体系与培训方式,加强教师信息技术与教学深度融合能力培训,提高教师指导学生开展项目化学习、实践体验学习、综合实践活动等的能力,提升教师培养学生发展核心素养和关键能力的水平。三要适当调整中小学教师职称结构比例,提高高级职称教师占比。继续通过招聘、在职培养等多种方式,提高具有研究生学历的中小学教师比例。四要加强教师管理机制创新,以缓解教师高级职称比例、师生比等区域之间差异较大的问题。五要完善中小学教师绩效工资制度,充分发挥绩效工资激励导向作用,吸引和稳定更多优秀人才从事教育。

(四) 深化课程教学改革,优化学校育人方式

培养社会主义建设者和接班人是我国教育的根本任务。2019年7月《中共中央国务院关于深化教育教学改革全面提高义务教育质量的意见》正式发布,这是新时代我国深化教育教学改革、全面提高义务教育质量的纲领性文件。2022年教育部印发《义务教育课程方案和课程标准(2022年版)》,大力推进教学改革,转变育人方式。《上海教育现代化2035》提出"实现学习者全面而有个性的发展"的目标,提出"把培养创新意识、弘扬创新精神、增强创新能力作为上海教育现代化的重要任务,为上海建成创新之城和实现创新驱动发展夯实基础"。针对以上发展目标和上海学生发展的短板,上海教育要贯彻落实有关文件精神,一要坚持"五育"并举,构建和完善德智体美劳全面培养的教育体系,着力解决素质教育落实不到位的问题。尤其要加强体育、美育、劳动教育等方面内容,转变育人方式。二要深入推进新课程改革,切实提高课堂教学质量,创新教学方式方法,尤其要重视情境教学、综合化教学,加强信息技术与教育教学深度融合,推进基于大数据的智慧课堂研究和实践。要强化教学规范和作业设计,切实减轻学生过重的课业负担。三是要突出学生创新实践能力培养,持续推进中小学创新实验室建设,提高创新实验室利用率,增加学生创新实践体验机会,提高教师指导学生开展创新实验的能力。

(五) 加速推进教育数字化赋能行动,加强未来学习和未来学校研究

教育信息化是促进教育公平、提高教育质量的有效手段。2015年5月22日,习近平总书记在致首届国际教育信息化大会的贺信中指出:"中国坚持不懈推进教育信息化,努力以信息化手段扩大优质教育资源覆盖面。"[①]互联网、大数据、云计算、新一代人工智能、物联网等新技术的飞速发展,为基础教育内涵发展带来了强大动力。新时代,要充分借助新技术应用的契机,加速初中教育现代化进程。因此,初中教育要加快推进教育数字化转型工作,加强未来学习与未来学校研究,进一步促进基础教育优质均衡发展。一是要持续升级信息化基础设施,支持教育数字化转型。二是要大力建设数字化优质课程资源,加快推进"三个课堂""三个助手"等信息技术应用,充分利用信息技术优势,将优质课程资源送到薄弱学校。三是探索更多应用场景,提升学校运营的智能化水平,推动未来学校建设。建立学校大数据系统,构建智慧学习支持环境,创造更有智慧的教育,加速课堂教学形态变革。充分利用人工智能及互动反馈信息技术优势,推动更多"互联网+"教育实践,探索大规模因材施教方法和未来学习方式,开展线上同步课堂、同步教研,提升在线教研质量,打造泛在、智能、共享的新型教育形态和教育模式,提升学与教的质量。

(六) 加快教育标准建设和教育督导,用高标准引领高质量发展

高质量发展需要有高标准引领,高标准的实施需要建立完善的评估监测机制。《上海教育现代化2035》提出"推动义务教育优质均衡发展,建立具有上海特点的高质量学校建设及管理标准,不断完善教育资源配置标准,提升学校配置水平,提高学校管理效能,办好每一所学校"的任务。为此,上海一要立足本市实际,按照优质均衡发展和分类管理的要求,修订完善学校建设标准,引领义务教育建设高水平的学校。二要建立办学标准动态调整机制,根据对学校办学水平的绩效评价结果,动态调整资源投入,持续提升学校办学水平。三要深化教育督导体制改革,加强教育督导工作,落实《上海市教育督导条例》,履行督政、督学、评估监测"三位一体"职责。加快义务教育优质均衡发展督导评估,对发展瓶颈问题要制订专项攻坚计划,用督导评估保障义务教育高质量发展。

---

① 习近平. 习近平致国际教育信息化大会的贺信[N]. 人民日报,2015-05-24(002).

附 录

附录1：上海市教育委员会关于实施百所公办初中强校工程的意见（沪教委基〔2018〕45号）

各区教育局、各有关直属事业单位：

为深入落实党的十九大精神和市委、市政府关于本市基础教育综合改革的部署，进一步提高初中教育优质均衡发展水平，努力让每个孩子都能享有公平而有质量的初中教育，决定实施百所公办初中强校工程（简称"强校工程"）。

一、总体思路

坚持"办好每一所初中、成就每一名教师、教好每一位学生"的理念，按照"精准施策、注重内涵、提升质量"的思路，将"强校工程"与"名校长名师培养工程"（简称"双名工程"）相结合、与紧密型学区化集团化办学相结合、与落实推进本市高中阶段学校考试招生制度改革要求相结合，通过制度创新、政策支持和项目化实施，激发百所公办初中办学的内生动力，提高办学质量，从而带动面上公办初中全面提升办学水平，营造更加健康的义务教育生态。

二、工作目标

经过3—5年的努力，实现百所公办初中在原有基础上，教育教学状态明显改善，学校办学特色明显增强，整体办学质量明显提高，家长对学校的满意度明显提升，建成"家门口的好初中"。

三、主要内容

各区教育局在开展区域初中办学质量调研的基础上，着眼于进一步抬升底部、促进优质均衡协调发展的要求,在学校自主申报的基础上,遴选区域内不同办学特点的公办初中,申报本市"强校工程"实验校(简称"实验校")。

"实验校"作为第四期"双名工程"实践基地校,要成为名校长、名师培养锻炼的平台,成为促进学校校长和教师专业成长的舞台,提升学校管理水平和教师专业水平。各区要将"实验校"纳入紧密型学区、集团建设,突出管理团队和骨干教师流动、优质课程资源共享、教研科研共建、设施场馆共用。"实验校"要紧密对接本市高中阶段学校考试招生制度改革要求,以学生核心素养培育为目标,完善学校课程实施方案,深化教学改革,优化学生综合素质评价,提升教育教学水平。

四、主要任务

(一)"双名工程"有机融入

通过优质引进、学校培育等途径,加强市级名校长和名师(含培养对象)在"实验校"的配备,确保每一所"实验校"都有一名市级名校长(含培养对象、特级校长)、两名名师(含培养对象、特级教师)。

第四期"双名工程"教师"种子计划"优先选取"实验校"中有发展潜力的青年教师,确保每所"实验校"有不少于5%的教师纳入"种子计划"。

(二)优质品牌辐射带动

开展紧密型学区化集团化办学试点。根据"实验校"发展需求,因地制宜,由市实验性示范性高中、优质品牌初中学校领衔组建紧密型集团或学区,鼓励优质民办学校托管,采取"一带一""一带二"等方式集中优势资源全方位支持"实验校"建设,提高学区、集团内优秀干部、骨干教师流动到"实验校"的比例,实施教师联合培训、联体研修、联动科研,多渠道提升"实验校"干部管理能力和教师专业能力。

建立"实验校"动态发展档案,反映学校干部培养、教师发展、学生成长、资源配置、课程教学、特色建设等方面的发展情况。突出增值评估,将"绿色指标"表现、学校综合考核等进步情况作为评价"实验校"建设和紧密型学区、集团建设等方面的主要指标。

(三)专家全程专业指导

市教委牵头成立市级专家指导团队,对各区"强校工程"实施方案和"实验校"三年实施规划进行论证,对各区实施"强校工程"进行专业指导。

建立区级指导专家团队。各区教育局应整合区域内专业资源,根据"实验校"发展需要,为每所"实验校"配备不少于3名指导专家,在进行初态评估的基础上,指导"实验校"制定学校三年实施规划，形成"一校一规划"，并给予全程专业指导。

将"实验校"建设成为教育科研基地校，指导学校完善日常教育科研机制，推进优秀成果在"实验校"的转化应用与合成再造。建立激励机制，保障市、区教育科研人员深入"实验校"，提供专业支持，开展蹲点实践研究。

（四）优化教育资源配置

各区要加强财力统筹，保证"强校工程"建设经费投入，并向"实验校"倾斜，确保经费投入高于区域内同类型、同规模的学校，重点保障"实验校"所需的校舍改造及听说测试教室、创新实验室、理科实验室建设和设施设备更新，满足开设丰富课程、转变教学方式的需要。

市教委建立"强校工程"专项经费，重点支持"实验校"内涵建设，确保其课程教学改革、师资队伍培养、特色建设及相关配套设备添置等经费需求。

（五）深化课程教学改革

"实验校"要以提升教育教学质量为核心，建立健全备课、上课、作业、辅导、评价等基本教学环节的规范，科学设计作业和测验制度，促进课程、教学、作业和考试评价的一致性。要充分利用校内外各种资源，开齐开足各类课程，广泛开展学生综合实践活动，加强学生社会责任感、创新精神和实践能力的培养，为不同需求的学生提供可选择的综合学习经历，提高学生综合素养。要优化学生综合素质评价，突出社会考察、探究学习、职业体验等综合实践活动的记录，树立正确的质量观和评价观，运用科学的教育评价理论对学生发展进行综合评价，促进学生积极主动发展和全面健康成长。

实施"课程领导力项目初中百校工程"。以上海市提升中小学（幼儿园）课程领导力行动研究项目（第三轮）为载体，聚焦课堂教学、课程计划编制、教研活动组织、特色课程建设等学校内涵发展核心主题，开展集群研究，深化实践探索，提炼策略方法，搭建分享平台，促进智慧传递，提升"实验校"课程品质和教学水平。

（六）激发自主办学活力

坚持外部支持与激发学校自主办学活力相结合。坚持简政放权，减少对学校不必要的检查、评估，依法保障"实验校"充分的办学自主权。"实验校"在有效利用外部支持的同时，充分利用专业资源，集聚学校教职工的实践智慧，制定本校"强校工程"三年实施规划，明确目标、时间表、路线图和具体实施项目。完善学校治理方式，激发教职工积极性和创造性，推进学校开放办学，形成学校、家庭、社区合力育人格局。

坚持创新与规范相结合。"实验校"要积极落实本市高中阶段学校考试招生制度改革要求,主动开展创新性教学和研究。要树立正确的教育质量观,增强底线意识,在规范中求创新,在创新中求突破。

(七)凝练办学特色品牌

加大市、区教研科研机构对"实验校"课程建设的指导,鼓励高等院校、市级基础教育研究所(中心)及社会专业机构参与"实验校"特色课程建设、特色教师培育,帮助学校建设符合校情的特色课程。帮助"实验校"在课程建设基础上,聚焦科技、艺术、体育、人文等领域,打造办学特色,努力形成品牌。

五、推进机制

(一)市级统筹与以区为主相结合

市教委建立"强校工程"建设领导小组,统筹协调"强校工程"的实施和管理工作。各区承担主体责任,健全组织领导机构和工作制度,研制区域实施"强校工程"方案,统筹资源,加大投入,保障"强校工程"的有效落实。"实验校"要充分抓住机遇,提升自身办学活力,切实提高办学质量。

(二)专业培训与交流宣传相结合

组织开展"实验校"校长三年集群式培训,切实提高校长的教育理论水平和专业领导水平。市、区开展交流展示活动,分享区、校典型经验和做法。开展"家门口的好初中"专题宣传,形成全社会理解、支持实施"强校工程"的良好氛围。依托市教科院普教所定期编发《初中"强校工程"工作专报》,发挥指导、交流、督促的功能。

(三)督政督学与专业评估相结合

市教委将"强校工程"列入对各区教育工作考核指标,纳入各区教育督政范围。各区教育督导部门要开展"强校工程"建设专项督导。开展对"实验校"增值评估和牵头校(支援校)辐射引领评估,对表现突出的学校和个人给予适当的奖励。

六、保障措施

(一)第四期"双名工程"培养对象遴选与"强校工程"相融合,名校长和名师培养对象(中学学段为主)在培养期间应有在"实验校"专职从教3—5年的经历。

(二)绩效工资区域统筹部分可根据实施情况,有一定比例向"实验校"倾斜,调动学校教职工的工作积极性。

（三）在中学高级职称评审上，探索初高中分开评审，并适当向初中倾斜。

（四）建立"强校工程"专项经费，重点用于"实验校"校舍改造、专用教室建设、设施设备更新、特色课程建设等项目。

（五）对参与"实验校"建设并取得实效的学区或集团牵头校、委托管理支援校，给予市级奖励。

（六）探索学区、集团招生改革，适度扩大中本贯通、中高职贯通招生计划，为毕业生提供更好的升学机会。

（七）加大宣传力度，在有关媒体上开辟专栏，对"实验校"工作进展和亮点进行集中报道。

上海市教育委员会
2018年7月2日

附录2：上海市教育委员会关于公布上海市百所公办初中强校工程实验校名单的通知（沪教委基〔2018〕46号）

各区教育局、各有关直属事业单位：

经学校申报、各区遴选，市教委研究确定上海市浦东教育发展研究院附属中学等116所学校为本市百所公办初中强校工程实验校（见附件），现予以公布。

请各区教育局、相关直属事业单位按照《上海市教育委员会关于实施百所公办初中强校工程的意见》(沪教委基〔2018〕45号)的要求，及时启动相关工作。请本市百所公办初中强校工程实验校抓紧研制"强校工程"三年实施规划，着力提升自身办学活力，切实提高办学质量。

附件：上海市百所公办初中强校工程实验校名单

上海市教育委员会
2018年7月2日

附件

上海市百所公办初中强校工程实验校名单

浦东新区(19所)：上海市浦东教育发展研究院附属中学、上海市新陆中学、上海市大团中学、上海市蔡路中学、上海市六团中学、上海市由由中学、上海市施湾中学、上海市坦直中学、上海市历城中学、上海市建平中学南校、上海市新云台中学、上海市浦泾中学、上海市绿川学校、上海市育民中学、上海市长岛中学、上海市泾南中学、上海市江镇中学、上海市三林中学东校、上海市吴迅中学

黄浦区(5所)：上海市金陵中学、上海市启秀实验中学、上海市清华中学、上海市应昌期围棋学校、上海市黄浦学校

静安区(5所)：上海市五四中学、上海市和田中学、上海市彭浦第三中学、上海市彭浦第四中学、上海市华灵学校

徐汇区(6所)：上海市紫阳中学、上海市南洋初级中学、上海市长桥中学、上海市龙苑中学、上海市宛平中学、上海市田林第二中学

长宁区(3所)：上海市省吾中学、上海市泸定中学、上海市虹桥中学

普陀区(4所)：上海市宜川中学附属学校、上海市兴陇中学、上海市怒江中学、上海市武宁中学

虹口区(5所)：上海市霍山学校、上海市澄衷初级中学、上海市第五中学、上海市虹口区教育学院实验中学、上海市虹口区教育学院附属中学

杨浦区(7所)：上海市三门中学、上海市鞍山初级中学、上海市思源中学、上海市十五中学、上海市包头中学、上海市杨浦初级中学、上海市杨浦区教师进修学院附属中学

宝山区(10所)：上海市大场中学、上海市盛桥中学、上海市吴淞初级中学、上海市宝山区高境镇第四中学、上海市泗塘第二中学、上海市吴淞第二中学、上海市呼玛中学、上海市宝山区陈伯吹中学、上海大学附属中学实验学校、上海市月浦实验学校

闵行区(7所)：上海市闵行区诸翟学校、上海市闵行区华漕学校、上海市吴泾中学、上海市闵行区颛桥中学、上海市闵行区曹行中学、上海市闵行区浦江第一中学、上海市闵行区浦江第三中学

嘉定区(8所)：上海市嘉定区启良中学、上海市嘉定区练川实验学校、上海市嘉定区马陆育才联合中学、上海市嘉定区华江中学、上海市嘉定区华亭学校、上海市嘉定区戬浜学校、上海市嘉定区外冈中学、上海市嘉定区徐行中学

金山区(6所)：上海市朱行中学、上海市亭新中学、上海市金卫中学、上海市张堰第二中学、上海市吕巷中学、上海市松隐中学

松江区(7所)：上海市松江二中(集团)初级中学、上海市松江四中初级中学、上海市松江区泖港学校、上海市松江区第六中学、上海市松江区佘山学校、华东师范大学松江实验中学、上海市松江区新桥中学

青浦区(6所)：上海市佳信学校、上海市毓华学校、上海市青浦区珠溪中学、上海市青浦区金泽中学、上海市青浦区颜安中学、上海市青浦区沈巷中学

奉贤区(10所)：上海市奉贤区古华中学、上海市奉贤区教育学院附属中学、上海

市奉贤区肖塘中学、上海市奉贤区西渡学校、上海市奉贤区四团中学、上海市奉贤区平安学校、上海市奉贤区青村中学、上海市奉贤区金汇学校、上海市奉贤区胡桥学校、上海市奉贤区头桥中学

崇明区(8所)：上海市崇明区裕安中学、上海市崇明区正大中学、上海市崇明区马桥中学、上海市崇明区横沙中学、上海市崇明区新民中学、上海市崇明区长兴中学、上海市崇明区长明中学、上海市崇明区崇西中学

附录3：上海市教育委员会关于新增上海市航华中学等12所学校为上海市百所公办初中强校工程实验校的通知（沪教委基〔2018〕84号）

各区教育局、各有关直属事业单位：

经全面征询各区教育局意见，在闵行区、嘉定区、松江区教育局提出申请的基础上，市教委研究确定新增上海市航华中学等12所学校为本市百所公办初中强校工程实验校（见附件）。

请有关区教育局、直属事业单位按照《上海市教育委员会关于实施百所公办初中强校工程的意见》（沪教委基〔2018〕45号）的要求，及时启动相关工作。请新增的公办初中强校工程实验校抓紧研制"强校工程"三年实施规划，着力提升自身办学活力，切实提高办学质量。

附件：新增上海市百所公办初中强校工程实验校名单

上海市教育委员会

2018年12月13日

附件

新增上海市百所公办初中强校工程实验校名单

闵行区（4所）：上海市航华中学、上海市航华第二中学、上海市罗阳中学、上海市闵行第五中学

嘉定区（4所）：上海市嘉定区金鹤中学、上海市嘉定区南翔中学、上海市嘉定区方

泰中学、上海市嘉定区娄塘学校

　　松江区(4所)：上海市松江区立达中学、上海市松江区叶榭学校、上海市松江区小昆山学校、上海市松江区新浜学校

附录4：上海市教育委员会关于公布公办初中强校工程专家工作组名单的通知（沪教委基〔2018〕77号）

各区教育局：

为全面推进本市公办初中强校工程，加强对各区实施公办初中强校工程的指导和支持，经研究，决定成立上海市公办初中强校工程专家工作组，聘期5年（2018年7月2日至2023年7月1日），现将专家工作组名单（共22人，以姓氏笔画为序）公布如下：

王厥轩　王懋功　尹后庆　朱 蕾　朱怡华　庄小凤
刘京海　李学红　李骏修　余利惠　张民生　张人利
陈效民　赵才欣　胡兴宏　顾志跃　顾泠沅　徐 虹
徐承博　常生龙　傅禄建　瞿 钧

上海市教育委员会
2018年11月20日

附录5:第四期"上海市普教系统名校长名师培养工程"实施意见(沪教委人〔2018〕24号)

为贯彻落实党的十九大精神和《中共中央国务院关于全面深化新时代教师队伍建设改革的意见》(中发〔2018〕4号),培养一支高素质教师队伍,打造上海市普教系统教育领军人才,根据国家和上海市中长期教育改革和发展规划纲要、《上海市教师队伍建设"十三五"规划》等精神,现制定第四期"上海市普教系统名校长名师培养工程"(简称第四期"双名工程")实施意见,具体内容如下:

一、指导思想

建设教育强国是中华民族伟大复兴的基础工程,培养高素质教师队伍,是基础工程之基础,也是固本强基的人才战略;教育人才培养适应新时代、新任务、新课题、新特点、新要求,勇于改革、勇于创新是新时期人才培养的基本要求;培育教育家型的校长和教师领军人才是上海教育综合改革的重要任务;发展高水平的教育教学团队,是整体推进上海基础教育优质均衡发展的关键;筑高上海基础教育教师队伍发展高原、高峰是上海基础教育发展新的需求;集优质资源,培养具有理想信念、道德情操、扎实学识和仁爱之心的教师群体,办好人民满意的教育。

二、基本原则

(一)**坚持人才高峰建设和梯队培养储备相结合**。进一步实施人才分层培养的策略,加强人才高峰建设,扩大全国影响力,同时加强梯队建设,做好教育人才储备,不断建设人才高地,精准培养,制定个性化培养目标,为人才培养提供优质发展平台,有效助推各级培养对象在教师专业发展中更上一层。

（二）坚持综合素养培育与教育现代化助推相结合。 聚焦教育领军人才的培养，既有厚实的理论功底又能聚焦教育的实践；既有先进的课堂教学理念，又能积极利用各种信息化手段的优势；既有扎实的中国传统文化功底，又有开阔的国际视野，推进人才全面发展。

（三）坚持任务引领和团队发展相结合。 聚焦解决基础教育实践的重点和难点问题，聚焦学科德育与全员全程育人的关键问题，以课题研究和项目实践为基本，坚持教师个人学习、研究和实践与团队成员共同学习、共同进步和共同发展结合，在实践中加强研究，在任务中接受挑战，在团队中实现发展。

（四）坚持教师专业能力提高与社会责任担当相结合。 注重教师学科教学能力和教育管理能力的提升，关注树立"天下为公"的理想追求和使命担当，始终牢记立德树人、教书育人的根本任务，推进教育公平，参与社会公益，不断扩大教育领军人才在全社会的影响力，引领社会风尚。

三、建设体系

针对不同梯队的培养对象，第四期"双名工程"设置三项培养计划（具体方案见附件1、2、3），分别是：第四期上海市普教系统名校长名师培养工程"高峰计划"（简称"高峰计划"）、第四期上海市普教系统名校长名师培养工程"攻关计划"（简称"攻关计划"）和第四期上海市普教系统名校长名师培养工程"种子计划"（简称"种子计划"）。

（一）"高峰计划" 培养师德高尚、品格优良，具有厚实的专业素养、先进教育理念的教育家型校长和教师，具有扎实的教书育人能力，在教育教学、学校管理中勇于改革创新、解决重大问题；在教育教学和教育管理的创新中发挥先锋带头作用，能够总结自身教育教学经验并形成教育教学思想体系，在全国教育教学改革实践领域发挥示范、引领作用。

（二）"攻关计划" 培养师德高尚、品格优良，具有较强的育德能力，具备扎实学科理论知识和先进管理理念的校长和教师，在教育教学实践中聚集解决具体问题，形成成熟先进的教育教学经验和理念，积极突破、勇于创新，在上海市教育教学改革中发挥示范、引领作用，并有志有潜力发展成为全国教育教学改革引领者。

（三）"种子计划" 培养师德高尚、品格优良，具有扎实的学科素养、善于学科教学的教师，能够自觉地反思自身教育教学实践，具备一定的研究能力，教学实践初见成效，在区域教育教学改革中发挥示范、引领作用，并有志有潜力成为市级学科带头人。

四、建设周期

3 年,即 2018 年至 2021 年。

五、建设内容

(一)**破解难题**。培养对象要明确提出着力解决的本领域本学科教学理论研究或实践探索中的问题,以项目和任务方式具体实施,并能在规定的时间内取得一定的发展成果。

(二)**学科建设**。潜心教育教学实践探索和理论研究,在学科研究、课程建设、教学设计、课堂实践、作业辅导、教学评价等领域通过团队合作,研发具有影响力的成果,建设学科教学高地。

(三)**团队建设**。组建团队,形成实践,着重示范、引领、构建团队发展目标,培育团队成员,聚焦团队成果。

(四)**学术论坛**。参加国际、跨省市和本市的相关学术活动,交流创新成果和经验,定期举办个人教育教学与教学实践研讨会,运用团队资源参与多形式的学术活动。

(五)**公益活动**。赴本市乡村学校或对口支援地区讲学,开设社会公益讲座,为社会公众提供专业权威的教育服务,促进教育公平,引领社会风尚。

(六)**建设实践校**。建设一批"双名工程"实践校,助力百所公办初中强校工程实验校(简称"强校工程"实验校),配备市级名校长和名师后备人选,确保每一所"强校工程"实验校常驻 1 名名校长和 2 名名师后备人选,加快推进研修成果的实践应用;加快学校信息化、国际化等综合水平的提升,促进校长和教师专业发展水平的提升。

六、组织实施

(一)"**高峰计划**"主要由市级组织实施,原则上在前三期"双名工程"的主持人和卓有成绩的学员中遴选校长、教师,实行"导师团"培养制。

(二)"**攻关计划**"主要由市、区联动共同实施,原则上在前三期"双名工程"学员中遴选校长、教师,每个培养对象形成学习研究共同体。

(三)"**种子计划**"主要由区级组织实施,面向全体中小学、幼儿园校(园)长及教师,在本区或跨区的骨干校长、教师队伍中遴选培养对象,采取项目研究制度,以团队发展形式完成相关任务。

七、组织保障

（一）由上海市教师专业发展工程领导小组领导，上海市教师专业发展工程领导小组办公室统筹规划、协调、考核。上海市师资培训中心负责"高峰计划"的具体实施管理、"攻关计划"的组织协调和检查指导、"种子计划"的咨询指导和检查评估等工作。上海市教委教研室、上海市电化教育馆、上海市学生德育发展中心等单位共同参与，上海市教育学会、教师学研究会、中小学幼儿园教师奖励基金会予以支持。

（二）各区教育行政部门、教育学院和相关学校共同承担"高峰计划"的日常管理以及"攻关计划"和"种子计划"的实施、管理，建立相关激励机制和管理制度以及考核评价制度，确保计划实施。

（三）建立专家资源库。专家由卓有成效的中小学特级教师、特级校长、学科教育专家、学校管理专家、高校或科研机构等为主体的教育研究和实践专家等组成。

（四）建立课程资源库。建设和完善符合学员实际需求和发展现实的课程，同时根据需求开发新的培养课程，制定个性化培训方案，建立开放的课程资源管理系统，做到各培养基地资源共享。

（五）建立"学术假期"制度。针对培养对象开设"学术假期"，保证开展课题攻坚、参加国际学术会议和其他相关学术活动的时间和精力，提升理论研究水平。

（六）建立相应的经费保障机制。市、区要将"双名工程"的培养经费列入政府财政预算，予以足额保证。同时要加强经费使用管理，加快推进预算执行，提高资金使用效益。

附件：1. 第四期上海市普教系统名校长名师培养工程"高峰计划"
 2. 第四期上海市普教系统名校长名师培养工程"攻关计划"
 3. 第四期上海市普教系统名校长名师培养工程"种子计划"

附件1

第四期上海市普教系统名校长名师培养工程"高峰计划"

一、培养目标

培养师德高尚、品格优良，具有厚实的专业素养、先进教育理念的教育家型校长和教师，具有扎实的教书育人能力，在教育教学、学校管理中勇于改革创新、解决重大问题;在教育教学和教育管理的创新中发挥先锋带头作用,能够总结自身教育教学经验并形成教育教学思想体系,在全国教育教学改革实践领域发挥示范、引领作用。

二、成员遴选

（一）申报条件

1. 前三期"双名工程"的主持人和成绩显著的学员。

2. 一般为基础教育在职的正高级教师、特级校长或特级教师。

3. 具有较高师德修养,具备先进的教育理念,卓越的教育业绩,鲜明的教学教育风格,丰硕的教育教学成果,以及较大的影响力和较高的知名度,并有明确的引领性实践研究项目。

（二）产生方式

采取个人申报、学校推荐、专家举荐相结合的方式组织申报,推荐人选报送上级主管部门,单位上级主管部门要广泛征询意见,根据公平、公正、公开原则,对申报人选组织专家进行评议,确定推荐名单后报送至上海市教师专业发展工程领导小组审定。

三、导师团成员遴选

"高峰计划"实行导师团联合培养制。

（一）申报条件

1. "高峰计划"导师团成员组成包括教育功臣、基础教育学科专家、高校学科或教育学方向教授、其他领域资深专家等。

2. 需在所申报的学科或领域具有社会、领域内公认的工作实绩和先进经验,在全市、全国乃至国际同一领域里具有重要影响力和显著知名度。

（二）产生方式

1. 各区教育行政部门和有关单位根据遴选条件组织推荐和申报。

2. 上海市教师专业发展工程领导小组组织对推荐的申报人选进行评估,对符合条件的人选进行公示,并确定为"高峰计划"导师。

四、建设周期

3年,即2018年至2021年。

五、培养安排

(一)方案制定

"高峰计划"需结合自身特点选定来自不同单位、机构的专家团队和一线的志同道合者,商定符合个性特征、倾向的培养内容和计划,制定较为完整的培养方案,提交上海市教师专业发展工程领导小组办公室审核、备案。

(二)研修形式

1. **攻坚课题**:"高峰计划"主要采用"基于项目的学习"策略。进入"高峰计划"后,成员与导师团协同制定"高峰计划"研习期间的攻关选题和执行方案,并提交上海市教师专业发展工程领导小组办公室审核、备案。

2. **学科建设**:潜心教育教学实践探索和理论研究,在学科研究、课程建设、教学设计、课堂实践、作业辅导、教学评价等领域通过团队合作,研发具有全市及以上影响力的成果,形成市级学科教学高地。

3. **团队建设**:组建一个以"高峰计划"对象为主持人的团队,与同伴开展合作实践、研究、研讨、交流和总结。借助上海市教师教育管理平台,交流各团队课程资源,积累、展示培养对象过程性研究成果,促进自主学习。

4. **搭台展示**:积极鼓励并创造条件,为成员参与国际、全国和本市教育改革重大项目搭建平台。定期举办"高峰计划"成员教育思想研讨会,运用团队的资源,准备多形式的展示研讨活动,如个人教育专著的推介、示范教学、专题研讨等,总结、提炼办学理念与教育思想,聘请国(境)内外专家、学者参与评价,在更大范围内辐射经验,扩大影响。

5. **交流辐射**:依托国家及本市权威媒体,通过电视、网络、微信公众平台等渠道,对"高峰计划"成员进行多角度、多形式的报道和宣传,推广学术研究成果,提升其在国际国内的知名度。借助网络信息平台,进一步扩大"自媒体"辐射领军效力。

6. **建设实践校**:促进教育理念和思想的实践应用,以培养校长和教师队伍、加强信息化和国际化建设等为目标,明确"双名工程"实践校的发展目标、任务、项目,推动长效发展。

六、评估考核

(一)考核标准

"高峰计划"培养对象须在3年内完成以下任务:

1. 攻坚课题：牵头完成 1 项市级及以上重大课题，结题报告字数不少于 3 万字。

2. 学术成果：有高质量的学术研究及其运用的成果。

3. 学术论坛：举行个人教育思想研讨会；市级及以上学术研讨会主题发言不少于 2 场。

4. 教学展示：市级及以上公开教学不少于 2 场，至少辐射 1000 人次；市级学科德育精品课程示范案例展示。

5. 乡村学校或对口地区讲学：不少于 1 次。

6. 社会公益讲座：不少于 2 场，至少辐射 1000 人次。

（二）结业考核

培养期第 3 年，"高峰计划"对象可申请结业、参与答辩，由专家评审团进行评审。对经评审通过的人员给予奖励，并免修教师培训市级及区级学分，同时在职称晋升和评优评先活动中优先考虑。

七、组织管理

（一）由上海市教师专业发展工程领导小组办公室规划、指导、协调，上海市师资培训中心负责"高峰计划"的具体实施管理和评估工作。

（二）定期对各"高峰计划"培养工作进行评估，对表现优秀、实绩显著的成员和导师给予奖励，对不能坚持及不能遵守规定、不能完成任务的成员进行督促、警示；对工作业绩突出的导师团成员予以奖励，对工作不力的导师团成员实行退聘。

（三）根据《第四期"上海市普教系统名校长名师培养工程"实施意见》，建立国家级、市级专家资源库和课程资源库，健全"高峰计划"经费保障机制。

附件 2

第四期上海市普教系统名校长名师培养工程"攻关计划"

一、培养目标

培养师德高尚、品格优良，具有较强的育德能力，具备扎实学科理论知识和先进管理理念的校长和教师，在教育教学实践中聚集解决具体问题，形成成熟先进的教育教学经验和理念，积极突破、勇于创新，在上海市教育教学改革中发挥示范、引领作用，并有志有潜力发展成为全国教育教学改革引领者。

二、成员遴选
（一）申报条件
1. 申报人员须原则上是上海市前三期"双名工程"主持人或成绩显著的学员。
2. 主持人一般为1965年后出生。
3. 有强烈的进取心和学习愿望，具备发展潜质的区学科带头人，在所申报的学科或领域应具有公认的工作实绩和先进经验，在全市、全国同一领域里有示范辐射作用，具有较强的教育创新改革意识和带教能力。
4. 申报"攻关计划"主持人所在单位成员应是具有法人资格的上海市中小学（幼儿园）及教育教学、教育研究机构（含高校）。

（二）产生方式
采取学校推荐、专家举荐和个人自荐相结合的方式组织申报，推荐人选报送单位上级主管部门，单位上级主管部门要广泛征询意见，根据公平、公正、公开原则，对申报人选组织专家进行评议，重点对申报人选提出的研修方案是否具有研究价值进行评审，确定推荐名单后报送至上海市教师专业发展工程领导小组办公室审定。

三、主持人及基地遴选
（一）申报条件
1. 申报"攻关计划"项目主持人，在所申报的学科或领域应具有公认的工作实绩和先进经验，在全市、全国同一领域里有示范辐射作用，具有较强的教育创新改革意识和带教能力，有志于从事培养工作，有较完整的培养工作设想、方案及攻关项目。
2. 申报"攻关计划"主持人原则上应具有上海市特级校长资格、特级教师称号或具有正高级专业技术职务资格。
3. 申报"攻关计划"项目主持人所在单位应是具有法人资格的上海市中小学（幼儿园）及教育教学、教育研究机构（含高校）。
4. 副主持人可以从往期优秀学员中选拔。

（二）产生方式
1. 各区教育行政部门和有关单位根据遴选条件组织推荐和申报。

2. 上海市教师专业发展工程领导小组办公室组织对推荐的申报主持人与基地进行评估,公示无异议后,确定为第四期"双名工程"基地及主持人。

3. 每个基地配备5位专家,一般是上海市特级校长、特级教师或具有正高级专业技术职务的专家。

四、建设周期

3年,即2018年至2021年。

五、培养策略

(一)"攻关计划"的培养对象为主持人,自己组建专家团队(每个团队配备5位专家)和志同道合者(10人以内),形成学习研究的共同体。

(二)岗位实践:"攻关计划"培养对象应立足本职岗位,深入参与本区、本校的教育教学科研改革工作,制订具体实施计划,寻求运用先进教育理念解决实际问题的路径。学校要创设有利于其快速成长的环境,制订岗位培养计划,注重岗位成才。积极鼓励并创造条件,为培养对象参与国家或者本市教育改革重大项目搭建平台。择优选送英语应用能力较强且能独立开展研究的学员,赴教育发达国家和地区作访问交流。

(三)交流辐射引领:定期举办"攻关计划"论坛,使之成为常设的教育学术交流平台,吸引内地(大陆)与港澳台范围内知名的中青年教师、校长参加。同时,鼓励学员积极参加本市、跨省市乃至国际的相关学术活动,交流创新成果和经验,举办个人教育专著的推介活动。举行"攻关计划"培养对象的教育思想与教育实践研讨活动,聘请国(境)内专家、学者参与评价,使学员在更大范围内辐射经验,形成影响。借助"双名工程"管理平台,交流攻关计划成员的课程资源,促进培养对象的自主学习。通过本市权威媒体以及电视、网络等大众传媒,对培养对象进行多角度、多形式的报道和宣传,提升其在上海市的知名度和影响力。

(四)建设实践校:采取"攻关计划"基地与"双名工程"实践校结对的方式,帮助实践校明确发展目标、任务、项目,聚集问题、形成制度、建立机制,促进教师队伍专业水平提升,推动长效发展。

(五)以信息技术为载体,建设学科教学资源,推进信息化与学科教学深度融合。

六、评估考核

(一) 考核标准

"攻关计划"培养对象须在 3 年内完成以下任务:

1. 重点课题:参与 1 项市级及以上攻关项目,结题报告字数不少于 3 万字。
2. 教学展示:市级及以上公开教学不少于 1 场,至少辐射 200 人;市级学科德育精品课程示范案例展示。
3. 学术论坛:市级及以上学术研讨会主题发言不少于 1 场。
4. 乡村学校或对口地区讲学:不少于 1 次。
5. 社会公益讲座:不少于 2 场,至少辐射 500 人。

(二) 结业考核

培养期第 3 年,"攻关计划"成员可申请结业、参与答辩,由专家评审团进行评审。对经评审通过的人员由单位主管部门给予奖励。

七、组织管理

(一) 由上海市教师专业发展工程领导小组办公室统筹,上海市教师专业发展工程领导小组办公室、上海市师资培训中心建立过程性评估和监督机制,定期对"攻关计划"管理工作进行评价、考核、指导、协调,各区及上级主管部门负责"攻关计划"团队建设、项目管理、学术交流、学员培养及宣传推介等"攻关计划"的日常培养工作。

(二) 各区教育行政部门、教育学院及上级主管部门和相关学校共同承担"攻关计划"培养的日常管理工作,建立相关激励机制,完善管理与评价制度,保障学员和导师按规定完成培养任务。经考核完成攻关计划的成员免修教师培训市级及区级学分,并在职称晋升和评优评先活动中优先考虑。

(三) 根据《第四期"上海市普教系统名校长名师培养工程"实施意见》,建立市、区级专家资源库和课程资源库,健全"攻关计划"经费保障机制。

附件 3

第四期上海市普教系统名校长名师培养工程"种子计划"

一、培养目标

培养师德高尚、品格优良,具有一定的学科理论知识、善于学科教学的区域范围内优秀青年骨干教师,能够自觉反思自身教育教学实践,勇于探索和创新学科教育教学的新方法,熟练应用信息技术,在区域教育教学改革中发挥模范带头作用。

二、成员遴选

(一)申报条件

申报人员除应具备《上海市教育委员会关于"上海市普教系统名校长名师培养工程"的实施意见》(沪教委人〔2004〕106号)第四条规定的政治素质、能力素质、专业素质、管理素质、身心素质等要求外,还应具备下列条件之一:

1. 一般为40周岁以下的中青年教师。

2. 有强烈的进取心和学习愿望,具备发展潜质的中青年教师,对教育综合改革过程中的某一具体问题有一定的思考和研修方案。

(二)产生方式

采取学校推荐、专家举荐和个人自荐相结合的方式组织申报,推荐人选报送区教育行政部门,各区教育行政部门要广泛征询意见,根据公平、公正、公开原则,对申报人选组织专家进行评议,确定推荐名单后,在规定时间内公示。

三、建设周期

3年,即2018年至2021年。

四、培养措施

(一)"种子计划"采取项目研究制度,原则上由一人领衔,领衔人应具有较高的学术造诣、实践创新和协调能力,一般应为市、区优秀骨干教师及学科带头人。领衔人可以自行组成研究团队,团队中的人员可以同校,也可以跨校或跨区,在某些课题研究项目中可以是跨学科背景。每个团队可以由10人组成(包括领衔人),可以聘请同领域资深专家和大学教授各1人为顾问。

(二)"种子计划"培养对象须明确提出要着力解决的本领域本学科教育教学实践探索中的问题并形成项目方案,通过教育教学特别是学科教学的实践与研究,能在规定的时间内取得一定的发展成果,包括:论文、调查报告、专著、教学案例集、课堂系列录像、教学资源开发、学科作业指导手册、学科评价方案等。鼓励在各种研究课题中结合信息技术、人工智能和大数据。在培养过程中,领衔人及其团队要在本学科或者研究的课题中，进行每年至少 2 节的公开教学和若干次公开课题研究活动。

（三）培养对象须具备一定的团队建设能力，以提高成员专业发展水平为目标，以行动研究项目为载体，以解决教育教学一线实践问题为原则，体现团队的互动激励、交流切磋、合作分享、示范辐射等功能，注重团队成员的协同发展。

五、组织管理

（一）由上海市教师专业发展工程领导小组办公室总体规划、统筹指导，上海市师资培训中心建立过程性管理和监督机制，定期对各区"种子计划"进行考核评估，对发展氛围好、成果明显的领衔人及其研究团队予以奖励。

（二）各区教育行政部门及相关单位具体负责"种子计划"的培养对象及其研究团队的遴选、过程管理、学术交流和宣传推介等工作。会同领衔人所在学校协助解决实施过程中遇到的问题，充分保障实施的时间和精力，营造有利于"种子计划"实施的良好环境。经考核完成"种子计划"的成员免修教师培训区级学分，并在职称晋升和评优评先活动中优先考虑。

（三）根据《第四期"上海市普教系统名校长名师培养工程"实施意见》，建立区级专家资源库和课程资源库，健全区域"种子计划"经费保障机制。

附录6：上海市教育委员会关于推进本市紧密型学区和集团建设的实施意见（沪教委基〔2019〕7号）

各区教育局、市教委各有关直属事业单位：

近年来，本市大力推进学区化集团化办学，优质教育资源覆盖面持续扩大，校际差距有所缩小，呈现良好的工作局面。同时也存在部分学区、集团之间发展动力不足及优质共享机制不够完善等问题。为深入贯彻落实党的十九大精神和全国教育大会精神，落实市委、市政府关于本市基础教育综合改革的部署，进一步提高义务教育优质均衡发展水平，努力让每个学生都能享有公平而有质量的教育，现就推进本市紧密型学区和集团建设提出如下实施意见。

一、总体思路

坚持"办好每一所学校、成就每一名教师、教好每一位学生"的理念，按照"紧密合作、优质共享、提质增效"的思路，着力加强紧密型学区、集团创建，通过促进组织更紧密、师资安排更紧密、教科研更紧密、评价更紧密，激发每个学区和集团合作共进的创新活力，实现管理、师资、课程、文化等互通互融，提高每一所成员校的办学效益，整体提升义务教育优质均衡发展水平。

二、工作目标

通过两轮（3年一轮）创建，全市基本形成紧密型学区、集团创建的良好格局，学区和集团内各成员校的教师专业发展水平、教学质量进一步提高，办学特色更加明显，家长和社会满意度进一步提升。力争20%以上的学区、集团成为紧密型学区、集团，且覆盖所有区。

三、主要内容

各区依据行政区划、人口布局、优质资源分布等因素,结合已有的学区和集团分布,进一步优化学区、集团布局。根据各学区、集团的发展基础,分年度规划紧密型学区和集团创建工作,提出区域紧密型学区和集团建设方案。要合理确定学区、集团规模,加强政策保障,指导基础较好的学区、集团率先制定创建计划,推动更多学区、集团创建成为紧密型学区或集团。

各学区、集团要对照紧密办办学的任务和要求,结合自身发展实际,从治理体系、师资结构、课程教学、特色办学等方面进行全方位的梳理与总结,形成紧密型学区或集团创建方案,开展创建工作,经区级教育行政部门组织评估,认定为区级紧密型学区或集团。区教育行政部门遴选典型的区级紧密型学区或集团,向市教委申报上海市示范性学区或集团。市教委每3年开展一轮上海市示范性学区或集团评定工作,通过过程性监测、问卷调查等方式,对申报的学区、集团进行综合评定。通过评定的,命名为上海市示范性学区或集团。

四、主要任务

(一)健全治理体系,促进组织更紧密

各学区、集团应建立常设协调管理机构,选派政治素质高、沟通能力强、富有责任心的干部承担学区、集团日常管理、协调事务。

建立更加科学有效的规章制度,明晰学区、集团内部各法人学校的主体责任,健全组织管理和运行机制,完善议事规则和决策程序,确保紧密型学区、集团建设方案逐年得到落实。

加强学区、集团干部队伍建设,提任或转任学区、集团成员校校长应当事先听取学区、集团牵头校的意见,同时可征询学区、集团决策机构(理事会等)的意见。

(二)优化流动机制,促进师资安排更紧密

推进实施教师"区管校聘"制度,统筹区域内教师资源,加强师资培养,健全骨干教师流动"蓄水池"机制,通过统筹编制、盘活存量等方式,形成干部、教师有序流动的工作制度。将学区、集团内1—2年的交流轮岗工作经历作为提任校级干部的重要因素。经学区管理委员会或集团理事会研究决定,根据紧密型学区、集团创建的需要,可统筹各校干部、教师的招聘、配备和使用,统筹中、高级职称申报,统筹部分绩效工资增量分

配,促进干部、教师有序流动。同学段学区、集团每年教师交流轮岗人数应达到符合交流条件教师总数的10%—20%,跨学段学区、集团每年教师交流轮岗人数应不低于符合交流条件教师总数的5%,其中骨干教师比例均不低于交流轮岗教师总数的20%。

发挥学区、集团内名校长、名师及其他优秀干部和骨干教师的示范带头作用,通过共建名校长名师工作室、特级教师流动站、骨干教师研修共同体等方式,搭建干部、教师成长发展平台,促进学区、集团内干部教师专业发展、素质提升。

着力提升教师专业素养,在校本研修的基础上,探索开展学区、集团内师资培训机制,形成市级培训、区级培训、学区集团培训、校本培训的教师培训新架构。经区级及以上教育部门认定,教师在学区、集团内参训可按照高于校本培训的原则核定学分。开展学区、集团层面的课堂交流展示、教科研活动,按照高于校级的原则认定。

(三)加强课程教学共研共享,促进教科研更紧密

建立学区、集团同学段学科教研组或备课组,实施教师联合备课、联合教研、合作科研、教学比武,激发教师的积极性和创造性。探索实施教师走教、学生走校、信息化同步教学等多种课程教学互动模式。

建立健全学区、集团优质课程资源共享平台,丰富课程教学资源供给,共享优质特色课程资源、教学资源、教师培训研修和教科研成果等资源。学区、集团牵头校每年应组织开展高质量共享共用课程建设。

统筹学区、集团各类资源,建立文体场馆、创新实验室、外语听说测试教室、理科实验室等场地资源的共享共用机制。相关的社会场馆资源、社区文体资源、社会专业团体资源应当在学区、集团内充分共享。建立学生活动、家庭教育指导、课后服务联合运作机制,整体提升学区、集团在学生德育、体育、科技和艺术活动及家校合作等方面的水平。

充分发挥学区的群体智慧和集团的品牌影响力,以先进文化引领学校"和而不同"的发展。集中学区、集团专业力量,帮助各校在提升常态课教学水平的同时,打造特色课程,凝练办学特色。

(四)实施捆绑考核,促进评价更紧密

完善学区、集团考核评价制度,把学区、集团内每一所学校的发展进步作为对牵头校校长年度绩效考核的重要依据,把参与学区、集团共建作为对其他成员校校长年度绩效考核的重要内容。加强对学校推进紧密型学区、集团建设工作的考核比重,原则上不低于区域对学校考核内容或分值总量的20%。

赋予学区、集团相应的考核评价建议权,区教育部门对成员校校长及相关干部进行年度考核应当事先充分听取学区、集团牵头校的意见;有条件的区可赋权学区、集团牵头校对其他成员校进行年度考核。

对考核优秀的,区教育行政部门可予以专项奖励。对积极参与学区、集团建设且办学水平提升明显的成员校校长,区教育行政部门可直接或通过学区、集团牵头校进行奖励。

(五)探索学生共育,促进培养方式更紧密

在形成学校办学特色的前提下,上海市示范性学区或集团可在坚持义务教育免试就近入学原则下,实施部分特色项目的学生联合培养实验。

上海市示范性学区或集团可按照高中阶段招生考试改革的方向和要求,适度加大市实验性示范性高中招名额分配综合评价录取招生计划向学区、集团内部选择生源初中的倾斜力度,激发市实验性示范性高中服务学区、集团的积极性和创造性。

五、推进机制

(一)市区联动

市教委建立紧密型学区、集团建设领导小组,日常工作由市教委基础教育处承担,统筹协调推进紧密型学区、集团建设工作。市教科院建立紧密型学区、集团建设项目组,牵手市集团化办学研究中心等机构,共同开展相关的专业指导和评估工作。

各区教育局在区人民政府的领导下,以创建紧密型学区、集团为契机,结合实施公办初中强校工程、新优质学校集群发展等工作,规范对紧密型学区、集团的管理,形成区域配套政策,统筹资源,加大投入,强化保障,加强指导,形成争创紧密型学区、集团的良好局面。

(二)以评促建

研制紧密型学区、集团建设评估指标,开展创建方案评估、中期评估、验收评估等工作,充分激发牵头校的引领作用和成员校的参与热情,不断加强治理能力建设和共建共享力度,提升学生、家长、社区的满意度。

相关评估结果作为学区、集团改进提升、绩效考核的重要依据,作为命名区级紧密型学区、集团和上海市示范性学区、集团的依据。

(三)交流展示

定期开展紧密型学区、集团建设交流展示活动,分享典型经验,研究解决推进中的具体问题。紧密型学区、集团创建过程中,创建市级示范性的学区、集团,每年至少在全区范围内有一次高质量的交流展示,3年内至少在全市范围内有一次高质量的交流展示,并取得较好的交流效果。

充分发挥新闻媒体的舆论引导作用,加大宣传力度,引导全社会关心、支持基础教育改革发展,营造有利于基础教育改革发展的良好氛围。

六、保障措施

(一)各区应在区域范围内,统筹解决紧密型学区、集团创建所需编制,健全骨干教师流动"蓄水池"机制。

(二)评定高级教师、特级教师等职称、荣誉,向学区、集团内经常性流动、承担带教任务的教师倾斜。

(三)加大考核力度,在绩效工资统筹部分中对紧密型学区、集团办学的先进单位和个人给予一定的奖励,调动各校教职工参与学区、集团办学的积极性。

(四)专项经费支持紧密型学区、集团建设,重点用于学区、集团整体办学所需要的课程建设、场地设施、专业资源引入、展示交流等项目支出。

(五)上海市示范性学区或集团可试点特色项目学生联合培养、市实验性示范性高中名额分配综合评价录取倾斜等改革项目。

(六)加大宣传力度。在有关媒体上开辟专栏,对紧密型学区、集团建设典型进行集中报道。

上海市教育委员会
2019年1月21日

附录7：上海市进一步推进高中阶段学校考试招生制度改革实施意见（沪教委规〔2018〕3号）

为深入学习贯彻党的十九大精神，深化考试招生综合改革，发展素质教育，推进教育公平，根据《国务院关于深化考试招生制度改革的实施意见》（国发〔2014〕35号）、《教育部关于进一步推进高中阶段学校考试招生制度改革的指导意见》（教基二〔2016〕4号）和上海市教育综合改革的要求，现就进一步推进本市高中阶段学校考试招生制度改革制定本实施意见。

一、总体要求

（一）指导思想

全面贯彻党的教育方针，落实立德树人根本任务，努力让每个孩子都能享有公平而有质量的教育，培养德智体美全面发展的社会主义建设者和接班人。遵循教育规律、学生成长规律，顺应义务教育优质均衡发展、高中阶段学校特色多样发展新要求，深化本市初中学业水平考试与初中学生综合素质评价相结合的高中阶段学校考试招生制度改革，为学生的终身发展夯实基础。

（二）基本原则

1. 全面考查，注重能力。坚持育人为本，关注共同基础，防止初中学生过度偏科；关注学生综合素养和个性特长的培育，丰富学生的学习实践经历，提升学生问题解决能力，扭转片面应试教育倾向。

2. 综合评价，多元录取。遵循科学的人才选拔和培养规律，建立健全多元多维综合评价体系，全面反映初中学生综合素质发展状况。通过综合评价、多元录取改革，增强高中阶段学校与学生双向选择的多样性和针对性，促进学生个性发展、高中阶段学校特色多样发展。

3. 促进公平，加强监督。进一步健全高中阶段招生录取机制，完善招生规则程序，加强信息公开，切实保障考试招生程序公开、结果公正、监督有力，为学生创造平等机会，努力促进义务教育优质均衡发展。

4. 统筹规划，系统改革。加强统筹规划，系统设计中学考试评价改革与课程教学改革、中学招生制度改革以及高考综合改革，形成推进素质教育的整体合力。通过考试招生制度改革，促进普通教育与特殊教育、普通高中教育与中等职业教育联动发展。

（三）改革目标

到2022年，初步建成具有上海特点、体现科学教育质量观，以初中学业水平考试为依据，结合初中学生综合素质评价的初中毕业和高中阶段学校招生录取制度。健全程序规范、结果公正、保障有力的考试招生管理机制，为进一步破除唯分数论、注重能力培养、促进初中毕业生全面发展、促进义务教育阶段学校优质均衡发展、促进高中阶段学校特色多样发展奠定基础。

二、改革任务和措施

（一）完善初中学业水平考试制度

自2017年入学的六年级学生起，全面实施初中学业水平考试制度。

1. 初中学业水平考试科目设置。初中学业水平考试设置语文、数学、外语、道德与法治（思想品德）、历史、地理、物理、化学、生命科学、信息科技、体育与健身、科学、社会、艺术（包括音乐和美术，下同）和劳动技术15门科目。引导学生认真学习每一门课程，避免过度偏科。初中学业水平考试各科目考试内容以初中课程标准为依据。

2. 初中学业水平考试组织实施。道德与法治（思想品德）、历史科目采用统一考试和日常考核相结合的方式进行，其中统一考试由市统一命题、统一组织开卷考试、统一评卷。语文、数学、外语、物理、化学5门科目考试由市统一命题、统一组织闭卷考试、统一评卷。外语增设听说测试，由市统一命题、统一组织考试、统一评卷；物理和化学实验操作考试由市统一命题、统一组织考试、统一评卷，学生可参加两次，选择其中较好的成绩计入初中学业水平考试总成绩中。地理、信息科技、生命科学、科学和社会5门科目考试由市统一命题、统一制定评分标准，由各区在统一时间组织开卷考试和评卷。体育与健身科目考试采用统一测试和日常考核相结合的方式进行。艺术和劳动技术2门科目考试，由学校根据本市课程标准要求和学生平时表现，综合评定其考试成绩。

3. 初中学业水平考试时间安排。各科目初中学业水平考试分散在初中阶段进行,随教随考随清,在相应基础型课程学习结束后进行考试,保障初中课程计划的有效实施。各科目初中学业水平考试,学生只能参加一次(物理和化学实验操作考试除外)。

4. 初中学业水平考试成绩呈现方式。初中学业水平考试成绩根据应用情况分别以等第和分数呈现。其中,语文、数学、外语、道德与法治(思想品德)、历史、物理、化学和体育与健身8门科目为计分科目,其成绩在以分数呈现的同时,还分为"合格、不合格"两个等第;其他科目为非计分科目,其考试成绩仅以等第呈现,分为"优秀、良好、合格、不合格"四个等第。

5. 初中学业水平考试结果应用。本市初中在籍学生均需参加初中学业水平考试,各科目初中学业水平考试成绩合格是初中学生毕业的必要条件。

2021年起,本市高中阶段学校招生以语文、数学、外语、道德与法治(思想品德)、历史、体育与健身6门科目初中学业水平考试成绩和综合测试成绩计分,总分750分,作为录取的基本依据。其中,语文、数学和外语满分各150分;道德与法治(思想品德)和历史满分各60分,其中日常考核计30分,统一开卷考试计30分;体育与健身满分30分,其中日常考核计15分,统一测试计15分;综合测试满分150分,试题由物理试题与化学试题、跨学科案例分析题、物理和化学实验操作题组成,其中物理试题与化学试题、跨学科案例分析题采用合场分卷考试形式。物理试题满分70分(不含实验操作),化学试题满分50分(不含实验操作);跨学科案例分析题满分15分,试题内容主要涉及地理、生命科学等学科,侧重对学生综合运用各学科知识分析和解决实际问题能力的考核;物理和化学实验操作题满分15分。

6. 探索符合特殊教育需求的初中学业水平考试制度。进一步提高本市义务教育阶段特殊教育质量,扩大特殊教育学生接受高中阶段教育的机会,实行视力、听力和智力障碍学生初中学业水平考试分类单独命题。视力、听力和智力障碍等学生可选择参加初中学业水平考试,升入高中阶段学校随班就读;也可选择参加相应类别单独命题的初中学业水平考试,升入高中阶段特殊教育学校或高中阶段学校专设的特殊教育班。

(二) 完善初中学生综合素质评价制度

根据初中学生学习和成长的特点,完善本市初中学生综合素质评价制度,自2018

年入学的六年级学生起实施。综合素质评价要突出对学生成长过程的客观记录,整体反映学生德智体美全面发展情况和个性特长,引导学生践行社会主义核心价值观,弘扬中华优秀传统文化,增强社会责任感,培养创新精神和实践能力;尤其要关注初中学生社会考察、探究学习、职业体验等综合实践活动的情况记录,引导学生把课程学习内容与真实生活情境相结合,提高自身综合素质。综合素质评价内容包括:品德发展与公民素养、修习课程与学业成绩、身心健康与艺术素养、创新精神与实践能力等。在《上海市学生成长记录册》的基础上,建设初中学生综合素质评价信息管理系统,建立客观、真实、准确记录信息的管理和监督机制。

进一步加强综合素质评价在初中毕业和高中阶段学校招生录取中的运用。将综合素质评价结果作为初中学生毕业的必要条件。在高中阶段学校自主招生和高中名额分配综合评价录取过程中,将综合素质评价和高中阶段学校综合考查结果相结合,以此作为重要依据。初中学生综合素质评价可与高中阶段学校学生综合素质评价相衔接,为学生生涯发展规划提供参考。

(三)深化高中阶段学校招生录取改革

进一步健全初中学业水平考试与综合素质评价相结合的多元招生录取机制。整合和完善高中阶段学校招生录取办法,分为自主招生、名额分配综合评价录取和统一招生录取三种招生办法,为学生提供多次选择机会。从2018年入学的六年级学生起实施。

1. 完善高中阶段学校自主招生

(1) 完善普通高中自主招生办法

市实验性示范性高中和市特色普通高中部分招生计划,可用于自主招收全市范围内有个性特长和创新潜质的初中毕业生。高中学校自主招生计划总数不超过普通高中招生计划总数的6%。招生学校需事先公布自主招生方案、招生计划,采取综合选拔的方式,根据报名考生的综合素质评价等信息,对学生综合能力、个性特长等进行自主选拔后择优预录取。预录取考生需公示,其成绩达到高中自主招生控制分数线方可被正式录取。体育、艺术特长生作为高中自主招生的特殊对象,招生学校和招生计划单列。招生学校招生项目需公示,预录取的体育、艺术特长生名单需公示,预录取考生成绩达到体育、艺术特长生规定的成绩要求方可被正式录取。

(2) 完善中职校贯通培养和自主招生办法

继续推进中等职业教育—应用本科教育贯通培养(简称"中本贯通")和中高职教

育贯通培养(简称"中高职贯通")试点,逐步扩大中本贯通和中高职贯通培养专业范围和招生规模。继续探索中职校自主招生办法,自主招生包括航空服务类、艺术类和自荐生,鼓励初中毕业生自主选择经济社会发展急需紧缺专业。报考中本贯通、中高职贯通和自主招生的考生,如有面试或专业考试要求,需在取得资格后方可在网上填报志愿。报考中本贯通的考生成绩达到公办普通高中最低投档控制分数线方可被录取,报考中高职贯通的考生成绩需达到全市统一控制分数线方可被录取。

2. 推行名额分配综合评价录取的招生办法

市实验性示范性高中推行名额分配综合评价录取的招生办法。市实验性示范性高中不超过65%的招生计划由市和区教育行政部门分别分配到有关区和初中学校,其中的70%分配到不选择生源的每所初中学校,并逐步扩大该比例。由招生机构根据考生志愿、初中学业水平考试计分科目总成绩和政策加分按1∶2的比例投档。高中学校结合投档考生综合素质评价内容进行综合考查,综合考查满分50分,按考生计分科目总成绩、政策加分和综合考查成绩总分进行录取。高中学校名额分配综合评价录取招生方案及计划报相关教育行政部门确认后向社会公布,投档考生综合考查成绩以及录取考生名单均需公示。

3. 完善高中阶段学校统一招生录取办法

进一步完善高中阶段学校统一招生根据考生志愿、计分科目总成绩和政策加分投档录取的办法。逐步探索中等职业学校统一招生录取实行招生计划不分区、全市投档录取的办法,进一步满足学生需求,促进学校内涵和特色发展。

(四)规范高中阶段学校招生录取政策加分

根据教育部规范加分的有关要求,结合本市实际,制定高中阶段学校招生录取加分政策,严格执行考生加分资格审核公示制度。

三、保障措施

(一)深化中小学课程改革

以学生核心素养培育为目标,完善课程方案,进一步凸显课程内容与社会生活的融合性。广泛利用校内外各种资源,加强学生社会责任感、创新精神和实践能力的培养,增加学生职业体验,为不同需求的学生提供可选择的综合学习经历,丰富学生学习实践经验,提高学生综合素养。加强师资配备和培训,保障外语听说教室、理科实验室建设等投入,满足初中课程教学和考试评价改革的需要。

（二）加强考试命题研究和管理

初中学业水平考试严格按照课程标准的要求进行命题，减少单纯记忆、机械训练性质的内容，增强与学生生活、社会实际的联系。科学设计综合测试试题内容，增强综合性和思辨性，着重考查学生独立思考和综合运用所学知识分析和解决实际问题的能力。加强对初中学业水平考试命题的程序管理和制度设计，加强对命题质量的评估，发挥考试对初中教学的正面导向作用。积极发挥市教育考试命题委员会的作用，统筹研究和推进考试命题改革，实现教考一致。

（三）加强监督检查

进一步规范高中阶段学校考试招生工作。高中自主招生预录取结果实行市和学校公示制度；严格规范高中名额分配综合评价录取招生工作，综合考查成绩和录取结果均需实行公示制度。加强学生诚信教育，健全个人、学校考试招生诚信档案，严查严处诚信失范行为。建立责任追究制度，严肃查处综合素质评价、考试招生中存在的违规行为，并严格进行责任追究，及时公布处理结果。深入实施招生"阳光工程"，健全高中阶段学校招生政策、招生计划、招生办法等信息公开制度。充分发挥社会舆论监督作用，共同维护考试招生秩序，保证公平公正。

本文件自 2018 年 4 月 2 日起实施，有效期 10 年。

上海市教育委员会

2018 年 3 月 21 日

附录8：上海市示范性学区和集团建设三年行动计划（2023—2025年）（沪教委基〔2023〕15号）

为全面贯彻党的二十大精神和市委、市政府有关工作部署，深入实施科教兴国战略，全面推进高质量教育体系建设，加快促进义务教育优质均衡发展，在紧密型学区和集团建设的基础上，制定上海市示范性学区和集团建设三年行动计划（2023—2025年）。

一、总体要求
（一）指导思想
以习近平新时代中国特色社会主义思想为指导，深入贯彻党的二十大精神，落实市委、市政府有关部署，将建设市示范性学区和集团作为缩小校际办学水平差距、促进义务教育优质均衡发展的重点工作，以提高学校育人质量为核心，以优质资源共享、教师有效流动、一体化评价为重要抓手，创新学区和集团管理及运行机制，提高学区和集团治理能力与水平，激发学校办学活力，营造良好的学区和集团发展生态，为建设高质量教育体系、进一步促进教育公平打下坚实基础。

（二）工作目标
通过3年努力，在紧密型学区和集团占比进一步提高的基础上，建设一批市示范性学区和集团，基本形成学区和集团规范化、紧密型、高质量发展的生态，学校办学活力进一步增强，城乡、校际教育差距进一步缩小，义务教育优质均衡发展水平进一步提高，教师和学生的获得感更加充分，家长和社会满意度持续提升。

二、主要任务

(一) 健全学区和集团治理体系

1. 优化学区和集团结构布局。按照"优质引领,强弱结合"的原则,发挥优质资源带动效应,优先将区域内相对薄弱学校纳入学区和集团范围。按照"相对便利,规模适度"的原则,综合考虑地理位置、资源条件、辐射能力、师资流动等因素,科学合理确定学区和集团空间布局及成员校数量。市示范性学区和集团创建过程中,有关学区、集团成员校原则上保持稳定。

2. 完善学区和集团管理制度。加强党对学区化、集团化办学工作的领导,把握正确的政治方向和办学方向。通过章程协议等明确学区和集团议事规则、决策程序及协调机制,促进相对统一管理、民主决策和高效互动,实现教育责任共担、发展成果共享。健全学区和集团管委会或理事会制度,建立科学有效的工作例会、课程统筹、联合教研、教师流动、内部考核等制度体系,加强统筹协调和紧密协作。

(二) 加强学区和集团师资流动

1. 加大教师流动力度。创建市示范性学区和集团的优质校,每年流入相对薄弱校的教师人数应不低于符合交流轮岗条件教师总数的20%,其中在教育教学领域表现突出的骨干教师不低于30%,流动期限不少于3年。支持优秀校级干部和中层管理人员参与流动,加强对流入校的制度建设和文化引领。面向相对薄弱校,因需实施教师组团流入,流入教师人数不少于3人,开展包班上课、教研引领和项目攻关,帮助流入校建立可持续发展机制。流入相对薄弱初中学校的教师应重点覆盖学业水平考试计分科目。有关学区和集团加强教师流动过程管理。由流入校负责教师在流动期内的绩效考核。通过挂职锻炼、跟岗实践、师徒带教等方式,对从相对薄弱校派出的有发展潜力的教师加强培养;考核优良者,回到原任教学校后应承担相关的教学管理、教研指导等职责,不断增强学校发展的"造血功能"。

2. 加强教师队伍统筹管理。探索教师在区域范围内"学区或集团管、校用"制度,由学区、集团统筹师资配置,制定学区、集团内学校教师招聘、流动、职称评聘、绩效工资增量分配的具体方案,报区教育行政部门备案。将流动教师在相对薄弱校跨校任职、兼课、指导的表现作为职称评定、职级晋升、绩效工资分配、表彰奖励、选拔任用的重要参考。将学区、集团内2年交流轮岗工作经历作为提任校级干部的重要因素。城区教师在乡村交流轮岗期间,按规定享受支教补贴待遇。

（三）促进学区和集团资源共享

1. 实施课程教学资源共建共享。发挥学区和集团成员校课程资源互补优势与集体智慧，形成特色活动、特色项目、特色课程共建共享制度，共同开发高质量有特色的校本课程和丰富多彩的课后服务活动。每学期学区、集团内每校至少有1门共享课程，可共享课程应不低于5门且逐年增加。利用数字技术赋能，提高教学资源库建设和常态化应用水平。鼓励在课后服务、研学实践、科创实验等方面进行跨校选课。建立健全学区和集团课程与教学资源应用的评估、反馈、优化机制，对于应用效果较好的资源建设者给予相应的激励。

2. 健全一体化教学研训。对标义务教育新课程方案和各学科课程标准，认真分析各校教学管理制度、教学优势特色与育人质量水平，互相学习借鉴、取长补短，协商并完善各成员校教学管理规程，促进育人方式变革。围绕跨学科、项目化、主题式教学及教学数字化转型、学段衔接等形成实验项目，实施联合攻关。成立教育教学指导专业团队，建立定期视导制度，开展教育教学诊断，精准分析学情，及时解决教育教学问题，提炼有效教育教学经验。优化教育教学交流平台，分主题、定时间开展集体备课、联合教研、专项研究、教学比武等活动，培育和推广优秀学校案例、模式、经验，其中学区、集团内各学科联合教研每学期不少于5次。强化研训一体，健全学区和集团教师联合培训机制，新教师原则上统一在牵头校、学区或集团内的教师专业发展学校见习培养。

3. 促进先进理念文化共生共融。强化师资、课程、教学、场馆等资源共有共用的意识，以先进办学理念、优秀共同体文化引领成员校共同发展，达成发展共识，提振发展信心。加强学区和集团教师共同体文化建设，强化教师的归属感和认同感。根据实际需求，统筹各校文体场馆、图书馆、实验室、劳动和校外教育基地等资源，通过延长开放时间、错峰排课等措施，促进资源多元供给、充分共享。凝练学区、集团文化，适当设置相关文化符号或标识，积极搭建学生学习成长交流平台，组织开展跨校的学生综合实践活动和综合素质发展交流展示活动，强化文化育人。

（四）实施学区和集团一体考评

1. 健全评价机制。各区将示范性学区和集团建设成效作为成员校年度考核和各校校长年度绩效考核的重要内容，在校长考评中的占比不低于50％，发挥考核评价的导向、激励和改进功能。以学区和集团为整体，集中开展教学质量综合评价，重点考核优质均衡发展水平和增值情况，包括优质资源总量增减、校际教育差距变化、牵头学校辐射带动、成员学校融入提升以及学生和家长满意度等情况。优化评价方式,注重有关评价信息的有效整合。

2. 完善评估标准。研制市示范性学区和集团评估标准。市示范性学区和集团在本市义务教育学业质量监测中,相关科目学生学业水平达到合格及以上比例不低于当年区域平均水平,且同学段校际差异率低于0.15,相对薄弱学校进步明显;涉及初中学段的,参与校在确保"应考尽考"的前提下,初中学生学业水平合格率不低于99%,市实验性示范性高中名额分配到校计划完成率达到100%,优质高中阶段学校入学率不低于全市平均水平;家长、教师等群体对学区、集团满意度不低于90%。

三、推进机制

(一) 多级联动

市级教育行政部门加强统筹协调和政策保障。市教科院成立项目组,整合专业资源,跟踪指导、服务、评估有关创建工作。各区教育行政部门建立市示范性学区和集团建设推进小组,整合多部门力量,健全区域内学区和集团管理、支持和服务体系,形成分年度创建计划。鼓励各区创新政策和工作机制,大力营造争创紧密型、示范性学区和集团的氛围。优选配强牵头学校校级干部,以优秀干部带领各成员校共同成长发展。学区和集团要充分评估现状,形成创建区紧密型或市示范性学区、集团的时间表、路线图,积极投入创建和评估工作。

(二) 以评促建

市级层面每年组织市示范性学区和集团评定,通过学业质量分析、招生入学数据监测、满意度调查等方式进行,深入探索学区和集团过程性评价、增值性评价。各区积极推动紧密型学区和集团持续向市示范性学区和集团发展。通过评定的,命名上海市示范性学区或集团。建立复核机制,3—5年内开展一次复核。建立"负面清单",对于在评定过程中和命名后违反有关规定并造成一定不良社会影响的,取消相关资质或命名。

(三) 宣传展示

命名为市示范性的学区和集团,每年至少在全区范围内有一次高质量的交流展示,2年内至少面向全市有一次高质量的交流展示,并取得较好的交流效果。充分发挥多种媒体优势,及时发掘、宣传、推广创建工作中的好做法、好经验,推出一批在学区和集团走向高质量发展过程中涌现的好学校、好校长和好教师。

四、保障措施

（一）市级教育行政部门安排专项经费，对命名为市示范性的学区和集团给予支持。鼓励各区安排相关支持经费。

（二）各区应在绩效工资统筹分配中，对市示范性学区和集团成员校给予相应的激励。对市示范性学区和集团牵头校校长和参与流动、带教效果较好的教师，在职称评定、评优评先等过程中给予优先考虑。

（三）将市示范性学区和集团创建情况，作为市对区教育工作年度考核评价的重要内容。

（四）对命名为市示范性的学区和集团的成员校，减少进校检查，除学校自主申报的项目和依法需要进行的安全等检查外，原则上3年内每学期不超过一次。

（五）对命名为市示范性的学区或集团，可试点特色项目学生联合培养。其中由市实验性示范性高中牵头的，该市实验性示范性高中自主招生比例可适度上浮。

（六）加大宣传力度，在有关媒体上开设专栏，对市示范性学区和集团创建典型进行集中报道。

后 记

　　书稿至此,上海市第二轮公办初中强校工程已经启动一年,14个区的79所实验校踏上了新的征程。上海市教育科学研究院普通教育研究所"公办初中强校工程推进"项目组又开始了新一轮的实践探索。本书对过去五年的实践历程进行了简要回顾,也反映了我对强校工程的粗浅理解。在此过程中,离不开项目团队的精诚合作。由于工作变动,项目团队经历了人员调整。2017—2021年上半年,这个阶段的项目负责人是上海市教科院普教所原所长汤林春研究员,我是具体负责人。2021年下半年开始,强校工程负责人由我来承担。前期参与研究的人员还有潘国青、靖士明老师,中后期王湖滨老师加入项目团队。中后期的主要研究人员基本稳定为5人,团队成员包括马云、刘莉、吕星宇、王湖滨和我。我作为项目负责人全盘统筹、协调,直接与市教委基教处对接工作要求,其他四人分别重点联系一个片区的推进活动。正是在大家的齐心协力下,第一轮强校工程项目才得以顺利结项。感谢项目团队所有人的不懈努力,你们为推动上海市义务教育优质均衡发展贡献了自己的智慧与汗水,实践了市教科院普教所"两个服务"的理念。

　　在强校工程实施期间,上海市教委分管领导及主要负责同志也经历了变更。中前期,市教委主要分管领导及负责同志包括市教委原副主任贾炜、基教处原副处长周勤健、基教处刘中正;中后期,市教委主要分管领导及负责同志变更为市教委副主任杨振峰、基教处副处长刘中正、基教处周冬和魏倩。市教委对强校工程非常重视,每一年都将其列为基教处的工作要点,强校工程是市教委推进优质均衡、扩优提质的重要举措。我想,作为一项民生工程,正是由于市教委领导的高度重视,强校工程才得以顺利实施并取得较好成效。感谢市教委的信任和对我们项目组工作的大力支持。

　　在强校工程推进过程中,项目组工作得到了市级专家组的大力支持,在此表示深深的感谢！每次组织市级专家组开展片区指导活动,都能够得到市级指导专家的积极响应,他们的现场指导更是让我受益匪浅。非常有幸聆听到这么多顶级专家的意见和建议,让我对强校工程与学校教育有了更全面、深入的理解,进一步体会到教育是一门大学问,也深刻感受到了专家的博学与好学。

五年中,我撰写了几份决策咨询报告和专题文章,包括强校工程启动之初实验校发展规划研制中的问题、强校工程中期进展报告、强校工程总结性评估情况、强校工程政策集成创新的生成机制、实践共同体视域下"五位一体"学校改进模式等,我也在一些会议上介绍了强校工程的推进情况。这些材料成为本书的素材来源。

本书的出版得到了上海市教科院普教所的大力支持,也得到了市教委基教处领导的支持与期待。他们希望项目组能好好总结强校工程经验。我想,这也是项目组不可推卸的责任。

最后,感谢华东师范大学出版社教心分社社长彭呈军先生及其团队,他们为本书的出版提供了非常好的建议。

李金钊

2024 年 8 月